팬데믹 이후에 들어야 할 말씀

현대목회실천신학회 편

팬데믹 이후에 들어야 할 말씀

초판1쇄 발행	2023년 7월 22일
편저자	현대목회실천신학회
북디자인	조현자(wisebook@empas.com)
	최주호(makesoul2@naver.com)
교정	김영명(sahoirabbit@hanmail.net)
인쇄	(주)길훈C&P
유통사	하늘유통(031-947-7777)
펴낸곳	기독교포털뉴스
신고번호	제 2016-000058호(2011년 10월 6일)
주소	우 16954 경기도 용인시 기흥구 흥덕2로87번길 18
	(이씨티) 이씨티빌딩 B동 4층 479호
출판사 전화	010-4879-8651
가격	16,000원
출판사 이메일	unique44@naver.com
홈페이지	www.kportalnews.co.kr

ISBN 979-11-90229-31-9 03230

현대목회 말씀 시리즈 II

AFTER PANDEMIC

팬데믹 이후에 들어야 할 말씀

현대목회실천신학회 편

추천의 글

김인환 총회장
피영민 총장
임도균 교수
이돈성 회장

디지털 세상 건강한 신앙의 바로미터
기독교포털뉴스

목차

발간사

   하나님의 말씀을 목회 현장에서 어떻게 적용할지 성찰하고 연구하고 실천하는 목회자 겸 신학자들의 모임인 현대목회실천신학회에서 현대목회 말씀 시리즈II를 발간하게 되어 하나님께 영광을 올려 드립니다. 코로나19 팬데믹을 지나면서 대부분의 목회자들이 현장에서 여러 문제 앞에 고심하며 씨름하는 줄 압니다.

   칠십 년의 포로기를 지나 예루살렘으로 귀환했던 사람 중에 "여호와의 계명의 말씀과 이스라엘에게 주신 율례 학자요 학자 겸 제사장인 에스라"(스 7:11)는 당시 영적 지도자로서 "여호와의 율법을 연구하여 준행하며 율례와 규례를 이스라엘에게 가르치기로 결심"하였다고 성경은 기록합니다(스 7:10).

   이 시대 영적 지도자로 부름 받은 현대목회실천신학회 회원은 팬데믹 시기를 지나온 사람들과 목회자에게 어떤 말씀을 선포하고, 가르쳐야 할지에 대하여 기도하면서 연구하여 이 책을 발간하게 되었습니다. 하나님 중심, 예배 중심, 말씀 중심을 모토로 유다 백성의 회복을 이루고자 했던 에스라의 심정을 품고 함께 노력했습니다.

   이 일을 위해 수고하고 마음을 모은 현대목회실천신학회 회원들과 수고를 아끼지 않은 편집위원인 주재경 박사, 윤양중 박사,

김주원 박사, 이원영 박사께 감사를 전합니다. 추천의 글을 써주신 기독교한국침례회 총회장 김인환 목사님, 한국침례신학대학교 총장 피영민 박사님, 한국침례신학대학교 설교학 교수 임도균 박사님, (사)한국기독실업인회 CBMC 광주전남 연합회 이돈성 회장님께 감사드립니다.

제1집에 이어 2집 출간에도 지혜를 더해주신 기독교포털뉴스 정윤석 대표와 스태프들에게도 감사합니다. 또 출간에 실질적 힘을 보태주신 이돈성 회장님과 CBMC 광주 상무지회 회원님들께도 깊은 감사 인사를 전합니다. 그리고 사랑의 마음으로 늘 건사해 주시고 직간접적으로 책 출간을 위해 수고를 아끼지 않으신 이명희 교수님께 감사를 전합니다.

지금까지 함께 동역하며 총무로 수고한 이영찬 박사와 회계로 수고한 이노경 박사께도 감사를 전합니다. 새롭게 출발하는 회장 주재경 박사, 부회장 최호준 박사, 총무 이원영 박사께도 앞날에 대한 기대와 감당해야할 수고에 감사를 전합니다.

현대목회실천신학회는 꾸준히 '들어야 할 말씀 시리즈'로 이 시대를 향한 책임을 다하려고 합니다. 이 책이 어렵고 힘든 시대를 살아가는 모든 심령에게 길을 밝혀주는 등댓불이 되고 마음을 녹여주는 난롯불이 되기를 기대합니다.

2023년 7월 22일
현대목회실천신학회 회장
목원침례교회 담임목사 정춘오

추천사

하나님 말씀을 통한 회복을 기대하며

위기는 기회라고도 합니다. 다만 이 말은 위기 가운데서 기회를 잡기 위해 최선을 다하는 사람에게 해당하겠지요. 지금 코로나 팬데믹을 끝내려는 우리에게는 기회를 붙잡을 지혜와 용기가 요구되고 있습니다.

장룽의 장편소설 『늑대토템』은 가젤 무리를 사냥하기 위해 한 자리에서 며칠이고 숨죽이며 사냥을 준비하는 늑대의 인내를 흥미롭게 묘사합니다. 죽음의 그림자가 언제 드리울지도 모른 채 풀을 뜯는 가젤 무리는 정작 늑대의 공격으로부터 자신을 보호하지도 못하는 무기력한 존재로 묘사됩니다. 특출난 예민함을 지닌 늑대들이 가젤 무리를 혼비백산하게 하고 절벽 낭떠러지로 뛰어들게 만드는 장면은 약육강식과 적자생존으로 선악의 기준이 세워지고 성공과 실패가 결정되는 지금의 사회를 보는듯한 착각이 들게 할 정도였습니다.

베드로 사도는 "근신하라, 깨어라, 너희 대적 마귀가 우는 사자 같이 두루 다니며 삼킬 자를 찾나니"(벧전 5:8)라고 경고한 후, 이어서 육체의 정욕 가운데 거하는 자들에 대하여 "이 사람들은 본래 잡혀 죽기 위하여 난 이성 없는 짐승 같아서 그 알지 못하는 것을 비방하고 그들의 멸망 가운데서 멸망을 당한다"(벧후 2:12)라고 했습니다.

예상치 못한 위험과 상실의 아픔이 지뢰처럼 도사리고 있는 때를 직접 경험하고도 교훈 얻기에 인색한 세대가 돼가고 있습니다. 이러한 때 상황을 직접 맞닥뜨리지 않아도 상황에 충분히 대비하는 지혜를 얻게 하는 메시지가 우리 모두에게 필요합니다.

"내 백성의 상처를 가볍게 여기면서 말하기를 평강하다 평강하다 하나 평강이 없도다"(렘 6:14)라는 말씀처럼 아무 근거 없이 "평안하다. 평안하다"를 속절없이 외치는 무의미한 메시지가 판을 치는 것 같습니다.

이때 자랑스러운 동역자님들이 우리의 마음과 삶을 조망하듯, 선별된 성경 말씀을 본문으로 삼아 다양한 메시지를 제시해 줍니다. 고요한 초원에서 한 치 앞을 내다보지 못하고 속절없이 사냥당하는 가젤 무리와도 같은 우리에게 '꼭 들어야 할 하나님의 말씀'으로 다가오는 소중한 말씀들에 귀를 기울여봅시다.

코로나 이전과 과정 중의 시행착오를 과감히 떨구고, 팬데믹 이후에는 친애하는 동역자들이 전하는 하나님의 말씀을 통해 회복을 경험하기 바랍니다. 나아가 다시 한 번 거룩한 백성인 성도의 정체성을 회복하여 은혜에 의하여 살아가는 것이 무엇인지 발견하기를 기대합니다.

기독교한국침례회 총회장 김인환

스스로 살피고 교정하는 지혜의 말씀

구약시대에 하나님의 백성들이 하나님을 거역하는 죄에 빠졌을 때 하나님이 징계하시는 방식은 크게 세 가지였습니다. 질병과 기근과 전쟁이었습니다. 팬데믹은 한편으로는 인간의 실수 내지는 자연 현상의 일부라고도 볼 수 있지만, 영적인 면으로는 하나님이 인류를 징계하시는 하나의 방식으로 생각할 수도 있는 것입니다.

그러므로 팬데믹 이후의 교회와 성도는 자신에게 무슨 잘못이 있는가를 스스로 살피고 교정하는 지혜와 태도를 가져야 합니다. 이 책은 그러한 지혜를 발견하고 성찰하는 태도를 갖게 합니다.

정춘오 회장님을 중심으로 한 현대목회실천신학회에서 이런 문제를 심도 있게 다루는 책, 『팬데믹 상황에서 들어야 할 말씀』을 이미 1권으로 발간하였고, 이제 그 속편으로 2권째 『팬데믹 이후에 들어야 할 말씀』을 발간하니 귀한 노력을 감사하게 생각합니다.

목회자들의 진심이 담긴 연구와 노력을 하나님이 기쁘게 보시고 팬데믹 이후의 교회를 축복하실 줄 믿습니다. 성도들도 이 책을 읽고 신앙의 큰 유익이 있게 되기를 축원합니다.

한국침례신학대학교 총장 피영민

회복을 넘어 부흥으로

한국교회는 코로나 팬데믹으로 혹독한 고난을 경험했습니다. 질병에 대한 두려움으로 모임이 위축되어 점점 교회를 이탈하는 성도들이 증가했습니다. 이러한 모습을 지켜보는 목회자들이나 성도들은 어찌할 바를 몰라 힘겨운 시간을 보냈습니다.

이제는 팬데믹 이후 무너진 교회 사역과 신앙을 어떻게 다시 세울 것인지, 현장 목회자들의 고민이 커져만 갑니다. 이러한 때, 현대목회실천신학회의 목회자들과 신학자들이 힘과 지혜를 모았습니다. 그리고 어떻게 교회를 다시 회복시킬 것인가에 대한 값진 제안을 내놓습니다.

'예배 회복, 우상 제거, 정결함, 정체성 회복'은 성경에서 하나님의 백성이 영적 시험을 풀어내는 공식과도 같습니다. 회복을 넘어 부흥으로 인도하는 핵심입니다. 이러한 영적 지혜를 현장 말씀 사역에 바로 적용할 수 있도록 설교문으로 담았습니다. 그리고 귀한 학술적 제안도 담았습니다. 이 책을 읽은 모든 분들이 영적 회복과 은혜를 먼저 경험하시길 소망합니다. 그리고 이러한 은혜의 강력한 물결이 한국교회를 회복을 넘어 놀라운 영적 부흥으로 인도하길 기대하며 기도합니다!

한국침례신학대학교 설교학 교수 임도균

위기를 극복하는 공동체를 위한 말씀

최근 몇 년간 한국교회 내부에서 발생한 각종 사건과 관련된 논란이 있었지만 교회는 여전히 국민의 영적, 정신적 필요를 충족시키고 있습니다. '교회는 지금 어디로 가고 있는가?' 하는 조금 진지한 고민이 필요할 때 마침 이 책이 세상에 나오게 되었습니다.

최근 코로나 팬데믹 시대에서 위드 코로나의 위기에 대처하는 한국교회는 새로운 전환점을 맞이하였습니다. 이 모든 것은 한국교회가 공동체로서 거듭나는 기회가 되었으며 빛과 소금의 역할을 어떻게 해야 하는지를 일깨워 주는 기회가 되기도 했습니다. 현대목회실천신학회를 통해서 하나님의 말씀을 바르게 적용하며 아울러 한국교회 목회 현장에서 이 책이 효율적으로 사용되기를 바랍니다.

"그런즉 너희는 여호와를 두려워하는 마음으로 삼가 행하라 우리의 하나님 여호와께서는 불의함도 없으시고 치우침도 없으시고"(역대하 19장 7절). 이 책이 팬데믹 이후를 준비하여 예배의 본질을 회복하며 어둠을 밝히는 도구로 사용될 것을 기대하며 새로운 시대의 지평을 열어가는 좋은 책의 추천사를 쓰게 되어 기쁘기만 합니다.

한국 CBMC 전남광주연합회 회장 이돈성

AFTER

PANDEMIC

서론: 코로나 팬데믹 이후의 회복을 준비하자

이명희(Ph.D.)

2019년 온 세계를 강타한 코로나19 전염병은 인류의 육체적 건강은 물론 사회 생태적인 재앙으로 기록되었다. 나아가 기독교적 관점에서 볼 때 코로나19는 영적인 면에서는 '하나님의 진노하심'의 결과로 여겨지기도 했다. 이제 3년 세월이 흐르면서 인류는 의학적으로 이를 상당 부분 극복하였고, 어느 정도 조정 가능한 단계로 접어들고 있는 것 같다. 이제는 코로나 이후를 생각해야 할 시기이다. 코로나 상황에서의 회복을 말할 때 그 이전으로의 완전한 복귀는 어렵고 새로운 단계로 진일보해서 나아갈 준비를 의미하는 것으로 받아들여야 한다.

이제 우리는 코로나 팬데믹 이후를 생각하면서 회복을 기대하며 준비해야 한다. 성경 이야기 중에 회복을 말할 때 손꼽히는 장면이 창세기 35장에 수록된 야곱의 귀환 이야기이다. 야곱의 귀환 이야기를 분석적으로 정리하면서 『팬데믹 이후에 들어야 할 말씀』의 내용을 구분 지어 다음과 같이 생각해 본다. 야곱의 귀환은 회복의 원리를 잘 제시해 준다. 하나님께서 야곱을 어떻게 회복시켜 주었는지를 통해 팬데믹 이후 우리의 회복을 이야기하고 싶다.

야곱은 거짓말로 아버지와 형 에서를 속이고 장자의 축복을 가로챘다. 그 바람에 외갓집으로 피신할 수밖에 없었고, 그 이후 펼쳐진 그의 생애는 그 자신의 고백대로 "험악한 세월"(창 47:9)이 되었다. 야곱은 외삼촌 라반의 집에 피신하면서 그의 두 딸과 시녀들과 결혼하여 열두 아들을 얻고, 많은 양 떼와 소 떼를 거느린 부자가 되었다. 그러나 형 에서와 재회를 앞두고 두려움에 사로잡혔다.

야곱은 오랜 세월 그의 마음속 한편에 자리 잡고 있던 미해결 과제로 인한 두려움과 불안감에 얍복 나루터에서 한 발자국도 나가지 못하고 있었다. 그에게는 '옛 자아'와 '거짓 자아'를 털어내고 '참 자기'와 '새 자기'를 발견해야 하는 큰 숙제가 가로놓여 있었다. 그날 밤에 낯선 이가 걸어오는 알 수 없는 씨름을 통하여 야곱은 경쟁심과 다툼과 속임수로 점철된 옛 사람을 내려놓고 새사람을 입을 수 있었다. 이것은 참 자유를 얻는 치료의 경험이었다. 아버지의 인정을 받지 못했던 그가 하늘 아버지의 인정을 받는 놀라운 체험을 한 것이었다.

야곱은 형 에서와 극적인 재회를 나누고 잠시 안정을 찾는가 싶었지만 외동딸 디나의 참담한 사건으로 큰 나락에 떨어지고 말았다. 하지만 야곱은 큰소리 한 번 못 내고 위축된 처지에 놓일 수밖에 없었다. 그러한 처절한 위기의 순간에 그는 벧엘로 올라가라는 하나님의 명령을 받았다(창 35:1). 비로소 야곱의 진정한 회복이 시작된 것이다.

하나님은 야곱에게 "일어나라"고 명하셨다. 히브리어 '쿰'은 큰 일을 앞두고 결단하며 단호한 마음으로 떨쳐 일어서는 모습을 의미한다. 벧엘은 야곱의 생애에서 가장 괴로울 때 가장 뜨겁게 하나님의 손길을 체험한 장소였으며, 가장 순수한 심정으로 가장 진실하게 신앙을 고백하였던 서원의 장소였고, 모든 것을 내려놓고 하나님 앞에 설 수 있는 곳이었다. 야곱을 벧엘로 올려보내시는 하나님은 야곱이 하나님과 올바른 관계를 정립하는 것만이 유일하고도 진정한 회복임을 나타내주셨다. 야곱의 회복을 위해 하나님께서 이루신 내용을 좀 더 자세히 알아보자.

1. 예배를 회복하라

하나님께서는 야곱에게 벧엘로 올라가서 제단을 쌓으라고 명하셨다. 원래 벧엘은 야곱이 생애 처음 제단을 쌓고 서원을 한 곳이었다(창 28:18). 이제 돌고 돌아 야곱은 다시 벧엘로 올라가게 되었다. 야곱은 선언했다. "우리가 일어나 벧엘로 올라가자. 내 환난 날에 내게 응답하시며 내가 가는 길에 나와 함께 하신 하나님께 내가 거기서 제단을 쌓으려 하노라."

코로나 상황을 지나면서 성도와 교회는 회중 예배 생활의 위축을 겪었다. 그러므로 코로나로부터의 회복은 제일 먼저 예배를 회복하는 것으로부터 시작되어야 한다. 예배는 인간의 가장 우선적이고 중요한 사명이다. 예배가 하나님과 인간의 최우선적이고 중심적인 관계를 가능케 하기 때문이다. 교회는 예배를 위하여 존재하며, 성도는 예배를 위하여 어떤 대가도 지불할 수 있어야 한다. 예배의 회복 없이는 어떤 신앙적 부흥이나 영적 회복도 불가능하다.

2. 우상을 버리라

진정한 예배의 회복은 우상을 버림으로부터 시작된다. 우상숭배와 하나님 예배는 결코 양립될 수 없기 때문이다. 야곱은 자기 식솔에게 명했다. "너희 중에 있는 이방 신상들을 버리라." 이방 신상에는 형상화된 우상뿐 아니라(출 20:4; 사 45:20; 렘 10:2-5; 행 17:29; 롬 1:22-23), 유일하신 여호와 하나님을 배척하는 모든 세력과 종교 행위와 사상들(범신론, 샤머니즘, 애니미즘, 혼합주의, 세속주의, 물질주의 등) 그리고 경건한 삶을 방해하는 여러 중독 증세들(지나친 오락물, 영상물, 놀이, 스포츠, 도박, 술, 마약 등)도 포함된다.

코로나 상황에서 세계는 백신을 마치 코로나로부터의 구세주인 것처럼 환영했고, 사회적 거리 두기 같은 방역 지침을 우상처럼 받들었다. 백신의 숨겨진 부작용에 귀를 닫았고, 백신의 성분에 대해서도 눈을 감았다. 이처럼 온 세계를 단일 주제로 순식간에 사로잡은 적이 없었다. 온 인류는 백신과 방역체계에 맹목적으로 순응하였다. 이러한 인간의 행태는 코로나 상황에서만이 아니라 다른 여타의 상황에서도 그럴 수 있음을 나타내는 시금석이 되기에 두렵기까지 하다. 빅 브라더의 출현이나 적그리스도의 출현에 대해 크나큰 수용성을 시사해 주기 때문이다. 코로나로 인하여 인간 사회에 자리 잡게 된 눈에 보이는 또는 보이지 않는, 혹은 직간접적인 제반 우상숭배적 요소들을 타파하지 않으면 인류는 팬데믹 자체에 앞서 팬데믹으로 말미암아 생성되는 우상숭배적 행태에 의해 질식되고 말 것이다.

3. 자신을 정결하게 하라

야곱은 사람들에게 자신을 정결하게 하고 의복을 바꾸어 입도록 지시하였다. 정결함이란 거룩하신 하나님과의 관계를 가로막는 일체의 부정한 것을 제거하고 관계를 회복하는 의식적 시도이다. 하나님은 성도를 향하여 "내가 거룩하니 너희도 거룩하라"(레 11:44-45)고 하시면서 거룩함을 더럽히는 일체의 부정한 요소들을 제거하고 깨끗함을 얻도록 요구하신다. 인간의 회복은 항상 몸과 마음의 동시적 정결을 통하여 하나님과 올바른 관계를 맺음으로 이루어진다. 이것은 율법의 결례 의식의 중심 사상이며(출 19:14; 민 19:12-13; 레 14:8) 헌신과 순종을 상징하는 행위이기도 하다(벧전 1:22).

정결 예식에는 의복을 바꾸는 것도 포함된다. 출애굽 직후 모세에게도 내려졌던 이 명령은(출 19:10) 영적, 도덕적 정결 상태를 외형적으로도 나타내는 '회개'를 상징하였다(겔 36:25-27; 히 10:22). 의복은 그 의복을 입은 사람의 정체성을 나타내며, 의복을 바꾸는 것은 새사람이 되는 것을 뜻한다. 그러므로 자신을 정결하게 하고 의복을 바꾸는 것은 회개함으로 새로운 존재가 되어 새로운 삶으로 나아가는 새로운 결단으로 여겨진다.

4. 정체성을 회복하라

하나님은 야곱에게 주셨던 언약을 새롭게 확인시키심으로 그의 정체성을 회복시켜 주셨다. 벧엘에서 나타나 언약을 주셨던 하나님께서(창 28장) 다시 벧엘에서 그를 만나시고, 엘벧엘의 제단을 쌓게 하시면서(6-7절), 비로소 야곱이 밧단아람에서 돌아왔노라고 선언하셨다(9절). 그리고 그에게 나타나사 복을 주시며, "네 이름이 야곱이지만 네 이름을 다시는 야곱이라 부르지 않겠고 이스라엘이 네 이름이 되리라" 하시고, 이어 그에게 언약을 재확인해 주셨다. "나는 전능한 하나님이라. 생육하며 번성하라. 한 백성과 백성들의 총회가 네게서 나오고 왕들이 네 허리에서 나오리라"는 예언적 언약의 말씀과 이어지는바 그의 조상들에게 주셨던 땅과 후손에 관한 언약도 거듭 언급해주셨다(11-12절).

야곱에게 있어서 진정한 회복은 방랑으로 고단했던 인생 여정을 끝내고 자리를 잡아 안정을 찾는 것에 그치는 것이 아니라, 하나님께서 그에게 부여해 주신 이름 '이스라엘'로 나아가는 것이었다. 이것은 그의 정체성을 회복하는 것이다. 얍복 나루에서 하나님께서 그에게 주신 새 이름을 거듭 언급하심으로 그는 이스라엘로 존재해야 할 사명을 받은 것이다.

팬데믹 이후 우리의 앞날이 어떻게 펼쳐질 것인가? 아무도 장담할 수는 없다. 그러나 야곱의 회복 이야기에 담긴 원리들을 붙잡고 준비한다면, 우리는 하나님께서 바라시는 회복의 길을 걸을 수 있을 것이다. 이 책의 구성은 야곱의 귀환 이야기에서 발견된 이와 같은 회복의 원리를 따라 구성되었다.

"

코로나로 인하여 인간 사회에 자리 잡게 된
눈에 보이는 또는 보이지 않는,
혹은 직간접적인 제반 우상숭배적 요소들을 타파하지 않으면
인류는 팬데믹 자체에 앞서 팬데믹으로 말미암아
생성되는 우상숭배적 행태에 의해 질식되고 말 것이다.

"

제1부
예배를 회복하라

AFTER

PANDEMIC

1. 하나님의 임재

이사야 6장 1-13절

신강식

들어가는 말

우리는 코로나19 팬데믹 시기를 지나 코로나 이후를 조심스럽게 맞이하고 있습니다. 코로나 팬데믹 기간 동안 성도와 교회가 입은 가장 치명적인 상황은 예배의 손상이 아닐까 합니다. 이제는 예배를 회복해야 합니다. 하나님이 기뻐 받으시는 예배, 살아계신 하나님의 영광이 임하는 예배가 참된 예배입니다. 그러려면 살아계신 하나님과 깊은 만남이 있어야 합니다. 우리는 하나님의 임재하심이 있는 예배를 갈망합니다.

형식에 치우친 예배는 예배가 아닙니다. 단순히 예배의 자리에 왔다가 간다고 해서 예배한 것이 아닙니다. 그것은 마당만 밟는 예배가 될 수도 있습니다. 예배를 통해서 하나님을 더 알고 그분을 더 사랑하는 가운데 하나님과 친밀한 교제가 회복되어야 합니다. 만약 예배자가 하나님의 임재를 경험하지 못하고 간다면 마당만 밟는 껍데기 예배만 할 뿐입니다. 우리는 하나님의 임재를 사모해야 합니다. 우리는 주님의 얼굴을 찾고 구하며 하나님의 임재하심이 있는 예배를 해야 합니다.

『하나님의 임재 연습』에서 로렌스 형제는 하나님의 임재에 대해 이렇게 정리했습니다. "하나님의 임재란 자신의 영혼을 하나님께 맡겨드리는 것이며, 하나님이 자신과 함께 계시다는 사실을 깨닫는 것이다. 하나님의 임재를 경험하는 6단계는 (1) 삶의 정결함으로 말과 행동을 잘 지키는 것이며, (2) 집중이다. 예배뿐 아니라 모든 소음을 차단하고 하나님께만 집중해보자. (3) 하나님을 바라보는 것으로 아침에 일어나서 감사로 시작하여 모든 일에 모든 순간을 감사로의 고백이다. (4) '주님 저는 당신의 것입니다. 주의 종이 듣겠사오니 말씀하옵소서'하고 굴복하는 것이다. (5) 습관으로 꾸준히 위의 단계들을 연습하는 것이다. (6) 하나님과 하나됨이다. 세상 사랑이 버려지고 하나님과 연합하는 것이다. 이렇게 훈련되면 하나님의 임재를 경험하게 될 것이고 하나님의 임재를 경험하게 되면 믿음이 굳건해지고 모든 일에 하나님의 관점에서 보게 될 것이다." 저는 이 말에 전적으로 동의합니다.

물론 '하나님의 임재'를 한마디로 정의하기는 쉽지 않습니다. 솔로몬이 성전을 건축하고 봉헌하면서 하나님께 예배드렸던 내용이 역대하 5장 12-14절에 기록되어 있는데, 여기에는 여러 악기를 다루는 자들을 비롯하여 노래하는 레위 사람도 등장합니다. 이들을 요즘 말로 하면 예배 음악담당자(worship musician)라고 할 수 있습니다. 찬송 리더인 아삽, 찬양대 악장 헤만, 찬양대원 대표 여두둔 등이 대표로 소개되었습니다.

역대하 5장 13절 마지막에서는 "그 때에 여호와의 전에 구름이 가득한지라"고 했고, 14절에서는 "여호와의 영광이 하나님의 전에 가득함이었더라"고 했습니다. 이것은 모두 하나님의 임재하심에 대한 표현입니다. 하나님께서 친히 예배하는 때, 예배의 자리에서 예배하는 사람 중에 나타나신 것입니다. 그것도 가득히, 충만히 임재하셨습니다. 할렐루야!

오늘 본문 1절에도 보면 "웃시야 왕이 죽던 해에 내가 본즉 주께서 높이 들린 보좌에 앉으셨는데 그의 옷자락은 성전에 가득하였고"라고 말씀합니다. 이사야는 성전에 예배하러 갔다가 성전에 임재하신 하나님을 뵈었습니다. 이것이 이사야의 예배의 시작이었습니다. 하나님의 임재를 보는 것이 예배의 출발입니다. 우리의 예배에도 하나님의 임재하심이 가득하기를 간구합니다. 지금이 시간에도 하나님의 임재가 느껴지기를 바랍니다. 아멘! 우리의 모든 예배에 하나님의 임재가 있어야 합니다. 하나님의 임재가 있는 예배에 어떤 역사가 일어날까요?

1) 하나님의 임재 앞에서 사람들은 자신의 죄를 깨닫게 됩니다

오늘날 사람들은 자신의 죄를 잘 알지 못합니다. 자신을 잘 알지 못할 때 교만합니다. 교만은 마음이 우쭐대는 것입니다. 특히 자신이 다른 사람보다 낮다고 생각하면 상대적인 우월의식과 자기 의에 빠져서 자신을 잘 보지 못합니다. 그러므로 성령께서 빛을 비추시지 아니하면 자신을 잘 알지 못합니다. 자기는 괜찮은 사람이라고 생각합니다. 다른 사람을 판단하는 자리에 있습니다. 그러나 하나님의 영광의 임재 앞에 서면 자신의 죄를 발견케 됩니다.

이사야는 성전에 들어갔을 때 하나님의 영광을 목도하고 '입술의 부정함'을 깨닫습니다. "그 때에 내가 말하되 화로다 나여 망하게 되었도다 나는 입술이 부정한 사람이요 입술이 부정한 백성 중에 거하면서 만군의 여호와이신 왕을 뵈었음이로다"(사 6:5). 어부였던 베드로는 밤새도록 그물을 내려서 수고하였으나 물고기를 단 한 마리도 잡지 못합니다. 그런 그에게 예수님이 찾아오셔서 "오른편에 그물을 던져라"고 하셨을 때, 그는 믿음으로 고백하며 그물을 던져 그물이 찢어질 정도로 많은 물고기를 잡습니다. 베드로는 이런 주님의 놀라운 이적 앞에서 예수님이 하나님의 아들이시요, 영광의 하나님이신 것을 깨닫고 그분 앞에서 자신이 철저한 죄인임을 깨닫게 됩니다. 그리고 마침내 이렇게 고백합니다. "시몬 베드로가 이를 보고 예수의 무릎 아래 엎드려 가로되 주여 나를 떠나소서 나는 죄인이로소이다 하니"(눅 5:8).

우리는 우리 자신을 잘 모릅니다. 그러나 하나님의 임재 앞에 설 때 비로소 자신의 죄를 발견하게 됩니다. 예배 가운데 하나님이 임재하실 때 우리는 우리의 죄를 깨닫고 자백하게 됩니다.

2) 하나님의 임재 앞에서 하나님에 관한 이론적인 지식이 변하여 실제 사건이 됩니다

현대 기독교 신앙의 약점 중 하나는 하나님을 지식으로만 안다는 것입니다. 하나님을 잘 모르거나 단지 지식으로만 알 때 우리의 신앙은 능력 없는 신앙이 됩니다. 하나님에 관한 이론적인 지식은 많을지 모르지만 실제로는 하나님의 능력을 경험하지 못할 수 있습니다.

우리는 십자가 복음과 부활의 능력 그리고 성령님의 감동과 역사에 대해서 많이 들어왔습니다. 그런데 복음의 능력을 우리 삶과 교회 가운데 실제로 경험하지 못하면 우리는 눌리고, 억압받고, 상처받는 심령이 될 뿐입니다. 또한 성령 충만에 대해서 아무리 말씀을 듣는다 해도 실제로 성령님의 임재하심과 감동하심을 얻지 못하면 여전히 우리는 자기중심적이고, 자신의 생각과 힘과 노력으로 살고자 할 것이고, 주님의 일을 감당한다고 하면서도 기쁨과 진정한 성취를 맛보지 못할 것입니다. 그러나 하나님의 임재는 이론에 머물던 지식적 신앙을 실제 사건으로 변화시켜 줍니다.

이사야는 하나님의 임재 앞에서 하나님의 거룩하심에 대한 지식이 문지방이 흔들리는 실제 사건으로 변하는 경험을 했습니다(이사야 6:1-4). 제가 담임하는 열방비전교회가 약 9년 전 신흥동 우체국 뒤에 위치했을 때 일입니다. 그때 우리 교회는 3층 28평만 쓰고 있었는데, 강력한 하나님의 임재하심과 2층도 성전으로 사용하라는 말씀이 있어서 비록 현실은 어려웠지만 믿음으로 순종하여 입주하게 되었습니다. 우리는 그 경험을 통하여 하나님은 말씀하시고 말씀하신 대로 이루시는 분임을 알게 하셨습니다. 교회가 차를 구입할 때도, 교회당을 새롭게 이전할 때도 우리는 예배하는 중에 하나님의 임재하심을 경험했고, 기도 중에 하나님의 뜻을 분별하면서 믿음으로 순종하여 하나님의 지혜로우심과 전능하심을 실제 경험으로 누릴 수 있었습니다.

우리는 하나님의 임재하심과 전능하심을 인격적으로 알게 되었을 때, 이제는 어떤 문제를 만나고 어떤 상황 속에 처한다 하더라도 놀라운 평안과 소망을 갖게 되었습니다. 이처럼 우리는 하나님의 사랑도, 능력도, 신실하심도, 거룩하심도, 지혜도 주님의 영광의 임재하심 가운데 실제로 경험합니다.

3) 하나님의 임재는 우리로 헌신하게 합니다

이사야는 하나님의 임재 가운데서 하나님의 마음과 뜻을 알고 자신을 드립니다. 이사야 6장 8절에서 이사야는 "내가 또 주의 목소리를 들은즉 이르시되 내가 누구를 보내며 누가 우리를 위하여 갈꼬 그 때에 내가 가로되 내가 여기 있나이다 나를 보내소서"라고 고백합니다.

하나님의 임재는 우리로 하여금 하나님의 음성을 듣게 합니다. 하나님의 임재가 없는 말씀은 단지 지식에 불과합니다. 지식적인 성경 이야기에 그칠 수 있습니다. 우리에게 하나님의 음성이 들려야 합니다. 하나님의 임재하심 가운데 그의 음성을 들을 때 하나님의 마음과 뜻을 깨달을 수 있고, 그럴 때 순종하고 헌신하게 됩니다.

이사야 시대에 그 땅을 향한 주님의 마음은 그 시대를 하나님께로 돌이키는 것이었습니다. 하나님의 목적은 회복과 부흥을 보내주는 것이었습니다. 하나님의 백성들의 진정한 회복을 통하여 열방이 주께 돌아오게 하는 것이 하나님의 목적이었습니다. 하나님은 이 놀라운 하나님의 역사를 위하여 누군가를 보내고 싶어 하셨습니다. 이사야 선지자는 예배 중에 임재하신 하나님의 소원을 알게 되었고, 거기에 반응하며 온전히 순종하였습니다.

베드로도 예수님의 임재하심 앞에서 자신이 죄인임을 고백한 후 주님의 부르심에 응답했습니다. 누가복음 5장 11절은 "저희가 배들을 육지에 대고 모든 것을 버려두고 예수를 좇으니라"고 말씀합니다. 우리도 하나님의 임재하심을 경험한다면 하나님의 말씀을 통하여 하나님의 마음과 뜻을 깨닫고 순종하고 헌신하게 될 것입니다.

4) 하나님의 임재 가운데서 하나님의 관점을 품게 됩니다

신앙인은 하나님의 관점을 갖고 살아가는 사람입니다. 하나님의 관점이 아닌 자기 관점을 품고 있을 때 우리는 자기중심적이 되고 아집과 편견에 사로잡히게 됩니다. 그렇게 되면 자기 고집에 빠져 배우려는 마음도 없어져 결국 영적 분별력을 상실하게 됩니다. 어떤 문제 앞에서 문제 해결을 위해서 동분서주하나 오히려 문제를 더 키웁니다. 왜 그럴까요? 하나님의 관점이 아니라 자기가 볼 때 옳은 생각과 옳은 길, 즉 인간적이고 세상적인 관점에서 합리적이라고 판단하는 생각을 따라서 행하기 때문입니다.

이사야 55장 6절 이하에 보면 누가 악인이고 불의한 자인지 잘 나와 있습니다. 바로 자기 생각과 자기 길을 따라 사는 사람이 불의한 자요, 악인이라고 주님이 말씀하십니다. 우리의 이성을 따라, 합리적인 사고를 따라 판단하고 살아간다면, 다시 말하면 하나님의 임재 없이 우리가 생각하는 것이 바른길과 바른 생각이라고 여기는 대로 살아간다면, 우리는 다 하나님의 진노 가운데 떨어지고 말 것입니다. 잠언 14장 12절은 선언합니다. "어떤 길은 사람이 보기에 바르나 필경은 사망의 길이니라."

합리적이라는 말에 대해 오해하지 마십시오. 하나님은 합리적인 분이십니다. 하나님은 우리에게 합리적인 사고를 할 수 있는 이성을 주셨습니다. 기독교의 진리는 합리적인 진리입니다. 기독교를 세상의 일반 종교와 비교할 수 없지만, 기독교는 세상의 모든 종교 중에서 가장 합리적인 종교라 할 수 있습니다. 그런데 여기서 합리적이라 함은 당연히 하나님의 임재를 전제로 한 말입니다. 사람들 보기에 합리적이 아니라, 하나님 임재하심 가운데 하나님 보시기에 합리적이라는 뜻입니다. 그러므로 가장 합리적인 길은 하나님의 임재함 가운데 발견하는 하나님의 뜻을 분별하는 것입니다.

하나님은 우리의 합리적인 사고를 초월하는 분이십니다. 우리가 예배할 때 임재하시는 하나님께서 우리의 모든 인간적인 생각을 철저하게 깨뜨려 주십니다. 하나님의 임재는 우리의 관점을 자기 관점에서 하나님의 관점으로 바꾸어 놓습니다. 하나님의 관점은 우리가 모든 편견을 깨뜨리고 갈등하던 문제의 해결책을 발견하게 해줍니다.

이사야 6장 9-10절에 보면 이상한 말씀이 나옵니다. 하나님께서는 "가서 이 백성에게 이르기를 너희가 듣기는 들어도 깨닫지 못할 것이요 보기는 보아도 알지 못하리라 하여 이 백성의 마음을 둔하게 하며 그들의 귀가 막히고 그들의 눈이 감기게 하라 염려하건대 그들이 눈으로 보고 귀로 듣고 마음으로 깨닫고 다시 돌아와 고침을 받을까 하노라"고 말씀하십니다. 아니, 하나님께서 백성으로 깨닫지 못하게 하라니요? 우리 생각과는 반대입니다. 그러나 그것이 하나님의 뜻입니다. 그렇다면 우리는 어떻게 해야 할까요? 우리 생각을 내세워야 할까요? 아니면 하나님 말씀에 순복해야 할까요? 이스라엘 백성이 불순종의 행실 속에서 황폐함을 경험하고 연단 받은 후에 남은 자를 회복시켜 주시리라는 것이 하나님의 뜻이었습니다. 하나님의 임재 가운데 하나님의 뜻을 깨달은 사람은 자신의 관점을 내려놓고 하나님의 관점을 품어야 합니다.

나가는 말

우리는 예배자입니다. 예배자가 예배할 때 제일 먼저 가져야 할 태도는 하나님의 임재를 구하는 것입니다. 우리가 하나님의 얼굴을 구할 때 하나님의 임재를 경험할 것입니다. 하나님의 임재 가운데 우리는 죄를 깨닫고 자백하여 정결함을 얻을 수 있습니다. 하나님의 임재 가운데 예배할 때 우리의 지식이 변하여 실제적 사건이 될 것입니다. 그리고 하나님의 마음과 뜻을 알고 헌신하고, 나아가 하나님의 관점을 가지게 됩니다. 이러한 하나님 임재의 복이 모든 예배자에게 충만하게 부어지기를 축복합니다.

묵상을 위한 질문

1) 근래 당신은 예배할 때 하나님의 임재를 경험한 적이 있습니까?
2) 하나님의 임재를 증진시키기 위해서 당신이 가져야 할 마음과 태도는 무엇입니까?
3) 하나님의 임재가 있는 예배의 네 가지 특징 가운데 어느 것이 당신에게 가장 의미 있게 다가왔습니까?

2. 감격의 춤을 추는 예배자

사무엘하 6장 10-23절

김선미

들어가는 말

오래전의 일입니다. 금식기도를 하기 위하여 경기도의 한 기도원을 방문했습니다. 숙소를 잡고 저녁 예배 시간에 맞추어 예배당을 찾으니, 조금 이른 시간임에도 불구하고 예배자들이 하나둘씩 모여들어 기도로 예배를 준비하는 모습이 보입니다. 저도 그 속에 합류하여 기도로 예배를 준비하다 보니 예배의 시작을 알리는 찬양이 시작됩니다. 그런데 그 기도원의 찬양이 어찌나 뜨거웠던지 예배당을 꽉 채운 성도들이 모두 한마음으로 찬양하는 열기가 서로에게 전해질 정도였습니다. 한 십 분쯤 지났을까, 저의 눈에 이상한 모습이 들어옵니다. 찬양 노래를 힘차게 부르던 경배자들이 여기저기서 덩실거리거나, 손을 하늘을 향하고 휘저으며 춤을 추고 있는 것입니다.

저는 사실 이 모습을 보고 적잖은 충격을 받았습니다. 아니 거룩한 예배당에서 저 사람들이 왜 저러는 걸까? 심지어 저는 그 사람들이 미쳤다고까지 생각하였습니다. 왜냐하면 거룩한 예배 시간에 해괴망측하고 경망스러워 보이는 춤을 추고 있었기 때문입니다. 더 솔직히 말하자면 남의 눈을 의식하지 않는 그들이 잘못된 사람들이라고 생각하였던 것입니다. 그런데 세월이 지나 여기 있는 제가 이제 그런 사람이 되었습니다. 미쳤다는 생각이 들게 하는 춤추는 사람으로 말입니다. 여러분의 생각은 어떻습니까? 예배 시간에 춤을 추며 기쁨으로 예배하는 사람들의 행동을 말입니다.

　오늘 우리가 상고하고자 하는 본문에 그런 사람이 한 명 소개됩니다. 바로 다윗입니다. 다윗의 소원 중의 하나는 하나님의 궤를 자신이 머무는 예루살렘으로 옮기는 것이었습니다. 그런데 다윗은 사무엘하 6장 1-11절에 기록된 대로 하나님의 궤를 예루살렘으로 옮기려다 실패하고 말았습니다. 그들은 궤를 수레에 싣고 앞뒤에서 춤을 추고 여러 악기를 연주하면서 길을 나섰습니다. 그러나 궤를 옮겨오는 중에 궤를 싣고 오던 소들이 뛰므로 웃사가 손을 들어 하나님의 궤를 붙들었는데, 그 행위가 그만 하나님의 진노를 사고 말았습니다. 사실 언약궤는 제사장이 어깨에 메어 운반해야만 했습니다(신 31:9; 수 3:3). 두려움을 느낀 다윗은 더 이상 궤를 옮기지 못하고 오벧에돔의 집으로 메어 가고 말았습니다. 하나님을 섬기는 예배는 아무리 사람 보기에 그럴듯하게 꾸미더라도 하나님의 말씀을 위배하면 큰 범죄가 될 뿐입니다.

그리고 이어지는 오늘 본문에는 하나님의 궤를 모신 오벧에돔의 집이 축복을 받았다는 소식을 들은 다윗이 다시 하나님의 궤를 다윗성으로 옮기는 장면이 기록되어 있습니다. 그런데 이전과는 확 달라진 분위기에서 여호와의 궤를 옮기는 장면이 묘사되었습니다. 이 장면에서 우리는 감동적인 예배자, 춤을 추는 예배자의 모습을 발견합니다.

우리는 팬데믹으로 인하여 오랫동안 자유롭고 활기찬 예배를 행하지 못했습니다. 마치 하나님의 궤가 멈추어 버린 것처럼 답답하고 불편하고 생동감이 저조한 예배에 머물러 있었습니다. 그러나 이젠 달라져야 합니다. 다윗이 감격에 겨워 여호와 앞에서 힘을 다하여 춤을 추면서 예배했던 그 모습을 본받아야 합니다. 우리의 예배가 어떤 예배가 되어야 할까요? 우리는 어떤 예배자가 되어야 할까요? 한 마디로 감격의 춤을 추는 예배자가 되어야 합니다. 어떻게 감격의 춤을 추는 예배자가 될 수 있을까요?

1) 먼저 준비해야 합니다

오늘 본문의 평행 구절인 역대상 15장 1-24절을 보면 다윗이 하나님의 궤를 옮기기 위하여 아주 세심하고 철저하게 준비하였다는 것을 알 수 있습니다. 본문은 이에 대해 무려 24절을 할애하여 상세히 기록하고 있는데, 간략하게 요약하면 다음과 같습니다. 먼저 하나님의 궤를 안치할 처소를 준비하고(대상 15:1) 언약

궤를 운반할 레위인들을 선발합니다(대상 15:2-15). 또 여호와의 궤를 옮기면서 찬송하는 노래를 부르고 악기를 연주할 사람들을 지정했습니다(대상 15:16-21).

그전에는 하나님의 궤를 옮길 수 있는 사람은 오직 레위인 뿐이었는데, 함부로 레위인 아닌 사람이 함부로 궤에 손을 대는 죄를 범했고 그 일로 인하여 불상사가 발생했던 것을 기억한 다윗은 아주 세세하게 철저한 준비를 했던 것입니다. 다시는 예배에 실수하지 않으리라는 다윗의 간절한 마음이 철저한 준비 과정에 담겨 있는 것입니다.

그런 준비를 하며 하나님의 궤를 기대하는 다윗의 마음은 어떠하였을까요? 아마도 하나님의 궤를 언제 옮겨야 하는지, 하나님의 허락이 언제 있을지 늘 기도하면서 하나님의 사인(sign)을 기다렸을 것입니다. 드디어 그 사인이 떨어집니다(12절). 오매불망 하나님의 궤에 대한 소식을 기다리던 다윗에게 하나님께서 오벧에돔의 집과 소유에 복을 주셨다는 소리가 들리자, 이제 다윗은 기쁨으로 일을 진행합니다. 한발 한발을 뗄 때마다 다윗의 진정성이 느껴지는 감격의 장면입니다.

여러분! 하나님의 은혜를 경험하고자 한다면, 다윗처럼, 그리고 다윗과 함께 준비한 자들처럼 예배를 준비하시기 바랍니다. 다윗은 두려운 마음이었으나 곧바로 자신의 실수를 교훈 삼아 정성을 다하여 하나님의 궤를 모시기 위하여 다시 준비하고 도전하였습니다. 또한, 다윗만 그러한 것이 아니라, 다윗과 함께 하나님의 궤를 옮기고자 했던 사람도 다윗처럼 그렇게 일을 준비하였습니다. 저는 이러한 준비를 예배를 위한 준비라고 부르고 싶습니다. 이러한 예배의 준비는 오늘날 우리에게도 똑같이 적용되어야 합니다.

감격스러운 예배자가 되려면 무엇보다도 예배를 준비하는 사람이 되어야 합니다. 구원받아 하나님의 백성이 된 성도는 모두가 자신을 산 제물로 드리는 예배자가 되어야 합니다. 이것은 자신의 전 존재를 예물로 삼아 예배해야 한다는 의미입니다. 로마서 12장 1절은 우리에게 이렇게 말씀하십니다. "그러므로 형제들아 내가 하나님의 모든 자비하심으로 너희를 권하노니 너희 몸을 하나님이 기뻐하시는 거룩한 산 제물로 드리라 이는 너희가 드릴 영적 예배니라."

여러분, 위의 말씀에 여러분이 동의하시건 안 하시건 간에 이미 성경의 말씀은 우리가 어떻게 하여야 하는지를 명령하고 있습니다. 이 명령에서 가장 중요한 것은 우리 몸을 하나님이 기뻐하시는 거룩한 산 제물로 자신을 드리라는 것입니다. 과거 웃사와 다윗 그리고 이스라엘 백성은 자신이 준비가 되지 않아 실패한 것입니다. 그러므로 우리가 하나님을 예배하는 예배자라면 그런 경우가 없어야 할 것입니다. 그러하기에 우리는 자신을 거룩한 산 제물로 드리기 위하여 철저한 준비된 삶이 필요한 것입니다. 특별히 하나님의 사랑을 전하고 나누려는 자라면 이 점을 더욱더 신경 써야 할 것입니다. 우리 모두 하나님의 감동을 전하고 나누는 자로, 예배를 준비하는 자로 살아가시기를 축복합니다.

2) 감격을 표현해야 합니다

이제 하나님께 예배하기로 준비했다면 그다음은 무엇일까요? 예, 실제로 예배하는 것입니다. 예배는 보는 것이 아니라 하는 것입니다. 예배하는 사람이 무엇인가를 해야 합니다. 우리는 그것을 예배 표현이라고 합니다. 전통적으로 예배의 표현에는 말과 노래 그리고 경건한 행위가 있습니다. 그런데 본문에서는 특별한 표현 방식이 등장합니다.

14절에서 다윗은 여호와 앞에서 자신의 감격스러운 예배 감정을 어떻게 표현하고 있습니까? 춤을 추는데 그것도 '힘을 다하여' 추고 있습니다. 아멘! 이것이 감격스러운 예배자 다윗에게서 보이는 예배의 모습입니다. 그는 하나님의 궤를 옮기는 대열 한가운데서 하나님의 용서하심과 허락하심과 용납하심과 인도하심 등등에 대한 자신의 감격스러운 마음을 덩실덩실 춤으로 표현했습니다. 언약궤를 멘 제사장들이 여섯 걸음을 옮기니 잠시 멈추어 소와 살진 송아지로 제사를 드리고 덩실덩실 춤을 추었습니다. 그의 행위는 함부로 행하는 것이 절대 아닙니다. 그가 입은 옷은 예배자가 입는 최선의 예복인 에봇입니다. 다만 그는 자신이 느끼는 감격스런 예배에서의 감정을 드러낼 수 있는 최선의 표현이 춤이었기에 춤으로 이를 드러낸 것입니다.

다윗의 춤은 여호와 앞에서 예의에 맞는 옷을 차려입고 힘을 다해 추는 춤입니다. 즉 여호와 앞에서 자신의 마음을 최고로 표현하는 춤입니다. 여러분, 우리는 어떻습니까? 한국인들에게는 기분이 좋으면 나타나는 특징이 하나 있는데 무엇인지 잘 아시지요? 네, 덩실덩실 춤을 추는 것입니다. 한국 사람들은 좋은 일이 있거나 감동적인 일이 있을 때면 자신의 몸으로 감정을 표현합니다. 그래서 결혼식 때나 잔치 때가 되면 덩실덩실 춤을 추는 사람이 많았습니다. 사람들이 잔치 때도 이런 춤을 추는데, 구원을 얻은 우리는 하나님 앞에서 더 덩실덩실 춤을 춰야 하지 않겠습니까?

여러분, 우리가 하나님의 감동을 전하고 나누려는 자라면 이렇게 표현하는 자가 되기 바랍니다. 다윗은 자신을 구원하고, 돌보시고, 인도하시는 하나님 앞에서, 그리고 모든 사람이 보는 가운데 힘을 다해 춤을 추며 감격을 표현하였습니다. 연주를 잘하는 사람은 연주로, 노래를 잘하는 사람은 노래로 자신이 느끼는 감동을 표현하기를 바랍니다. 다윗은 노래도 잘했고 악기 연주도 수준급으로 잘했습니다. 그런데 자신의 몸으로 하나님께 대한 감격을 표현했습니다.

저는 찬무(讚舞)를 통해 하나님을 섬기고 교회사역에 참여하고 있습니다. 본문 말씀은 아마도 저 같은 사람에게 용기를 주려고 기록된 것 같습니다. 그래서 저는 이 본문 말씀을 너무 사랑합니다. 왜냐하면 저는 노래도 잘 못하고, 악기 연주도, 그림을 그리는 것도 아무것도 할 줄 모르는 사람이기에 이 본문처럼 하나님이 주시는 감동을 몸으로, 오직 춤으로 표현하고자 하기 때문입니다. 여러분도 하나님이 주시는 감동을 여러분이 할 수 있는 최선의 방법으로 표현하기를 축복합니다.

3) 다른 사람의 감격에 공감할 수 있어야 합니다

그런데 안타까운 일이 하나 있습니다. 다윗이 이렇게 춤을 추면서 하나님께 예배하는데 그 모습을 본 다윗의 아내이자 사울의 딸 미갈이 14절에서 어떻게 행동했습니까? "다윗 왕이 여호와 앞에서 뛰놀며 춤추는 것을 보고 심중에 그를 업신여기니라." 나중에 또 20절에서는 "이스라엘 왕이 오늘 어떻게 영화로우신지 방탕한 자가 염치없이 자기의 몸을 드러내는 것처럼 오늘 그의 신복의 계집종 눈앞에서 몸을 드러내셨도다"라고 비난합니다. 이에 대해 다윗은 오히려 이렇게 말합니다. 21-22절을 연결해서 보겠습니다. "내가 이보다 더 낮아져서 스스로 천하게 보일지라도 … (중략) … 내가 여호와 앞에서 뛰놀리라."

이 대목에서 우리는 정말 안타까운 마음을 금할 수가 없습니다. 그처럼 좋은 날, 모두가 감격에 겨워 찬양하며 연주하며 행렬을 따라가면서 하나님께 경배하며 예배하는 때에 왜 미갈은 다윗의 춤추는 행위를 비판적으로 보았을까요? 물론 미갈은 다윗의 옷이 흘러내리는 장면을 보았을 것입니다. 그러나 그것은 부분적인 것이었고, 주안점은 감격의 표현이었습니다. 미갈이 다윗이 감격스러운 예배 감정을 춤으로 표현하는 것에 그토록 공감하지 못한 것은 20절에서 "계집종의 눈앞에서"라고 말한 것처럼 하나님의 시선이 아니라 자신의 시선으로 다윗을 보았기 때문입니다.

그러므로 예배자는 다른 예배자의 감격스러운 예배 감정 표현을 인간적인 기준으로 비난하거나 흉보거나 깎아내리면 안 됩니다. 반대로 다른 사람의 예배 감정 표현에 공감하면서 이에 적극 동참해야 할 것입니다.

나가는 말

감격적 예배에는 전염성이 있어서 함께 예배하는 회중에게 파급효과가 큽니다. 15절 말씀은 다윗이 받은 감동이 혼자만의 것이 아니라 백성 전체가 느끼는 감동임을 말씀합니다. 온 이스라엘 족속이 다윗과 함께 즐거이 환호합니다. 처음 언약궤를 옮겨올 때는 우울하고 침체된 분위기가 가득했습니다. 그러나 이제는 달라졌습니다.

우리는 지난 삼 년간 코로나 팬데믹으로 인하여 우울했습니다. 교회마다 회중 예배가 제한되고, 모이기가 어려웠습니다. 그러나 이제 하나님께서 은혜를 베푸시어 팬데믹을 떨치고 회복 단계로 나가고 있습니다. 우리의 예배 분위기도 달라져야 합니다. 하나님은 다윗 같은 예배자를 부르고 계십니다. 하나님께서 베푸신 은혜를 인하여 감격스럽게 자신의 예배 감정을 주저함 없이 표현하는 예배자, 우리는 그런 예배자가 되어야 합니다.

여러분, 저는 좀 전에 저를 소개하였듯이 춤을 추며 예배하는 예배자입니다. 여러분은 무엇으로 하나님께 여러분 자신의 감격을 표현하시겠습니까? 우리는 각자에게 주신 하나님의 감동을 나누는 예배자가 되어야 합니다. 우리가 가진 재능과 은사는 달라도 하나님이 주시는 감동을 표현하는 것은 마찬가지일 것입니다. 그러므로 우리는 그 감동을 전하고 나누기 위하여 늘 준비하는 자가 되어야 하고, 그뿐 아니라 자신이 받은 감동을 나누기 위하여 표현할 줄 아는 예배자가 되어야 하고, 아울러 다른 사람의 감격스런 표현을 인정하고 공감하는 예배자가 되어야 합니다. 할렐루야!

묵상을 위한 질문

1) 당신은 예배할 때 종종 어떤 예배 감정을 가지며, 그 감격을 어떤 방식으로 표현하십니까?
2) 혹시 당신이 다른 사람의 예배 감정 표현 모습을 보면서 비판적인 시선을 가진 적이 있었다면, 지금은 어떻게 생각하십니까?
3) 앞으로 예배 감정을 증진시키고 적극적으로 표현하기 위한 방도가 무엇이라고 생각하십니까?

3. 천상 예배 구현

요한계시록 4장 1-11절

소진석

들어가는 말

얼마 전 교단 지방회장 이·취임식 예배에 축사자로 참석했는데, 신임 회장 목사님의 따님 이세민 자매가 작곡한 '어떤 상황에도'라는 복음송이 제게 특별한 울림을 주었습니다. 가사의 내용은 이러합니다.

1절: 어떤 상황에도 / 어떤 이유에도 / 나는 예배를 멈추지 않으리 / 어떤 상황에도 / 어떤 이유에도 / 나는 예배를 결코 쉬지 않으리 / 어디에 있든 / 무엇을 하든 / 그 자리에서 / 주님만 예배합니다 / 내 삶의 주인 빛 되시는 / 주님만 예배하길 원하네.

2절: 어떤 상황에도 / 어떤 일이든지 / 우린 예배를 멈추지 않으리 / 어떤 상황에도 / 어떤 일이든지 / 우린 예배를 결코 쉬지 않으리 / 주의 완전한 예배자 되어 / 주 예배하는 삶 살아 가리라 / 그 누구도 끊을 수 없는 / 주 예배하려는 내 믿음.

이 곡을 작사 작곡할 당시 이세민 자매는 중학교 2학년이었고, 코로나19 팬데믹으로 인해 교회와 성도들이 예배를 자유롭게 드리지 못하게 되고, 시간이 지나면서 성도들의 예배에 대한 열정과 우선순위가 무너지는 모습을 보고 안타까워하며, 목사의 딸로서 기도하던 중 영감을 받아 작사 작곡하게 되었다고 합니다. 이 곡은 저뿐 아니라 거기에 있던 모든 분에게 큰 울림을 주었습니다.

성경 역사의 시작과 끝, 알파와 오메가가 예배라고 할 수 있습니다. 창세기 4장 가인과 아벨의 제사로부터 시작하여, 성경의 마지막 책인 요한계시록 4장에 나오는 천상의 예배까지 성경 역사의 시작과 끝이 예배임을 알 수 있습니다. 우리의 신앙생활의 시작과 끝 그리고 한복판에도 예배가 있습니다.

요한계시록은 사도 요한이 밧모섬에서 하나님께 받은 계시의 말씀입니다. 요한이 밧모섬에 유배되어 있을 당시 황제 숭배가 극에 달했습니다. 황제를 숭배하지 않으면 죽임을 당했습니다. 무참하게 죽임을 당하는 순교자가 되어야 했습니다. 핍박의 원인은 다름 아닌 예배였습니다. 로마 황제를 숭배하면 죽음을 면했지만, 예수님을 경배하면 순교를 당해야 했습니다. 그 엄청난 핍박을 피해 초대교회 성도들은 카타콤이라고 하는 지하 동굴에 숨어 살면서 신앙의 절개를 지키고 예배의 삶을 살았습니다.

하나님은 환난 중에 있는 성도들을 격려하시고자 예배가 얼마나 중요한가를 일깨워 주시기 위해 오늘 본문인 천상 예배의 모습을 보여주셨습니다. 그렇다면 사도 요한에게 보여준 천상의 예배를 통해 오늘 하나님께서 우리에게 들려주시고자 하는 하나님의 말씀은 무엇일까요?

1) 예배는 하늘 문을 열게 합니다

1절 말씀에 "이 일 후에 내가 보니 하늘에 열린 문이 있는데 내가 들은 바 처음에 내게 말하던 나팔 소리 같은 그 음성이 이르되 이리로 올라오라 이후에 마땅히 일어날 일들을 내가 네게 보이리라 하시더라"라고 말씀합니다. 여기 "하늘에 열린 문"이 있습니다. 성경은 우리가 예배드릴 때 하늘 문이 열린다는 사실을 일깨워 줍니다. 그리고 이어 2절에서 사도 요한은 하늘의 열린 문을 통해 하늘 보좌를 보았습니다. 그리고 그는 하나님의 보좌 앞으로 나아갑니다. 그렇습니다. 예배는 하나님의 보좌 앞으로 나아가는 것입니다. 하나님의 보좌 앞으로 나아가서 보좌 위에 앉으신 그분을 만나는 것입니다. 이 보좌는 시은좌라고 불렸고, 은혜의 보좌라고도 불렸습니다. 우리는 이 은혜의 보좌로부터 하나님의 은혜를 공급받아야 합니다.

우리가 아침마다 구해야 할 것은 바로 이 하나님의 은혜입니다. 하나님의 은혜 없이는 하루도 살 수 없습니다. 은혜 없이 하루를 시작하지 마십시오. 그날 하루의 은혜를 구하지 않았다고 해서 당장 표가 나지는 않을 것입니다. 한 주 예배에 실패하더라도 큰 차이가 나지 않는 것처럼 보일 것입니다. 하지만 그것이 석 달이 가고, 육 개월이 가고, 1년이 지나면 상당한 차이를 넘어 엄청난 차이가 나타나게 될 것입니다. 사실 인생의 성공과 실패는 여기에서 갈립니다.

우리가 은혜의 보좌 앞에 나아가 받아야 할 은혜는 다양합니다. 인생에도 계절이 있는데, 병이 들었을 때는 치유의 은혜를 받아야 합니다. 실패했을 때에는 다시 일어서는 은혜를 받아야 합니다. 인생 역전의 은혜를 받아야 합니다. 소중한 것을 잃었을 때는 회복의 은혜를 받아야 합니다. 번영의 때에는 방심하지 않는 은혜를 받아야 합니다. 역경을 이기는 자가 백 명이라면 번영을 이기는 자는 한 명 정도에 불과합니다. 그런 까닭에 우리는 번영의 때에도 하나님의 은혜를 구해야 합니다. 역경의 때에는 잘 견딜 수 있는 은혜를 받아야 합니다. 역경이 찾아오면 힘이 듭니다. 다른 때보다 더 많은 힘이 듭니다. 견딜 수 있는 힘, 감당할 수 있는 힘, 잘 버틸 수 있는 힘이 필요합니다. 그리고 한 가지 기억하실 것은, '은혜는 값없이 주어지지만, 값싼 것은 결코 아니'라는 사실입니다.

요한계시록의 첫 번째 독자들은 환난 중에 있는 사람들이었습니다. 그들에게 가장 필요한 것은 인내였습니다. 인내하기 위해서는 특별한 힘이 필요합니다. 그렇지 않으면 쉽게 포기하기 때문입니다. 또한, 기다리는 때에는 미래를 잘 준비할 수 있는 은혜가 필요합니다. 하나님께서는 어느 시기에는 우리로 하여금 아무 것도 할 수 없도록 고립의 때를 허락하십니다. 승리에 대한 의지보다 더 중요한 것은 승리를 준비하는 의지입니다. 우리는 예배를 통해 하늘 문이 열리는 것을 경험해야 합니다. 예수를 믿는다는 것은 그분과 함께하는 축제에 참여하는 것입니다. 당신이 마음 문을 여는 순간, 영혼의 귀를 여는 순간, 이 축제는 시작됩니다. 하늘 문이 열리는 것입니다. 우리가 진실한 마음으로 예배할 때 하늘 문이 열리게 됩니다. 천상 예배는 하늘의 문을 열게 합니다.

2) 예배는 승리의 삶을 살게 합니다

예배는 하늘 문을 열 뿐만 아니라, 예배를 통해 베푸시는 은혜로 말미암아 승리의 삶을 살게 합니다. 4절과 7절 말씀을 보겠습니다. "또 보좌에 둘려 이십 사 보좌들이 있고 그 보좌들 위에 이십사 장로들이 흰옷을 입고 머리에 금관을 쓰고 앉았더라"(4절). "그 첫째 생물은 사자 같고 그 둘째 생물은 송아지 같고 그 셋째 생물은 얼굴이 사람 같고 그 넷째 생물은 날아가는 독수리 같은데"(7절).

여기서 말하는 이십사 장로들은 누구일까요? 복음주의 성경학자들은 이십사 장로들을 구약과 신약의 교회를 대표하는 사람들로 봅니다. 구약에 열두 지파가 있고, 신약에는 열두 사도가 있습니다. 열두 지파와 열두 사도는 구약과 신약을 대표합니다. 이십사 장로들은 하나님을 진정으로 예배하는 구약과 신약의 교회를 대표하는 예배자를 상징합니다.

그런데 여기 보시면 이십사 장로들과 함께 우리는 네 동물을 만나게 됩니다. 여기 나오는 네 동물은 에스겔 1장 10절에서도 나옵니다. "그 얼굴들의 모양은 넷의 앞은 사람의 얼굴이요 넷의 우편은 사자의 얼굴이요 넷의 좌편은 소의 얼굴이요 넷의 뒤는 독수리의 얼굴이니"(겔 1:10). 여기 등장하는 네 동물에 대해서는 여러 가지 주장들이 있지만, 전통적으로 초대교회 교부들은 이 네 생물을 예수님의 생애를 기록한 네 복음서와 연결시켰습니다. 그들은 마태복음을 사자 복음이라고 불렀습니다. 사자는 정글의 왕입니다. 마태복음에는 왕이신 예수님의 모습이 나옵니다. 마태복음은 유대인의 왕으로 오신 예수님의 모습을 보여줍니다. 동방박사들이 와서 예물을 드린 것은 왕으로 오신 예수님께 경배와 예물을 드린 것입니다.

마가복음은 송아지 복음입니다. 소 복음이라 불렀습니다. 마가복음은 예수님을 섬기는 종의 모습으로 보여줍니다. 소는 살아있는 동안 열심히 일합니다. 또한 죽을 때 그의 몸 전체를 사람에게 줍니다. 이러한 소의 모습처럼 사람을 섬기는 종으로 사신 예수님의 모습을 보여주는 것이 마가복음입니다.

누가복음은 인자의 복음입니다. 예수님의 인간으로서의 모습을 가장 잘 보여주는 것이 누가복음입니다. 인간의 족보, 즉 마리아의 족보를 제시하고 예수님이 탄생 때부터 가난한 목수의 아들로 태어나신 것을 잘 보여줍니다. 그래서 누가복음에는 마태복음에서 동방의 박사들이 찾아와 경배한 것과는 대조적으로 평범한 목자들이 아기 예수를 찾아와 경배하고 예배하는 장면이 나옵니다.

요한복음은 독수리 복음입니다. 독수리는 태양을 직시하는 새입니다. 요한복음은 예수님이 하나님이심을 보여줍니다. 요한복음에서는 요한이 감히 직시할 수 없는 태양과 같이 밝은 빛 되신 예수님을 하나님으로 증거하고 있음을 보게 됩니다.

말씀드린 바와 같이, 마태복음은 예수님을 왕으로 증거하기 때문에 족보가 있습니다. 하지만, 마가복음은 예수님을 종으로 증거하기 때문에 족보가 없습니다. 누가복음은 예수님을 인간으로 증거하기 때문에 족보가 있습니다. 반면에 요한복음은 예수님을 하나님으로 증거하기 때문에 족보가 없습니다.

사자의 특성은 용맹스러움에 있습니다. 환난과 핍박 중에 있는 성도들에게 필요했던 것은 '용기'입니다. 생명을 위협하는 핍박이 있을 때마다 그들은 용맹스러운 사자 같으신 예수님을 생각했습니다. 송아지의 특성은 인내입니다. 송아지는 소로 성장하는 과정에서 인내합니다. 소는 빠르지 않습니다. 그러나 소는 일정한 걸음으로 아주 먼 길을 갑니다. 우직합니다. 충성스럽습니다. 핍박 중에 있는 성도들에게 필요한 것은 '인내'입니다.

사람의 특성은 지혜입니다. 승리하는 인생을 살기 위해서는 용기와 인내만 가지고는 안 됩니다. 지혜가 필요합니다. 누가복음은 예수님이 성장하시는 모습을 기록할 때 지혜가 충만하였다는 사실을 강조합니다. 독수리의 특성은 먼 곳을 볼 수 있는 안목을 가지고 있다는 점입니다. 독수리는 새 중에서 가장 높이 그리고 멀리 날아오르는 힘을 가졌습니다. 뿐만 아니라 태양을 직시할 수 있는 눈을 가지고 있습니다. 핍박받고 있는 성도들에게 필요한 것은 이 세상이 아니라 영원한 세계를 보는 안목이었습니다. 천상을 보는 안목이었습니다. 하나님이신 예수님을 바라보는 안목이었습니다. 즉 비전이 필요했던 것입니다.

예배하는 자들은 왕이신 예수님을 통해 험한 나그네요, 순례자인 삶 속에서 승리할 수 있는 용맹스러움을 가지게 됩니다. 인생 순례의 여정이 길고 고단하지만 소와 같이 인내로 완주할 수 있도록 힘을 주십니다. 또한 예배를 통해 지혜를 주십니다. 지식만 가지고는 성공하기 어렵습니다. 지혜가 필요합니다. 지혜는 지식을 활용하는 능력입니다. 지혜롭기 위해선 먼저 지식이 있어야 합니다. 지식을 얻어야 지식을 활용할 수 있는 지혜를 얻을 수 있기 때문입니다. 지식이 반복되면 원리가 되고, 그 원리가 지혜를 만들어 냅니다.

지혜의 근원이신 하나님께 예배하는 자에게 지혜가 우선적으로 주어집니다. 지혜를 구하는 자에게 부어 주신다고 하나님께서 약속하셨습니다. 성경은 여호와를 경외하는 것이 지혜요. 거룩하신 하나님을 아는 것이 명철이라고 말씀합니다. 뿐만 아니라 그 지혜와 명철이 먼 곳을 보게 하는 안목, 즉 비전을 품게 하고, 전략을 짜게 합니다.

3) 예배의 절정은 겸손에 있습니다

10절 말씀에는 "이십사 장로들이 보좌에 앉으신 이 앞에 엎드려 세세토록 살아 계시는 이에게 경배하고 자기의 관을 보좌 앞에 드리며 이르되"라고 기록되어 있습니다. 4절을 보시면 이십사 장로들이 흰옷을 입었고, 금 면류관을 쓰고 있다고 기록되어 있습니다. 금 면류관은 영광의 면류관입니다. 영광의 면류관은 고난을 통과한 면류관입니다. 금은 풀무 불을 통과해야 합니다. 연단의 과정을 거쳐야 합니다. 영광에 이르는 길은 고난의 길입니다. 십자가라는 풀무 불을 통과한 영광입니다. 성화와 영화에 이르는 길 모두 고난의 길입니다.

성화가 거룩함이라면 영화는 영광스러움입니다. 영광스러움은 그냥 주어지는 것이 아닙니다. 고난의 풀무 불을 통과한 사람에게 주어집니다. 초대교회 성도들은 환난과 핍박 중에도 신앙을 지켰습니다. 본문에서는 금 면류관을 쓴 이십사 장로들이 앉았던 보좌에서 내려와 어린 양 예수님께 엎드려 경배를 드립니다. 그렇습니다. 경배는 엎드림입니다. 엎드림은 겸손에 뿌리를 두고 있습니다. 우리는 예배드릴 때마다 마음으로 겸손히 엎드리는 자세를 취해야 합니다.

이십사 장로들에게 배우는 정말 아름다운 모습은 금 면류관을 보좌에 바치는 것입니다. 금 면류관은 아무나 받을 수 있는 것이 아닙니다. 정말 충성되고 헌신된 사람에게 주어지는 것입니다.

고난을 잘 이겨내고, 환난 중에도 믿음을 끝까지 지킨 사람들에게 주어지는 것입니다. 그런데 그 영광스러운 금 면류관을 다시 하나님께 돌려 드립니다. 이것이 예배의 정신입니다. 하나님께 받은 것을 다시 돌려 드리는 것입니다.

예배에는 언제나 값진 희생이 따릅니다. 그러나 안식의 날에 주시는 복은 예배를 통해 옵니다. 그렇습니다. 예배는 복을 보충하는 시간입니다. 그리고 한 가지, 하나님이 주신 축복으로 인해 즐거워하는 것보다 하나님을 즐거워하는 것이 더 중요합니다. 하나님이 찾으시는 예배자의 모습에서 이러한 모습을 확인할 수 있게 됩니다.

나가는 말

사랑하는 성도 여러분! 주의 날에 모여 예배드리는 순간, 하늘의 문이 열립니다. 하늘의 열린 문을 통해 우리는 천상 예배를 드리게 됩니다. 그런 면에서 예배는 천상의 사건이요, 우주적 사건입니다. 우리가 예배드릴 때 천군 천사가 움직입니다. 네 생물이 움직입니다. 모든 만물이 움직입니다. 구약과 신약의 모든 성도들이 함께 보좌 앞으로 나아가게 됩니다.

모든 날이 다 소중하지만, 안식일은 복을 받아 나머지 엿새를 복되게 하는 날입니다. 구약의 안식일을 창조의 안식일이라고 한다면, 신약의 안식일은 구속의 안식일입니다. 우리는 구속의 안식

일을 주일이라 부릅니다. 그리스도인들은 주님의 날에 교회에 모여 하나님께 예배합니다. 이 시간은 성도의 영적인 신분과 위치를 확인하는 복된 시간입니다. 무엇보다 우리가 예배하는 예수님이 누구신가를 확인하는 시간입니다. 예수님은 창조의 주님이십니다. 창조의 주님은 왕이십니다. 왕으로서 모든 만물을 통치하십니다. 섭리하십니다. 예수님은 구속의 주님이십니다. 구속의 주님은 사랑의 주님이십니다. 우리를 위해 십자가에서 피 흘려 죽으셨습니다. 우리를 성화와 영화의 단계까지 이르도록 도와주십니다.

예수님을 바라보면서 우리는 험한 세상에서 사자의 용기가 필요하다는 사실을 배워야 합니다. 소의 인내가 필요하다는 사실을 배워야 합니다. 인자의 지혜가 필요하다는 사실을 배워야 합니다. 독수리의 장기적인 안목과 비전이 필요하다는 사실을 배워야 합니다. 성도의 능력은 세상의 힘이 아닙니다. 성령의 능력입니다. 우리는 하나님을 예배할 때 성령의 충만함을 입습니다. 세상을 이길 힘을 얻습니다. 천국을 바라보는 비전을 갖게 됩니다. 예배는 우리가 존재하는 가장 중요한 목적입니다. 우리가 사는 이유는 하나님을 예배하기 위함이기 때문입니다.

R. A. 토저는 "하나님께서는 사람을 부르셔서 먼저 예배자로 만드시고, 그 후에 일하는 자로 만드신다"라고 말했습니다. 하나님의 관심은 우리가 하나님을 기쁘시게 하는 예배자가 되는 것입니다. 하나님이 찾으시는 예배자가 되는 것입니다. 그 까닭은 하나님이 예배를 통해 우리에게 복을 주길 원하시기 때문입니다. 하

나님의 창조가 완성된 후 인간은 안식을 먼저 하게 됩니다. 그리고 하나님은 그 안식일을 복되게 하셨습니다. 피조물인 인간에게 그 복을 받아 생육하고 번성하라는 것입니다. 그 이유는 복을 받지 않고는 일하지 말라는 것입니다. 먼저 복을 받고 일해야 한다는 것입니다. 일부터 하지 말고, 먼저 안식의 날에 복을 받고 나서 일하라는 것입니다. 안식일에 받은 복은 그 나머지 엿새 동안 영향을 끼칩니다.

앞에서 이야기한 이세민 자매의 '어떤 상황에도'란 복음송의 가사처럼 어떤 상황에도, 어떤 이유에도 예배를 멈추지 않는 우리, 하나님이 찾으시는 예배자로 우리 모두 다시 한번 일어섭시다. 코로나로 인하여 움츠러들었던 우리 예배와 함께 일어섭시다. 예배가 살아야 모든 것이 살아날 수 있습니다. 예배에 성공해야 모든 일에 성공할 수 있습니다. 예배에 성공하는 성도가 되기를 주님의 이름으로 축원합니다.

묵상을 위한 질문

1) 예배를 통해 하늘 문이 열린다는 의미가 무엇입니까?

2) 예배에 성공해야 다른 일도 성공할 수 있다는 말에 관련하여 당신은 어떤 경험을 했습니까?

3) 당신은 보다 더 온전한 예배를 위해 어떤 준비를 해야 한다고 생각합니까?

4. 삶의 구심점

사무엘상 7장 5-12절

양권순

들어가는 말

코로나19 이후 수많은 사람이 마음 둘 곳을 찾지 못해 방황하고 있습니다. 세계 경제가 흔들리고 러시아와 우크라이나의 전쟁으로 인하여 모든 것이 불확실하고 혼란스러운 시대를 살아가고 있기 때문입니다. 그래서 사람들은 이곳저곳을 기웃거려 보지만 자신의 삶을 뿌리내릴 터전은 보이지 않는 듯합니다. 그리스도인들조차 교회 공동체 안에 마음을 두지 못하고 여러 모양으로 겉돌며 흘러가는 대로 흘러가는 삶의 모습을 보이고 있는 것은 아닌가요? 덧없는 우리의 인생, 어디에 마음의 닻을 내리면 좋을까요?

오늘 본문은 이스라엘 민족의 미스바 성회에 대한 말씀입니다. 법궤는 돌아왔지만 '블레셋'이라는 문제는 여전히 그들 주변을 맴돌고 있었습니다. 언제 또 블레셋으로부터 침공당할지 모르는 상황에서 사무엘은 이스라엘 백성을 미스바에 모이게 했습니다.

그곳에서 그들은 금식하며 회개하였고, 사무엘은 이스라엘 백성들을 대표하여 전심으로 기도했습니다. 그 결과 하나님의 초자연적인 역사하심으로 침략해온 블레셋을 물리치게 되었고, 백성들은 큰 평안을 누릴 수 있었습니다.

이런 면에서 미스바는 회복과 부흥의 근원지요, 그들의 영적 구심점이며 예배의 자리였습니다. 우리에게도 이런 영적 구심점이 필요합니다. 코로나 이후 어떤 상황에 처하든 우리의 마음을 다 털어놓고 다시 회복할 수 있는, 삶의 중심을 잡아 줄 구심점이 필요합니다. 그래야 앞으로의 위기와 혼란에도 흔들림 없이 살아갈 수 있습니다. 어떻게 하면 삶의 중심에 하나님의 보좌를 세울 수 있을까요?

1) 정결한 마음을 가져야 합니다

본문 6절은 "그들이 미스바에 모여 물을 길어 여호와 앞에 붓고 그날 종일 금식하고 거기에서 이르되 우리가 여호와께 범죄하였나이다 하니라 사무엘이 미스바에서 이스라엘 자손을 다스리니라"고 말씀하고 있습니다. 사무엘은 종교 지도자로서 먼저 백성들 사이에 회개를 통한 신앙의 회복이 이루어지도록 종교개혁의 불길을 댕겼습니다. 전심으로 여호와께 돌아오려면 정결한 마음으로 삶의 전 영역에 걸친 철저한 회개를 해야 한다는 것입니다. 이를 위해서는 특별히 바알과 아스다롯이라는 우상을 제거하고,

우상숭배의 죄에서 돌이켜 정결한 자로 하나님 앞에 서야만 했습니다. 그래서 미스바로 모이라고 하였습니다.

'미스바'는 망대란 뜻입니다. 미스바는 해발 780m의 고지에 있습니다. 이곳으로 모이라고 한 것은 이스라엘의 중앙부에 위치한 곳이어서 전국에서 모이기에 용이했기 때문이라 봅니다. 그리고 그곳에 모인 이스라엘 백성을 대표하여 사무엘이 구원을 베푸시도록 하나님께 간구하는 기도의 모습을 볼 수 있습니다. 물을 길어 여호와 앞에 붓는 행위 자체는 자신들의 죄악이 물이 흘러감 같이 흘러 사하여지기를 원하는 소망을 상징한 것입니다. 그리고 온종일 금식함으로써 오직 하나님의 자비와 긍휼하심만을 간구하는 참회의 행동이 수반되었습니다.

따라서 이스라엘 백성들의 회개는 예배의 자리에서 진심을 다해 정결한 마음으로 자신의 죄를 토로하는 것이었습니다. 그리할 때 하나님께서 사무엘을 통해 블레셋의 압제에서 이스라엘을 구원해 주신다는 것입니다. 여러분, 매 주일 아침이나 매 순간, 우리는 정결한 마음으로 하나님 앞에 나아와야 합니다. 정결한 마음으로 예배를 준비해야 합니다. 그리고 정결한 자가 되어 주님 앞에 예배자로 서야 함을 반드시 기억하시기 바랍니다. 정결한 자로 온전히 하나님 앞에 예배자로 나아가는 이것이 삶의 중심에 하나님의 보좌를 세우는 첫 번째 방법입니다.

2) 온전한 예배를 드려야 합니다

8절과 9절에서는 "이스라엘 자손이 사무엘에게 이르되 당신은 우리를 위하여 우리 하나님 여호와께 쉬지 말고 부르짖어 우리를 블레셋 사람들의 손에서 구원하시게 하소서 하니 사무엘이 젖 먹는 어린양 하나를 가져다가 온전한 번제를 여호와께 드리고 이스라엘을 위하여 여호와께 부르짖으매 여호와께서 응답하셨더라"라고 말씀하고 있습니다. 블레셋은 사무엘의 지도력 아래 이스라엘이 하나 되는 것을 사전에 막기 위해 미스바에 모인 이스라엘 백성들을 습격합니다. 그러자 백성들은 사무엘에게 하나님의 도우심을 바라는 기도를 하도록 요청합니다. 이에 사무엘은 하나님께 온전한 제사와 기도를 드렸고, 하나님께서 응답하셔서 블레셋과의 싸움에서 큰 승리를 얻을 수 있었던 것입니다.

8절은 백성들을 위하여 사무엘이 하나님의 도우심을 간구하는 장면입니다. 사무엘은 먼저 쉬지 않고 부르짖었습니다. 이는 전쟁의 승리와 구원이 오직 하나님께만 달려 있음을 고백하는 일입니다. 당시 상황은 온 백성이 금식하며 회개하는 중이었기에 전쟁에 대한 아무런 준비가 되어 있지 않았습니다. 하나님의 말씀으로 무장하고 기도하는 것 외에는 달리 방법이 없었던 것입니다. 그래서 9절에서 태어난 지 얼마 되지 아니한 순결함을 그대로 간직한 어린 양을 희생 제물로 삼은 것은 정결한 마음으로 흠과 티가 없는 제사를 하나님께 올려 드린 것입니다. 성경은 그 번제를 온전한 번제라고 말하고 있습니다. 사무엘이 하나님께 전적인 헌신을 다한 온전한 예배를 올렸다는 것입니다. 그 결과 하나님이 블레셋에 대한 큰 승리를 얻게 하신 것입니다.

로마서 12장 1절은 "그러므로 형제들아 내가 하나님의 모든 자비하심으로 너희를 권하노니 너희 몸을 하나님이 기뻐하시는 거룩한 산 제물로 드리라 이는 너희가 드릴 영적 예배니라"고 말씀합니다. 이 말씀대로 우리가 드리는 예배가 하나님이 기뻐하시는 거룩한 산 제물로 우리 각자의 삶을 하나님 앞에 올려 드릴 때 온전한 제사, 온전한 예배가 되는 줄로 믿습니다. 이러므로 온전한 예배자의 모습은 전적으로 하나님만 의지하는 것입니다. 그리고 온 마음을 다해 전적인 헌신으로 올려드리는 예배가 이루어질 때, 이것이 삶의 중심에 하나님의 보좌를 세우는 두 번째 방법이 됩니다.

사람이 살면서 느낄 수 있는 고통, 스트레스를 100으로 표현할 때, 자식을 잃었을 때가 98이라고 합니다. 내 자식이 죽는 걸 아는데 부모로서 아무것도 할 수 없을 때, 부모가 살아서 감당해야 하는 그 고통은 말로는 표현할 수 없을 겁니다.

2022년 9월 6일 제11호 태풍 힌남노로 인해 경북 포항시 남구 오천읍의 한 아파트 지하 주차장에서 7명이 숨지는 가슴 아픈 일이 발생하였습니다. 지하 주차장의 차를 이동하라는 관리사무실의 안내방송을 듣고 나갔던 소중한 인명이 단지 차를 빼러 갔을 뿐인데, 다시는 돌아올 수 없는 머나먼 길을 떠난 것입니다. 그중에서도 52세 된 김 씨 성의 엄마가 차 안에 갇혀있는 상황에서 지하실로 따라 내려온 중학생 아들이 어머니를 빼내어 마침내 살게 되었고, '엄마 껌딱지' 15살 중학교 2학년 아들은 끝내 숨진 채 발견되었습니다.

엄마는 배관 위에서 14시간 넘게 찬송하고 기도하면서 신앙의 힘으로 버틴 끝에 밤 9시 40분쯤 극적으로 구조되었지만, 당시 급박한 상황에서 엄마는 "너만이라도 살아야 한다"며 지하 주차장에 있던 다른 주민들과 함께 아들을 내보냈습니다. 자신은 어깨가 불편하고 수영을 못해 다른 사람들에게 부담이 될까 염려스러워 그리했다고 합니다. 김 군은 어머니에게 "엄마, 사랑해요. 그동안 키워주셔서 감사합니다"라고 인사한 후 밖으로 나오려 했지만, 끝내 이날 밤 숨진 채 발견되었습니다.

이 가정은 오천제일교회에 출석하는 가정이었습니다. 엄마는 피아노 반주, 유치부 교사 등으로 봉사를 해왔고, 선교활동에도 적극적인 집사님이었으며, 아들도 어머니와 함께 여러 선교활동에 참여하는 신앙 안에서 아름다운 가정을 이룬 신실한 믿음의 가정이었습니다. 아들을 잃고 쓰러진 아내에게 남편은 "중심을 잡아야 입관예배에서 아들을 제대로 볼 수 있다"고 말하며, 신앙의 힘으로 이겨내면서 "천국에서 만나자"라고 인사하고 참으로 힘든 장례식을 마쳤다고 합니다. 얼마나 힘든 장례식이었겠습니까? 천국 소망이 있는 자는 믿음으로 고난을 이겨내고, 오로지 생명의 주권자이신 하나님만을 의지할 수밖에 없습니다.

이처럼 우리가 하나님만을 의지하고자 할 때 생각지 않은 어려운 시련이 다가올 수도 있습니다. 이때 악한 영은 우리로 하여금 하나님만을 의뢰하지 못하도록 미혹할 수 있습니다. 그러나 온전히 하나님만을 의지한다면 하나님은 넉넉한 승리와 평안을 주십니다. 잠언 29장 25절은 "사람을 두려워하면 올무에 걸리거니와 여호와를 의지하는 자는 안전하리라"고 말씀합니다. 상황을 넘어서서 늘 온전한 예배자로 하나님 앞에 나아갑시다. 그리고 주일마다 드리는 예배에 각각의 성도들이 온전한 헌신의 마음을 담은 진정한 산 제물로서 드려지는 예배가 될 수 있기를 바랍니다. 이것이 하나님이 내 삶의 구심점이 되는 삶의 모습인 것입니다.

3) 에벤에셀의 기념비를 기억해야 합니다

본문 12절은 "사무엘이 돌을 취하여 미스바와 센 사이에 세워 이르되 여호와께서 여기까지 우리를 도우셨다 하고 그 이름을 에벤에셀이라 하니라"라고 말씀하고 있습니다. 10절에서는 여호와께서 블레셋 사람에게 큰 우레를 발하여 그들을 어지럽게 하심으로 블레셋을 치셨습니다. 이때 이스라엘 백성들은 미스바에 모여 여호와를 사모하는 마음으로 손들고 하나님 앞에 회개하고 있었습니다. 그들의 손에는 칼도, 창도, 활도, 방패도 없었고, 전쟁을 위한 준비라고는 하나도 없었습니다. 꼼짝없이 블레셋에게 당할 수밖에 없는 상황인데, 하나님께서는 큰 우레를 발하셔서 저들이 정신 빠지게 놀라고 혼비백산하여 무기를 버리고 다들 도망가게 하셨습니다. 무기 하나 없이 회개 운동만 하던 이스라엘로부터 하나님의 방법으로 블레셋을 물리쳐 주셨습니다.

블레셋과의 전투에서 승리한 후, 사무엘은 미스바와 센 사이에 기념비를 세우고 에벤에셀, 즉 도움의 돌이라 칭하였습니다. 인간적인 재능이나 능력이 아닌 자기 백성과 함께하신 하나님의 도우심이 있었기에 가능했다는 것입니다. 이처럼 하나님의 구원 역사가 있을 때에 이것을 기념하고 후대에 기억시키기 위해 돌을 취하여 기념비를 세운 것입니다. 후손들에게 살아있는 신앙을 물려주는 교육을 한 것입니다. 부모가 하나님 앞에서 바른 예배자로 살아가는 모습을 자녀들은 보고 배웁니다. 부모들의 간증과 신앙고백에 따른 변화가 자녀들에게 신앙 유산이 되는 것입니다.

교회에 정기적인 출석을 하고, 십일조를 드리며, 봉사를 열심히 감당하는 성도 중에도 의외로 이름뿐인 명목상의 기독교인들이 많이 있습니다. 예수 그리스도를 만난 줄로 착각하면서, 분명한 삶의 변화도 없이 신앙 중심축에 세상의 것들이 가득 채워져 있다면, 마땅히 해야 할 기도를 하지 않게 됩니다. 말씀을 듣고 읽지 않아 하나님의 뜻을 분별하지 못하고, 구원자 되신 하나님을 찬양하는 것을 멈추는 자들도 있게 됩니다. 하나님이 우리의 구심점, 중심축이 되지 않으면, 세속적인 사고방식을 따르고 택하게 됩니다. 이렇게 살아가는 신앙인들이 과연 하나님 나라에 들어갈 수 있을까요? 과연 우리의 신앙생활에서의 우선순위는 무엇인가요?

에벤에셀, 하나님이 여기까지 우리를 도우셨다는 고백은 믿음의 성도들이 항상 간직하고 기억해야 할 고백입니다. 하나님은 자기 백성들에게 은혜를 베푸시는 분이십니다. 여호와 하나님을 사모하는 자가 되어야 합니다. 그리고 이스라엘 백성들이 선지자 사무엘의 말을 액면 그대로 하나님의 말씀으로 받아들이고 순종할 때 하나님의 복을 받은 것처럼, 주일에 선포되는 말씀이 설교자를 통하여 주시는 하나님의 말씀임을 기억하고 받아들이며 마음 판에 새기고 순종할 때 하나님이 주시는 복을 풍성히 누리는 삶을 살게 됩니다. 에벤에셀의 하나님, 오늘 여기까지 나를 도우신 하나님께서 앞으로의 나의 삶을 도우시고 인도하신다는 사실을 믿음으로 받아들이고 순종으로 살아가는 것, 이것이 하나님이 내 삶의 구심점이 되는 삶의 모습인 것입니다.

나가는 말

하나님을 신앙의 구심점으로 삼았던 이스라엘 백성에게, 사무엘이 이스라엘의 마지막 사사로 있는 동안에 블레셋은 굴복하였고, 평화가 임하였다고 합니다. 하나님의 사람, 신실한 그리스도인들이 하나님을 자기 삶의 중심축에 모시고 살아가게 되면, 그 가정이나 교회, 사회, 국가도 평화를 누리게 될 것입니다. 오늘 내자신이 먼저 하나님을 내 삶의 중심축으로 삼고 살아가길 소망하고 결단하는 미스바의 성회가 오늘 이 시간이 되기를 간절히 바랍니다. 그리고 다시금 미스바 성회와 같은 예배의 회복이 일어나길 소망합니다. 하나님을 경배하는 온전한 예배가 우리 신앙의 중심축을 이룰 때 우리의 삶은 가장 안전합니다. 이제는 예수 그리스도 주님 안에 우리 인생의 닻을 내리고, 코로나 이후 펼쳐질 다가올 시대에 성령의 새롭게 하심의 능력을 통해 회복과 부흥의 역사가 이루어지도록 참된 예배의 승리자로 살아가시길 간절히 바랍니다.

묵상을 위한 질문

1) 예배가 왜 삶의 구심점이라고 생각하십니까?
2) 어떻게 예배를 삶의 구심점으로 삼을 수 있을까요?
3) 당신이 예배를 삶의 구심점으로 삼기 위해 개선해야 할 것 세 가지를 꼽는다면 무엇인가요?

5. 인생 성공 비결

요한복음 4장 23-24절

이노경

들어가는 말

사람은 누구나 성공하는 인생을 살기 원합니다. 그렇다면 진정한 성공은 무엇일까요? 오늘 말씀을 통해 진정 성공적인 인생을 사는 성도님 되기를 축복합니다. 예수님을 믿는 자에게 있어서 가장 중요한 것은 예배입니다. 예배는 그리스도인들에게 있어서 생명과도 같습니다. 예배는 믿는 자들에게 인생 최고의 사명이며, 축복의 통로입니다. 또한 예배는 하나님께서 인간을 지으신 목적입니다. 우리는 예배를 통해서 하나님을 영화롭게 할 수 있습니다.

성도에게 있어서 예배보다 더 중요한 것은 없습니다. 예수님을 주님으로 고백하는 거룩한 성도에게 예배는 인생 최고의 목적입니다. 예배를 얼마나 중요하게 생각하느냐에 따라서 인생이 성공인지 실패인지로 나누어지게 됩니다. 왜냐하면 예배는 여러분들의 인생을 설명해 주는 기준점이 되기 때문입니다.

성경에는 수많은 인물이 나옵니다. 그중에 가인과 아벨을 떠올려 보시기 바랍니다. 예배에 실패한 가인은 살인자가 되었고, 예배에 성공한 아벨은 축복의 조상이 되었습니다. 세상적인 눈으로 볼 때 가인은 아벨보다 오래 살았기에 축복된 인생처럼 보일 수 있습니다. 아벨은 돌에 맞아 죽었기에 짧은 인생, 불쌍한 인생처럼 보일 수 있습니다. 하지만 하나님의 기준으로는 예배에 성공한 아벨이 축복된 인생이고, 예배에 실패한 가인은 저주받은 인생이라는 것을 알 수 있습니다. 또한 가는 곳마다 제단을 쌓았던 아브라함은 믿음의 조상이 되었습니다. 그 밖에 다윗, 요셉, 다니엘 등 성경에서 나오는 모든 축복의 사람들은 다 예배에 성공한 사람입니다. 예배는 인생 성공 비결입니다.

1) 하나님은 예배자를 찾으십니다

오늘 본문에서도 예수님께서는 예배의 중요성을 강조하고 있습니다. 본문 23절에서 예수님은 "아버지께 참되게 예배하는 자들은 영과 진리로 예배할 때가 오나니 곧 이 때라 아버지께서는 자기에게 이렇게 예배하는 자들을 찾으시느니라"고 말씀하고 있습니다.

본문 앞부분에 나오는 말씀은 예수님께서 사마리아 사람들을 전도하시기 위하여 유대에서 갈릴리로 가시다가 일부러 사마리아를 통과하신 사건을 다루고 있습니다. 그 당시 유대 사람들은 사마리아 사람들이 부정하다 하여 유대에서 갈릴리로 갈 때 사마리아를 통하면 직선거리이지만 일부러 돌아서 갔습니다. 여러분은 길을 가다가 오물을 만나면 그냥 밟고 지나갑니까? 아니면 돌아서 피해 갑니까? 대부분 다 피해서 지나갑니다. 유대인들은 사마리아 지역을 그렇게 생각했습니다. 하지만 예수님은 사마리아의 영혼들을 구원하시기 위하여 일부러 그리로 가셨고, 그곳에서 남자에게서 인생의 위로와 행복을 찾으려 했지만 여전히 불행하게 살아갔던 여인을 만나 대화를 하게 됩니다.

예수님은 그 여인에게 영원한 생수를 약속하셨습니다. 그리고 그 영원한 생수는 곧 예배로 이어지게 됩니다. 예수님은 사마리아 사람들이 가지고 있는 잘못된 예배에 대해 말씀해 주시고 예배에 대한 그들의 잘못된 이해를 교정해 주셨습니다. 사마리아 사람들은 예배 자체보다 장소를 더 소중히 여겼습니다. 그러나 예수님께서는 예배의 중요성은 장소가 아니라 바로 예배하는 사람에 있음을 말씀하시며 그러한 예배자를 하나님이 찾으신다고 말씀하십니다.

23절 후반부에 보면 "아버지께서는 자기에게 이렇게 예배하는 자들을 찾으시느니라"고 말씀하고 있습니다. 결국 하나님께서는 하나님을 아버지라 부르는 예배자를 찾으시고, 그들에게 상 주시기를 원하고 계십니다(히 11:6).

2) 진정한 예배자는 하나님을 아버지로 모신 사람입니다

오늘 예수님은 아버지께서 자기를 예배하는 자를 찾으신다고 했습니다. 그렇다면 누가 하나님을 아버지로 부를 수 있습니까? 요한복음 1장 12절은 "영접하는 자 곧 그 이름을 믿는 자들에게는 하나님의 자녀가 되는 권세를 주셨으니"라고 말씀합니다. 예수 그리스도를 믿는 자, 곧 예수 그리스도를 나의 구원자로, 주인으로 영접하는 사람이 하나님을 아버지로 부를 수 있는 것입니다.

하나님은 예배하는 자를 찾으십니다. 예배하는 자를 축복하십니다. 예배하는 자를 크게 들어 사용하십니다. 왜냐하면 하나님을 예배한다는 것은 하나님을 최고로 모신다는 고백이기 때문입니다. 예배는 축복의 통로이며, 구원의 통로입니다.

오늘날 수많은 사람은 예배자를 찾으시는 하나님의 마음보다 예배의 프로그램에 더 많은 관심을 가지고, 예배의 분위기에 더 많은 초점을 맞춥니다. 그러나 하나님께서 원하시는 것은 예배 프로그램이 아닌 하나님을 아버지로 모신 자, 예수님을 구원자로 모신 자입니다. 하나님은 하나님이 내 인생에 최고라고 고백하는 예배자에게 관심을 가지고 계십니다.

3) 하나님은 예배자를 기뻐하십니다

하나님이 기뻐하시는 것은 바로 예배입니다. 하나님의 하나님

되심을 인정하는 것도 예배입니다. 그런데 오늘날 우리 가운데 예배의 중요성이 사라지고 있습니다. 예배에 대한 갈망도 사라지고 있습니다. 사람들은 예배를 그냥 그리스도인들의 의무 중의 하나 정도로 생각합니다. 뭔가 주일예배를 드리지 않으면 찜찜하여서 예배드리는 경우가 많이 있습니다. 예배를 영적인 밥 한 끼 먹는 정도로 생각하고 커피 한잔 마시듯이 생각합니다.

이 시간 여러분들이 예배에 대해 다시 한번 생각하고 결단하기를 소망합니다. 오래전 수많은 순교자는 하나님을 예배하기 위하여 자신의 목숨까지 버렸습니다. 예배를 살리기 위하여 자신의 모든 것을 드렸습니다. 그런데 오늘날 우리는 너무도 편하게 신앙생활하기 좋은 환경에 살다 보니 예배에 대한 감격도 중요성도 잃어버리고 살아갑니다.

여러분은 성공한 인생을 살고 싶으신가요? 그렇다면 예배를 여러분 삶 속에 최고 순위로 두시기를 바랍니다. 예배를 어느 위치에 놓느냐에 따라서 여러분들의 인생이 달라집니다. 예배는 최고의 가치를 하나님께 두고 있다는 고백입니다. 그런데 사람들은 그러한 예배를 너무 쉽게 생각하고 있습니다. 여러분들이 하나님을 향한 예배를 중요하게 생각하는 것만큼 하나님은 여러분들을 축복해 주실 것이라고 믿습니다. 왜냐하면 하나님은 자기를 찾는 자에게 상 주시기 때문입니다. 하나님은 자기를 예배하는 자를 기뻐하시며 그를 축복하시기 때문에 여러분들이 삶 속에서 예배를 어느 위치에 놓느냐에 따라서 축복이 임할 것입니다.

생각해 봅시다. 여러분들은 여러분들을 소중히 여기는 사람에게 더 잘해 주고 싶습니까? 아니면 그저 그렇게 여러분들을 생각하는 사람들에게 더 잘해 주고 싶습니까? 예배를 소중히 여기지 않는 사람, 그런 사람에게 하나님이 축복해 주실까요? 예배를 대충 생각하는 사람, 하나님께서는 대충 축복해 주실 것입니다. 그러나 예배를 최고로 생각하는 사람, 하나님께서 최고의 축복을 허락해 주실 줄 믿습니다.

4) 예배에 성공하는 사람이 인생에 성공합니다

예배가 살면 인생이 살아납니다. 예배가 살면 가정이 살아납니다. 예배가 살면 내가 살아납니다. 예배에 목숨 걸면 하나님께서 여러분들의 삶을 책임져 주십니다. 우리가 하나님을 최고로 높이는 예배를 삶의 최고 우선순위에 놓는다면 자기 아들을 아끼지 아니하시고 우리에게 주신 그 하나님께서 여러분들의 삶을 책임져 주실 줄 믿습니다.

여러분의 삶에 변화를 원하신다면 여러분이 예배드리는 모습부터 변화시키십시오. 예배는 성령님이 함께하시는 변화와 충전의 시간입니다. 그래서 예배를 축복의 탯줄, 생명의 통로라고 하는 것입니다.

예전에 토크쇼의 여왕 오프라 윈프리의 기발한 깜짝쇼가 크게 화제가 되었던 적이 있습니다. 그날의 토크 주제는 '아무리 터무

니없는 꿈이라도 이뤄진다'였습니다. 윈프리는 처음에는 방청객 중 11명을 무대 위로 불러내어 승용차 열쇠를 1개씩 나눠주었습니다. 그러면서 나머지 방청객들에게는 선물상자를 하나씩 나눠주며 그중에 12번째 자동차 열쇠가 있다고 말했습니다. 모두가 긴장하며 자신이 12번째 행운아가 되기를 기대하며 선물상자를 열어 보았습니다. 그런데 이게 웬일입니까? 그날 방청 온 276명에게 주어진 상자 안에는 모두 자동차 열쇠가 들어있는 것이었습니다. 그 순간 토크쇼 녹화장은 최고의 감동과 환희가 넘쳐나는 장으로 바뀌었다고 합니다.

방청객들은 무심히 방청객으로 앉아있다가 깜짝쇼로 말미암아 모두 자동차를 한 대씩 받았으니 그야말로 최고의 기쁨을 느꼈을 것입니다. 저는 그런 환희가 우리 교회에도 일어나길 원합니다. 매주 그런 감동과 환희가 넘쳐나기를 소망합니다.

자동차를 받으면서 그렇게 좋아하고 환호했는데 우리는 그런 자동차와는 비교할 수 없는 선물을 받지 않았습니까? 예수 그리스도의 생명의 피 값으로 산 영원한 생명, 영원한 천국을 소유했는데 그 기쁨이 어찌 자동차를 얻는 기쁨보다 더 작을 수 있겠습니까? 그렇게 생각하지 않습니까?

그런데 이런 엄청난 영생의 복을 받았음에도 불구하고 자동차를 받은 것보다 감격과 감사가 없다면 이것은 분명 뭔가 문제가 있는 것입니다. 구원에 대한 감사와 감격, 이것은 로또의 당첨보다도 더 큰 선물임에도 불구하고 우리는 구원의 가치를 잘 알지 못하여 그냥 습관적으로 예배드리고, 습관적으로 하나님을 믿습니다. 이것은 큰 문제가 아닐 수 없습니다.

5) 예배 시간을 소중히 여겨야 합니다

여러분! 구원에 대한 감격을 회복하십시오. 우리를 구원하시기 위하여 자신의 독생자 예수 그리스도를 십자가에서 죽이시기까지 하셨던 그 사랑에 감격하십시오. 이제 그 감사와 감격을 예배로 표현하기를 축복합니다.

예배는 하늘이 열리는 시간입니다. 하늘의 복이 쏟아지는 시간입니다. 구원의 은총이 내려오는 시간입니다. 엄청난 사랑을 베푸신 하나님과 만나는 시간입니다. 성령 받는 시간, 위로가 충만한 시간이 바로 예배입니다. 우리, 잃어버렸던 예배의 중요성을 다시금 회복합시다. 예배를 생명처럼 여기는 거룩한 습관을 회복합시다.

여러분들에게 있어서 예배는 무엇입니까? 여러분들에게 있어서 예배는 여러분 인생에 몇 번째 순위에 들어있습니까? 만약 하나님께 드리는 예배가 여러분 삶에 첫 번째가 아니면 그것은 예배일 수 없습니다.

자투리 시간에 예배를 드리십니까? 내가 하고 싶은 일 다 하고 나머지 시간에 예배를 드리십니까? 예배가 당신 삶의 제1순위입니까? 예배가 1순위라면 하나님도 당신의 일을 제1순위로 생각하실 것입니다. 그러나 예배를 중요하게 여기지 않는다면 하나님께서 어떻게 생각하실까요? 우리는 어떤 것보다도 예배 시간을 가장 소중히 여겨야 합니다.

나가는 말

하나님은 예배자를 찾아 상주시기를 원하십니다. 여러분 모두가 하나님이 찾으시는 참된 예배자가 되시기를 축복합니다. 장소가 중요한 게 아닙니다. 교회에서, 집에서, 일터에서, 학교에서, 어느 곳에서든 예배자가 되시기를 소망합니다. 당신의 삶을 하나님이 전폭적으로 책임져 주십니다.

우리 이제 우리들의 삶 속에 예배를 제1순위로 놓고 예배를 생명처럼 여기는 귀한 영혼 되길 축원합니다. 본문 말씀 23절 앞부분을 보면 하나님이 찾으시는 예배자는 그냥 예배자가 아니라 참되게 예배하는 예배자입니다. 그냥 나와서 예배드리는 자가 아니라 참된 예배자로 회복되어 하나님을 기쁘시게 해드리는 우리 모두 되기를 축복합니다.

묵상을 위한 질문

1) 당신에게 예배가 중요한 이유는 무엇입니까?
2) 당신은 어떤 예배가 참된 예배라고 생각하십니까?

3) 하나님께 온전한 예배를 드리기 위해 지금 당신은 무엇을 결심
  하십니까?

제2부
우상을 버리라

AFTER

PANDEMIC

6. 하나님 사랑 회복

신명기 6장 4-9절

송관섭

들어가는 말

지난 삼 년간 세계 모든 사람이 다 힘들어했습니다. 신앙을 가진 성도들도 예외는 아니었습니다. 이제 팬데믹에서 벗어나 회복하려는 분위기가 형성되고 있습니다. 팬데믹 이후 교회와 성도들이 가장 먼저 회복해야 할 것이 무엇일까요? 그동안 우리가 잃어버리고 있던 것이 무엇일까요? 마지막 시대의 교회상에 대한 예언적 말씀인 요한계시록 2장에는 에베소교회를 향하여 "너희 처음 사랑을 버렸느니라"는 책망이 있습니다. 그리고 이어서 "어디서 떨어졌는지를 생각하고 회개하여 처음 행위를 가지라"는 명령이 주어집니다. 우리가 팬데믹을 지나며 회복해야 할 것이 여러 가지이겠지만 하나님께 대한 사랑을 우선적으로 회복해야 하겠습니다.

오늘 본문은 '쉐마'로 알려진 말씀입니다. 4절은 "이스라엘아

들으라"라고 했는데, 이를 히브리어로 말하면 "쉐마 이스라엘"입니다. 그래서 본문을 쉐마라고 부릅니다. 쉐마의 핵심은 '네 하나님 여호와를 사랑하라'입니다. 출애굽하여 가나안 땅으로 들어가기 전 모세는 이스라엘 백성에게 하나님의 명령을 준행할 것을 가르치면서 무엇보다도 하나님을 사랑해야 한다고 강조했습니다.

우리는 다시 한번 쉐마의 말씀을 마음에 담아야 하겠습니다. 그리고 신앙생활의 핵심인 하나님 사랑을 재확인하고 하나님 사랑을 회복해야 하겠습니다. 어떻게 하나님 사랑을 회복할 수 있을까요?

1) 하나님의 사랑을 알아야 합니다

요한일서 4장 8절은 "사랑하지 아니하는 자는 하나님을 알지 못하나니 이는 하나님은 사랑이심이라"고 말씀합니다. 하나님이 곧 사랑이십니다. 사랑은 기독교의 핵심 사상입니다. "믿음, 소망, 사랑 이 세 가지는 항상 있을 것인데 그 중의 제일은 사랑이라"고 했습니다(고전 13:13). 우리는 사랑에 대해 많은 이야기를 합니다. 그리고 하나님을 사랑한다고 말합니다. 여러분 하나님을 사랑하시지요? 저는 제가 하나님을 사랑하는 줄 알았습니다. 그런데 그게 아닙니다. 요한일서 4장 19절은 "우리가 사랑함은 그가 먼저 우리를 사랑하셨음이라"고 증거합니다. 하나님이 우리를 먼저 사랑하십니다.

본문 4절은 "이스라엘아 들으라. 우리 하나님 여호와는 오직 유일하신 여호와시니"라고 했습니다. '이스라엘'이란 하나님께서 사랑으로 택하시고 애굽에서 불러내어 하나님의 친 백성이 되게 하신 히브리 사람 야곱의 자손을 말합니다. 출애굽 사명을 위한 소명의 상황에서 하나님께서는 모세에게 그리고 택하신 백성에게 자신의 이름을 '여호와'라고 나타내주셨습니다. 여호와 하나님은 열 재앙으로 애굽을 굴복시키시고, 홍해를 열어 바다를 육지같이 건너게 하셨고, 생수를 마시게 하시고 만나와 메추라기를 양식으로 주셨습니다. 구름 기둥과 불기둥으로 인도하시며, 대적들을 막아주셨고, 광야를 무사히 건너게 하셨습니다.

이 모든 것을 행하신 분이 바로 여호와 하나님이시고, 여호와 하나님께서 그렇게 행하신 이유는 하나님께서 그 백성들을 사랑하셨기 때문이었습니다. 신명기 10장 15절은 선언합니다. "여호와께서 오직 네 조상들을 기뻐하시고 그들을 사랑하사 그들의 후손인 너희를 만민 중에서 택하셨음이 오늘과 같으니라."

우리가 하나님을 사랑해야 하는 이유가 있다면, 그것은 하나님께서 우리를 먼저 사랑하셨기 때문입니다. 하나님은 우리를 사랑하시어 우리의 죄를 사하시려고 독생자 예수 그리스도를 보내셨습니다. 요한일서 4장 10절입니다. "사랑은 여기 있으니 우리가 하나님을 사랑한 것이 아니요 하나님이 우리를 사랑하사 우리 죄를 속하기 위하여 화목 제물로 그 아들을 보내셨음이라."

하나님께서 우리에게 독생자를 주신 것은 예수님을 믿고 영생을 얻게 하시려는 하나님의 사랑의 극적인 표현이었습니다(요 3:16). 우리가 아직 죄인 되었을 때에 그리스도께서 우리를 위하여 죽으심으로 하나님께서 우리에 대한 자기의 사랑을 확증하셨습니다(롬 5:8). 우리는 우리를 구원하시어 새 생명을 주시고, 새 사람 되게 하시고, 천국 백성으로 살게 하시고, 예수님을 닮아가는 성도의 길을 걷게 하신 이 모든 것이 하나님의 사랑임을 거듭 깨닫고 확신해야 합니다. 그리고 그 무엇도 그 누구도 그 어떤 일도 우리를 그리스도의 사랑에서 끊을 수 없습니다(롬 8:35-39). 그렇기 때문에 코로나19가 아니라 그 어떠한 어려움도 우리를 사랑하시는 하나님의 사랑 안에서 넉넉히 이길 수 있음을 알아야 합니다.

2) 온 마음을 다해 하나님을 사랑해야 합니다

자, 그렇다면 이러한 하나님의 사랑을 믿고 알고 확신한다면, 우리는 어떻게 해야 할까요? 본문 5절입니다. "너는 마음을 다하고 뜻을 다하고 힘을 다하여 네 하나님 여호와를 사랑하라." 하나님을 알고 하나님의 사랑을 입은 인간이 해야 하는 가장 우선적인 것이 하나님을 사랑하는 것입니다. 예수님께서도 무엇이 가장 중한 계명인지를 묻는 사람에게 "네 마음을 다하고 목숨을 다하고 뜻을 다하여 주 너의 하나님을 사랑하라" 하는 것이 크고 첫째 되는 계명이라고 말씀하셨습니다(마 22:37-38).

하나님을 믿고, 하나님을 섬기고, 하나님을 예배하는 성도에게 우선적으로 요구되는 것이 바로 하나님을 사랑하는 것입니다. 하나님은 우리로부터 사랑의 고백을 원하십니다. 하나님께 대한 우리의 사랑은 입에서만 나오는 공허한 것이 되면 안 됩니다. 성경은 "마음을 다하고 뜻을 다하고 힘을 다하여" 하나님 여호와를 사랑하라고 말씀합니다. 여기서 '마음'은 지정의(知情意)를 포함하는 인간의 내적, 정신적 본질을 가리키며, '뜻'은 영혼, 생명, 호흡 등 인간의 육체와 정신 전체를 포괄한 전인격(全人格)을 의미하고, '힘'은 육체적, 정신적 활동력 및 모든 능력을 뜻합니다. 즉 마음, 뜻, 힘 등의 단어는 인간의 전인적 요소들을 나타내는 말입니다. 그러니까 하나님을 사랑할 때 우리의 전인격과 모든 노력을 다 기울여야 함을 강조하는 표현입니다.

하나님에 대한 사랑은 온전한 마음으로 정성을 다하는 전적인 헌신이 따르는 변함이 없는 지속적인 사랑이어야 합니다. 그렇기 때문에 하나님께서는 두 마음을 품는 사람을 가장 미워하십니다. 예수님은 제자들에게 두 주인을 겸하여 섬기지 말라고 가르치셨습니다. 마태복음 6장 24절입니다. "사람이 두 주인을 섬기지 못할 것이니 혹 이를 미워하고 저를 사랑하거나 혹 이를 중히 여기고 저를 경히 여김이라 너희가 하나님과 재물을 겸하여 섬기지 못하느니라." 그리고 누가복음 16장 13절 말씀입니다. "집 하인이 두 주인을 섬길 수 없나니 혹 이를 미워하고 저를 사랑하거나 혹 이를 중히 여기고 저를 경히 여길 것임이니라 너희는 하나님과 재물을 겸하여 섬길 수 없느니라."

하나님을 사랑하는 것과 하나님만을 사랑하는 것, 그리고 하나님도 사랑하는 것은 다릅니다. 우리가 하나님을 사랑한다고 할 때 하나님께서 기뻐하시는 사랑은 하나님을 사랑하는 것을 넘어서 하나님만을 사랑하는 것이 되어야 합니다. 성경은 하나님과 함께 다른 것을 사랑하는 것을 우상숭배라고 경고합니다. 이스라엘 백성은 하나님을 섬긴다고 하면서도 하나님과 함께 우상을 섬김으로 하나님의 진노를 받았습니다. 사사시대의 혼란과 실패와 무력함의 원인이 바로 거기에 있었습니다. 그래서 사무엘은 온 이스라엘을 향해 선포했습니다. "만일 너희가 전심으로 여호와께 돌아오려거든 이방 신들과 아스다롯을 너희 중에서 제거하고 너희 마음을 여호와께로 향하여 그만을 섬기라"(삼상 7:3). 다행스럽게 이스라엘 자손은 여호와만 섬기기로 응답했습니다.

우리는 코로나 상황을 지나면서 어려운 상황 가운데 마음이 흔들리고 연약해져서 하나님을 사랑한다고 하면서 하나님만 사랑하는 것이 아니라 하나님도 사랑하는 사실상 우상숭배의 죄를 범했습니다. 물론 신앙을 지키기 위해 노력했고, 희생도 감수했으며, 어려움도 겪었을 것입니다. 그런데 하나님을 사랑하는 우리의 마음에 빈틈이 생기고 조그만 간격이라도 벌어졌다면 우리는 영적인 민감성을 가지고 경성함으로 돌이켜야 합니다.

예수님은 요한계시록 2장에서 에베소교회를 책망하시면서 내가 네 행위와 수고와 인내를 알고, 악한 자들과 거짓 사도들을 드러낸 것을 알고, 부지런히 섬긴 것을 다 알지만, 그럼에도 불구하고 처음 사랑을 잃어버렸기에 회개하라고 말씀하십니다. 하나님을 향한 처음 사랑, 순전한 사랑을 회복하지 않으면 네 촛대를 옮겨 버리시겠다고 말씀하십니다. 사랑은 교회와 성도의 생명입니다. 성도님들께 묻고 싶습니다. 진정 하나님을 사랑하십니까? 온 마음으로 사랑하십니까? 하나님 '도' 사랑하시지는 않습니까? 정말 하나님만 사랑하십니까?

예수님을 믿는다는 것은 취미나 종교 생활이 아닙니다. 신앙의 본질과 핵심은 하나님께 마음을 두고 하나님을 사랑하는 것입니다. 하나님을 사랑하지 않기 때문에 예배와 신앙생활이 재미도 없고, 은혜도 없습니다. 하나님을 사랑하지 않기 때문에 이웃도 사랑할 수 없고 이웃과 서로 갈등하게 됩니다. 하나님을 사랑하면 예배하지 말라고 해도 예배하고, 기도하지 말라고 해도 기도하고, 전도하지 말라고 해도 전도합니다. 신앙생활의 모든 문제는 결국 내 안에 하나님의 사랑과 은혜가 충만하지 못하기 때문에 나타납니다.

오늘 본문은 우리의 마음과 뜻과 힘을 다해 하나님을 사랑하고, 집에서든지, 직장에서든지, 누워서든지, 길을 갈 때든지 하나님을 사랑하고, 하나님을 생각하고, 하나님께 마음을 두라고 말씀하고 있습니다. 우리의 모든 삶의 영역에 하나님의 사랑이 충만해야 하고 하나님께 대한 사랑이 가득해야 합니다. 우리의 교회생활은 물론 가정생활, 직장생활, 사회생활에서의 모든 삶이 하나님의 사랑과 하나님께 대한 사랑에서 우러나와야 합니다. 하나님을 사랑하니까 예배하고, 하나님을 사랑하니까 기도하고, 말씀도 보고, 가르치고, 전도도 하는 것입니다. 느헤미야 8장 10절은 "여호와로 인하여 기뻐하는 것이 너희의 힘이니라"고 말씀하고 있으며, 잠언 8장 17절은 "나를 사랑하는 자들이 나의 사랑을 입으며 나를 간절히 찾는 자가 나를 만날 것이라"고 말씀합니다.

3) 하나님의 말씀을 마음에 새기어 준행해야 합니다

본문 6절과 7절에서는 "오늘 내가 네게 명하는 이 말씀을 너는 마음에 새기고 네 자녀에게 부지런히 가르치며 집에 앉았을 때에든지 길을 갈 때에든지 누워 있을 때에든지 일어날 때에든지 이 말씀을 강론할 것이며"라고 말씀합니다. 하나님을 사랑하는 사람은 하나님의 말씀을 청종합니다. 예수님께서도 요한복음 14장 21절에서 "나의 계명을 지키는 자라야 나를 사랑하는 자니 나를 사랑하는 자는 내 아버지께 사랑을 받을 것이요 나도 그를 사랑하여 그에게 나를 나타내리라"고 말씀하셨습니다. 우리는 하나님의 말씀을 멀리하면서 하나님을 사랑한다고 말할 수 없습니다. 하나님께 대한 사랑을 회복한다는 것은 말씀에 대한 열심을 품고 하나님 말씀을 깨닫고 실천하는 데 노력을 기울인다는 뜻입니다.
하나님의 말씀은 살았고 능력이 있어 우리의 영과 혼과 육체의 모든 부분을 찌르고 쪼개고 고치고 새롭게 하고 힘 있게 해줍니다

(히 4:12). 성경 말씀은 성령님의 검이 되어서 우리의 심령 안에서 능력으로 나타납니다. 오늘날 교회와 그리스도인들이 왜 힘이 없습니까? 왜 세상의 소금인 우리가 사람들의 입에 오르내리고, 비판받고, 정죄당해야 합니까? 하나님께 대한 사랑이 식었기 때문이고 하나님 말씀에 대한 열정이 엷어졌기 때문입니다.

우리는 하나님의 말씀을 가까이해야 합니다. 마음에 새기고, 손목에 매고, 미간에 붙이고, 집 문설주와 바깥문에 기록해야 합니다. 마음에 새긴다는 것은 자신의 모든 의지를 항상 하나님의 말씀에 전념시켜 좌로나 우로나 치우치지 않고 정도(正道)를 걸어가라는 의미이고, 손목에 매어 기호를 삼으라는 것은 손이 마음 속의 생각을 행동으로 실행하는 지체(肢體)이니 하나님의 말씀을 모든 행동의 지침으로 삼으라는 뜻이고, 미간에 붙여 표를 삼으라는 것은 하나님의 말씀을 모든 사고와 판단의 기준으로 삼으라는 뜻이며, 문설주와 바깥문에 기록하라는 것은 하나님의 말씀이 삶의 모든 영역을 온전히 주관토록 하라는 뜻입니다.

신명기는 모세의 유언과 같은 메시지입니다. 모세는 신명기 4장 1-2절에서 "이스라엘아 이제 내가 너희에게 가르치는 규례와 법도를 듣고 준행하라 그리하면 너희가 살 것이요 너희 조상의 하나님 여호와께서 너희에게 주시는 땅에 들어가서 그것을 얻게 되리라 내가 너희에게 명령하는 말을 너희는 가감하지 말고 내가 너희에게 내리는 너희 하나님 여호와의 명령을 지키라"고 호소한 이후 여러 차례 하나님 말씀에 청종할 것을 당부하였습니다. 그리고 신명기 7장 9절에서 "너는 알라 오직 네 하나님 여호와는 하나님이시요 신실하신 하나님이시라 그를 사랑하고 그의 계명을 지키는 자에게는 천 대까지 그의 언약을 이행하시며 인애를 베푸시리라"고 했습니다.

4) 하나님의 사랑을 가르쳐야 합니다

본문 7절은 "네 자녀에게 부지런히 가르치라"고 말씀합니다. 물론 하나님의 말씀을 가르쳐야 합니다. 그런데 그보다 더 원천적으로 하나님에 대한 사랑을 가르쳐야 합니다. 모세는 성령님의 감동하심으로 출애굽 한 후 광야에서 자라난 다음 세대에게 하나님께 대한 사랑과 말씀 청종을 강조해서 가르쳤습니다. 본문 30장 20절입니다. "네 하나님 여호와를 사랑하고 그의 말씀을 청종하며 또 그를 의지하라 그는 네 생명이시요 네 장수이시니 여호와께서 네 조상 아브라함과 이삭과 야곱에게 주리라고 맹세하신 땅에 네가 거주하리라."

코로나 상황 속에서 오히려 증대된 것은 가정에서의 신앙 교육이라고 합니다. 2023년 1월 25일 자 국민일보 "신앙교육의 중심 '가정'… 코로나 기간 더 빛났다"라는 제목의 기사에서 기독교학교교육연구소 소장 박상진 교수는 '기독교 학부모 교실 프로그램'을 통해 학부모들에게는 교육의 자신감과 변화의 가능성을 불어넣어 주고, 학생인 자녀에게는 학교 성적에 중심을 두기보다는 무작정 공부하는 게 아니라 왜 공부해야 하는지를 아는 것이 중요함을 일깨워 줌으로써 "가정 안에서 신앙교육과 학업의 균형을 맞출 수 있게 됐다"고 설명했습니다. 신앙은 세대를 이어가면서 세워져야 합니다. 자녀는 가정에서 부모로부터 하나님의 말씀을 배우고, 하나님을 사랑하고 이웃을 사랑하는 도리를 배워야 합니다.

나가는 말

신앙과 복음은 시작부터 끝까지 우리를 향하신 하나님의 놀라운 능력입니다. 우리는 하나님의 사랑을 알고 하나님을 사랑하는 마음을 가져야 합니다. 신앙 여정에서 종종 실패도 하고 연약해지기도 하겠지만 그래도 꾸준히 하나님께 대한 사랑을 고백하면서 나아가야 합니다. 코로나로 인하여 느슨해졌던 우리의 마음을 추슬러 하나님께 대한 사랑을 회복해야 합니다.

기독교 진리의 핵심은 사랑입니다. 하나님은 사랑이시며, 신앙생활과 교회의 본질도 사랑이기 때문입니다. 우리가 오로지 한 가지, "하나님을 더 사랑하기를 원합니다. 어제보다 오늘 하나님을 더 사랑하기 원합니다. 다른 모든 것을 잃어도 하나님에 대한 사랑을 잃지 않기를 원합니다"라고 부르짖을 때, 하나님께서는 우리에게 사랑을 부어주실 것입니다.

묵상을 위한 질문

1) 하나님이 먼저 우리를 사랑하셨다는 의미가 무엇입니까?

2) 하나님을 향한 첫 사랑의 경험과 그 사랑의 회복방안이 무엇일까요?

3) 하나님을 사랑하는 것에 대한 가정에서의 신앙교육 방안이 무엇일까요?

7. 뜻을 정함

다니엘 1장 8-16절

박현희

들어가는 말

사람들은 어떤 일을 하기 위해서는 먼저 뜻을 정합니다. 쉽게 말하면 무슨 일에 앞서 '내가 이것을 해야겠다'는 마음을 먹게 된다는 것입니다. 물론 뜻을 정한다고 해서 반드시 그 일을 하게 되는 것은 아닙니다. 하지만 우선 뜻을 정해야 일이 시작되는 것은 분명합니다. 그런데 어떤 사람은 좋은 일을 하기 위해 뜻을 정하는가 하면, 또 어떤 사람은 나쁜 일을 하기 위해 뜻을 정하기도 합니다. 두 부류의 사람 모두 다 뜻을 정합니다. 그런데 어떠한 일을 위해 뜻을 정했는지는 그의 말과 행동을 통해 확인할 수 있습니다. 특별히 믿음의 성도들은 좋은 일을 하기 위해 뜻을 정해야 합니다. 반면 세상의 이익을 얻기 위해 나쁜 일을 하려는 뜻은 정하지 말아야 합니다.

어느 날 제 아내가 아들이 학교에 다니며 사귄 친구의 어머니와 친구가 되었습니다. 아들 친구의 어머니는 어린이집에서 교사로 일을 합니다. 어느 날 아내와 아들 친구 어머니가 이런저런 이야기를 나누게 되었습니다. 우리 가정이 교회를 다니며 제가 목사인 것을 알게 된 아들 친구의 어머니는 자신도 어렸을 때 교회를 다녔다고 말하며 교회를 싫어하는 이유에 관해서 아내에게 이야기했습니다. 전에 일하던 어린이집 원장이 교회에선 그렇게 신실한데 어린이집에서는 세상 사람들보다도 더욱 나쁘게 행동하는 것을 보고 교회에 대해, 그리고 그리스도인이라고 하는 사람들에 대해 온갖 정이 다 떨어졌다고 말했습니다.

성도 여러분. 세상 사람들뿐 아니라 믿음을 가진 성도들조차도 우리의 말과 행동을 통해 교회와 하나님을 판단한다는 것을 잊지 말아야 합니다. 하나님의 형상으로 예수 그리스도를 닮아가는 제자의 삶을 살아가기를 간절히 원합니다.

이처럼 좋은 뜻을 정하고 하나님을 바라보고 의지하며 살아야 할 오늘날, 많은 성도가 우상숭배를 넘어서지 못하고 죄를 짓는다고 한다면 어떻게 생각하십니까? '설마요. 있어도 적은 숫자이겠지요. 당연히 저는 아니에요.'라고 대부분 생각할 것입니다. 이러한 대답은 우상숭배에 대한 잘못된 생각과 무지에서 오는 것일 수 있습니다. 설교가 이제 시작인데 벌써 마음속에서 거부감이 느껴지십니까? 그렇다면 오늘 이 말씀을 통해 주실 하나님의 은혜가 분명히 있습니다. 오늘 우리에게 주시는 하나님의 교훈은 무엇일까요?

1) 우리는 우상숭배가 무엇인지 바르게 알아야 합니다

성도 여러분께 묻겠습니다. 우상숭배가 무엇이라고 생각하십니까? 불상에 절하며 비는 그러한 모습이 우상숭배라고 생각하지는 않으십니까? 맞습니다. 유일하신 삼위일체의 하나님 이외의 거짓된 신이라 불리는 것을 숭배하는 것이 우상숭배입니다. 여기까지는 이미 알고 계신 분들도 많으실 것이고, 조금 전과 같은 거부감은 없을 것입니다. 그런데 진정한 우상숭배의 의미는 어느 종교에 국한되는 것이 아니라 하나님보다 더 의지하는 것, 더 바라는 것을 다 포함합니다. 쉽게 말하면 이 세상을 살아가는데 하나님보다 더 필요로 하는 것, 하나님보다 우선시하는 모든 것이 다 우상이요 그런 마음을 갖는 것이 우상숭배입니다.

이제 우리는 우상숭배 가운데 살았던 잘못된 신앙의 모습을 인정해야 합니다. 하나님보다 재물이 우선시 되었고, 건강이 우선시 되었고, 명예가 우선시 되었고, 가족과 친구가 우선시 되었던 우리의 우상숭배의 삶을 인정해야 합니다. 하나님은 뒷전으로 두고 이것만 있으면 된다고 생각했던 모든 것이 죄요 잘못입니다. 죄가 죄임을 알아야 회개가 됩니다. 잘못이 잘못인지 알아야 고칠 수 있습니다. 먼저 우상숭배의 삶이 그 누구에게도 아닌 나의 삶에 있었음을 인정할 수 있는 은혜가 있기를 간절히 원합니다.

바벨론에 잡혀간 다니엘은 바벨론의 방식에 순응해서 사는 수밖에 없다고 체념할 만한 상황에서 '아니다'를 외치면서 단호하게 그 어떤 것보다 여호와 하나님을 우선시하면서 살 것을 마음먹었습니다. 우리도 지난 세월 코로나19 상황에서 '어쩔 수 없다'는 체념 어린 마음으로 사실상 하나님 섬기기를 뒤로 미루고 사람들의 비난의 시선을 피하기 위한 타협 등을 우선시하면서 지내오지는 않았는지요? 그렇다면 사실상 우상숭배적 태도로 살아왔음을 인정하고 죄를 자백해야 합니다. 우상숭배는 생각하는 것보다 멀리 있지 않습니다.

2) 우상숭배를 극복하기 위해서는 뜻을 정해야 합니다

우상숭배를 극복하기 위해서는 우상숭배의 잘못을 인정하고 그것을 넘어서기 위해서 뜻을 정해야 합니다. 특별히 다니엘의 모습을 통해 우상숭배를 넘어서기 위해 뜻을 정한다는 것이 무엇이고, 뜻을 정한 자들에게 주시는 하나님의 은혜가 어떤 것인지 오늘 본문은 자세하게 보여주고 있습니다. 바벨론의 왕이었던 느부갓네살은 제국에 복속된 각 지역을 효율적으로 통치하려는 방법의 하나로서 각국 출신의 영재들을 황실에서 직접 교육하였습니다. 이러한 정책에 의해 끌려온 유다 자손 다니엘과 하나냐와 미사엘과 아사랴는 갈대아 사람의 학문과 언어를 삼 년 동안 배우며 왕의 음식과 포도주와 날마다 쓸 것을 받게 되었습니다.

이러한 상황 가운데 다니엘은 왕의 음식과 포도주로 자기를 더럽히지 않기 위해 뜻을 정하게 됩니다. 이에 환관장에게 구하니 하나님의 역사하심으로 환관장에게 은혜와 긍휼을 얻게 됩니다. 환관장은 다니엘의 뜻대로 했다가 행여나 잘못되면 자신의 신변이 위태로울 수 있다고 말합니다. 다니엘은 자신과 세 친구를 감독하는 자에게 자신들을 열흘 동안 시험해 채식과 물을 먹게 한 후에 왕의 음식을 먹는 소년들의 얼굴과 비교하여 보고 결과를 판단하여 자신들의 처우를 결정해 달라고 합니다. 그리고 열흘 동안의 채식 결과 다니엘과 세 친구는 왕의 음식을 먹은 소년들보다 더욱 아름답고 윤택하여 좋아 보이게 되고 그로 인해 지정된 음식과 마실 포도주를 제하고 채식을 하게 되었다는 것이 오늘 본문의 말씀입니다.

오늘날 우리가 살아가는 세상은 참으로 악해져서 바른 신앙으로 살아가기가 힘들어졌습니다. 더욱이 팬데믹 이후로 세상이 교회와 성도를 바라보는 시선이 곱지가 않습니다. 이러한 상황 가운데 세상의 눈치를 보거나 세상에 파묻히게 하여 성도의 신앙을 실족하게 하며 하나님으로부터 성도들을 멀어지게 하는 믿음의 방해 요소들이 매우 많이 생겼습니다. 특히 앞서 생각해 보았던 우상숭배와 거기에서 파생되어 나오는 것들이 우리의 믿음을 병들게 합니다. 이러함에도 오늘날 성도들 가운데 우상숭배에 대해서 깊이 있게 생각하며 바른 신앙생활을 하기 위해 몸부림치는 사람들은 적습니다. 무엇이 우상인지, 무엇이 우상숭배인지에 대해서 바르게 알고 있어야 하는데 그런 성도들이 그렇게 많지 않습니다.

이에 오늘 우리는 뜻을 정한 다니엘의 모습을 통해 우상숭배를 넘어서 바른 믿음의 성도가 될 수 있기를 원합니다. 오늘 본문은 다니엘이 뜻을 정한 것으로 시작하고 있습니다. 다니엘이 왜 뜻을 정하게 되었을까요? 왕의 음식과 그가 마시는 포도주가 자기를 더럽히는 것임을 알았기 때문입니다. 즉, 하나님의 백성인 자신의 신앙의 정절을 위함이었습니다. 바벨론은 우상을 숭배하는 나라였고 우상숭배의 제물로 사용된 음식과 포도주가 자기를 더럽히지 아니하도록 했던 결정입니다. 하나님 앞에서 범죄 하지 아니하고 성결하기 위하여 왕의 명령을 거절하겠다고 뜻을 정한 것입니다.

어떤 일이 잘못인 줄 안다면 하지 말아야 합니다. 죄인 줄 알면 그 자리에서 떠나야 합니다. 다니엘은 이 일이 하나님께 죄를 범하는 것임을 알고 확고하게 자신을 더럽히지 않기로 뜻을 정했습니다. 이 결정은 결코 쉬운 것이 아닙니다. 지금 다니엘이 뜻을 정한 일은 왕의 명령을 거절하는 일이기에 자신의 목숨을 걸어야 하는 결정입니다. 목숨을 건다는 것이 쉬운 일입니까? 목숨은커녕 우리는 내게 있는 조그마한 것도 걸기가 어렵지 않습니까? 하지만 다니엘은 목숨을 걸었습니다. 이러한 결정은 그냥 되는 것이 아닙니다. 다니엘의 마음 가운데에 하나님을 확실하게 의지하며 바라는 믿음이 있었기에 가능한 것입니다. 힘들고 어려운 것도 두렵지 않습니다. 심지어 죽음도 두렵지 않습니다. 하나님만이 참 신이라는 믿음으로 가능한 것입니다.

이처럼 다니엘은 자신의 믿음을 지키기 힘든 상황 가운데서도 하나님을 향한 확고한 모습인 데 비해 오늘 우리의 모습은 어떠합니까? 팬데믹 이후에 믿음의 성도로서 살아가기가 팬데믹 이전보다 훨씬 어렵습니다. 보는 눈도 많아졌고 보는 시선도 곱지 않습니다. 이에 많은 성도가 쓰러지고 넘어집니다. 수많은 교회가 문을 닫았으며 많은 성도의 믿음이 식고 말았습니다. 참으로 안타까운 일입니다. 어려운 시기입니다. 힘든 시기입니다. 하지만 다니엘의 시대만큼 믿음의 정절을 지키고 하나님을 믿기가 어렵고 힘든 시기는 아닙니다.

그렇다면 우리는 힘을 내야 합니다. 믿음을 지키기 위해, 바른 성도가 되기 위해 애써야 합니다. 죄이기 때문에, 우리의 신앙을 지키기 위해 다니엘처럼 주어진 환경에 휘둘리지 아니하고 확고하게 뜻을 정한 삶을 살고 있습니까? 우린 너무나도 쉽게 나에게 불리해지거나, 손해가 될 것 같으면 세상과 타협하고 그 자리를 모면하기에 바빠서 이러한 뜻을 정하지 못하게 됩니다. 그러면서도 바르고 옳은 뜻을 정하지 못하는 이유가 나에게 있는 것이 아니라 주변에 있다며 주변을 탓하고 지금의 상황을 탓하게 됩니다. 하나님을 전적으로 의지하지 못하는 것이 진짜 이유임을 숨긴 채 말입니다. 하나님보다 먼저인 것들이 이러한 뜻을 정하는 데 방해가 되는 것임을 알아야 합니다.

다니엘에게는 하나님이 먼저였습니다. 그러했기에 다니엘은 자신의 목숨을 걸고 뜻을 정할 수 있었습니다. 하나님보다 먼저인 것들이 바로 우상임을 기억해야 합니다. 그것이 우리의 믿음을 병들게 함을 기억해야 합니다. 우상에게 바쳐진 제물이 다니엘을 부정케 하듯이 우리에게 뿌리박혀 버린 세상의 사상과 관념들이 우리로 하여금 바른 신앙의 성도가 되지 못하게 함을 알아야 합니다. 다니엘처럼 죄가 무엇인지, 잘못이 무엇인지 깨달아 알고 바른 뜻을 정할 수 있기를 간절히 원합니다.

3) 우상숭배를 극복하기 위해서는 뜻을 정한 믿음의 행동이 있어야 합니다

이제 뜻을 정한 다니엘은 믿음의 행동을 보입니다. 환관장에게 찾아가 자기를 더럽히지 아니하도록 구하게 됩니다. 감독관에게 열흘 동안의 시험을 제안하고 그 시험을 치르게 됩니다. 뜻을 정한 다니엘은 그 뜻을 이루기 위해서 가만히 있지 않았습니다. 하나님이 함께하시며 자신을 지켜주시는 분이라는 확신 가운데 뜻을 이루기 위한 믿음의 실천이 있었습니다.

이제 우리는 우상숭배의 죄를 짓지 아니하고 하나님의 백성다운 삶을 위해 뜻을 정하고 믿음의 행동을 보인 다니엘에게 하나님께서 친히 역사하심을 보게 됩니다. 하나님은 먼저 다니엘이 환관장에게 은혜와 긍휼을 얻게 하셨습니다. 다니엘은 바벨론에 귀빈으로 오게 된 것이 아니었습니다. 한낱 속국에서 온 포로요 다니엘이 표현한 것처럼 종으로 오게 된 것입니다. 그런 다니엘이 환관장에게 긍휼히 여김을, 은혜를 받게 하셨습니다.

세상의 관점으로 봤을 때는 상식 밖의 조건으로 어리석은 일이었던 열흘 동안의 시험이었지만 하나님의 역사하심으로 상식을 뛰어넘는 결과를 얻게 됩니다. 왕이 정한 훌륭한 음식을 먹는 소년들과 채식을 하는 다니엘과 세 친구들을 비교하면 상식적으로 상대가 되지 않는 시험이었지만 하나님을 의지하고 믿으며 뜻을 정한 자에게 베풀어 주신 것은 상식을 뛰어넘는 은혜였습니다. 이는 뜻을 정하고 하나님만을 의지하며 나아갔던 다니엘에게 임하신 하나님의 놀라우신 역사하심입니다. 세상의 상식을 뛰어넘는 하나님의 상식입니다. 이것이 바른 뜻을 정한 자에게 베푸시는 놀라운 축복과 은혜입니다. 이것이 믿음의 승리입니다.

오늘날 우리는 물질만능주의와 이기주의가 가득한 시대를 살아가고 있습니다. 팬데믹 이후로 그 정도가 심해졌습니다. 자신밖에 모르고 자신의 가족밖에 모르고 돈이 최고요 돈만 있으면 된다는 생각으로 세상이 돌아가고 있습니다. 건강을 위해서 개인적으로도 국가적으로도 엄청난 노력을 합니다. 그러면서 세상은 우리에게 말합니다. 돈과 명예가 최고라고, 무엇보다 건강해지기 위해 노력해야 한다고, 너만 생각하고 살라고 합니다.

성도 여러분. 돈과 명예가 최고입니까? 건강이 최고입니까? 이러한 것들은 잠시 머물다 가는 이 세상에서 우리의 삶을 윤택하게 해주는 것이긴 합니다. 이것들의 영향을 무시할 수는 없습니다. 그래서 세상이 말하는 것이 어떻게 보면 맞는 것 같지만 세상은 그러한 것들을 하나님보다 더 우선순위에 두기 때문에 완전히 틀린 것임을 알아야 합니다. 자기 자신을 사랑하며 가족을 사랑하는 것도 좋은 일입니다만 성경은 이웃 사랑과 소외된 자에 대한 사랑을 더욱 강조합니다. 원수까지도 사랑하라는 예수님의 말씀처럼 나만 바라볼 것이 아니라 우리의 시선을 더 넓게 돌려야 합니다. 왜 그래야만 합니까? 그렇게 하지 않으면 이러한 것들이 우리에게 우상이 되기 때문입니다. 부와 명예와 지식의 상징적 인물인 솔로몬 왕은 이 모든 것들이 다 헛되고 다 헛된 것일 뿐이라 고백합니다. 그렇습니다. 그 어느 것 하나 영원한 것도 아니요. 단지 썩어질 것일 뿐입니다. 갈급한 우리에게 참된 만족과 소망을 주지도 못합니다.

나가는 말

이제 말씀을 맺습니다. 사랑하는 성도 여러분. 다니엘은 세상의 관점으로 봤을 때 시대의 순리에 따라 가만히 있었다면 성공하고 행복해질 것이라고 할 수 있는 상황이었습니다. 하지만 그것이 우상숭배의 죄로 자신을 더럽히는 것임을 알고 하나님을 의지하며 신뢰하는 마음으로 그렇게 하지 않기로 뜻을 정했습니다. 그리고 믿음으로 행동했습니다. 그러한 다니엘에게 하나님은 역사하셔서 우상숭배를 넘어설 수 있게 하셨습니다. 우리도 마찬가지입니다. 하나님을 의뢰하며 우상숭배의 죄를 짓지 않기로 뜻을 정해야 할 것입니다. 뜻을 정한 다니엘에게 임했던 하나님의 축복과 은혜가 성도 여러분들에게 함께할 것입니다. 우상숭배를 넘어서서 하나님만을 바르게 섬기기로 뜻을 정한 우리에게 하나님은 반드시 역사하십니다. 그리고 믿음의 성도로 살기 위해 뜻을 정한 자들을 그렇게 살 수 있게 역사하십니다. 이런 믿음이 모든 성도들의 마음속에 있기를 예수님의 이름으로 축복합니다.

묵상을 위한 질문

1) 팬데믹 상황에서 타협하거나 우선순위에 문제가 생겨 사실상 우상숭배를 한 적이 없었나요?

2) 우상숭배적 요소를 제거하기 위해 무슨 뜻을 정해야 할까요?

3) 팬데믹 이후에 온전한 삶을 회복하기 위한 기도문을 적어보십시오.

8. 우상 제거

열왕기하 18장 1-8절

신명근

들어가는 말

필리핀 루손섬 북부 산악지대인 바기오 재래시장이나 산지족 선교 현장 어느 곳에 가든지 조각상들을 쉽게 볼 수 있습니다. 이것을 흔히 '아니토'라고 합니다. 아니토는 조상의 영혼, 자연의 영혼, 신들을 지칭합니다. 이것은 오래 전 필리핀 이전의 정령 숭배 신앙에서 나온 것입니다. 또한 영혼들을 대표하는 조각이 있는데 이것을 휴머노이드 피규어라고 합니다. 각종 나무와 돌로 새겨서 아니토를 만드는 것입니다. 필리핀 사람들에게 아니토에 대한 신앙은 조상의 영혼들이 자신과 가족들을 지켜주고 번성케 한다는 신앙으로 자리 잡고 있습니다.

우리가 잘 알다시피 필리핀은 가톨릭 국가입니다. 가톨릭과 아니토는 전혀 상관이 없는 것인데 실제로는 그렇지 않습니다. 필리핀에서는 소위 로마 가톨릭 성인들에 대한 신앙이 아니토로 자리를 잡고 있습니다. 필리핀 사람들은 이 아니토를 통하여 성인들과 교통할 수 있고 아니토가 본인들을 지켜준다고 생각합니다. 이와 같이 필리핀 사람들의 삶 속에는 우상 신앙체계가 깊숙이 들어와 자리 잡고 있습니다. 정말 이런 모습을 보면 선교사로서 안타깝습니다. 필리핀 사람들이 예수 그리스도를 인격적으로 만나고 바른 성경적인 지식으로 분별하여 우상숭배를 버려야 하는데, 여전히 무의식적으로 습관화되고 습성화된 모습들을 봅니다. 비단 이런 신앙의 모습이 필리핀 사람들에게만 있다고 말할 수 없습니다. 이런 모습은 우리가 사는 나라에도 또 우리 안에도 얼마든지 남아 있을 수 있습니다.

1) 언약을 맺으신 하나님

성도 여러분. 제가 질문을 하나 드리겠습니다. 혹시 지금 여러분은 하나님보다 더 우선시하는 것은 없습니까? 흔히 우리가 '문화명령'이라고 말하는 창세기 1장 26절부터 28절에서 하나님은 인간을 만드실 때 자신들의 형상을 따라 인간을 만드셨고 인간에게 피조물들을 다스리라 하셨습니다. 하나님은 인간에게 "생육하고 번성하여 땅에 충만하라 땅을 정복하라 바다의 물고기와 하늘의 새와 땅에 움직이는 모든 생물을 다스리라"고 말씀하셨습니다. 하지만 창세기 3장에서 인간은 아담과 하와의 불순종으로 말미암아 타락했습니다. 즉 이들의 불순종으로 인하여 사탄에게 하나님이 주신 권한을 내어 줬습니다. 그래서 아담과 하와는 에덴동산에서 쫓겨났습니다. 이제는 피조물을 다스리는 존재에서 땅을 기경하여 땅에서 나오는 소산물을 먹고 사는 존재가 되어버렸습니다. 다시는 에덴으로 돌아갈 수 없는 존재가 되어버렸습니다.

하지만 하나님은 새로운 길을 준비하셨습니다. 창세기 12장 1절부터 3절을 보면 하나님께서 아브람을 부르시는 장면이 나옵니다. 하나님은 아브람과의 언약을 통해서 아브람이 인류를 구원할 큰 민족을 이룰 것을 말씀하셨습니다. 그들이 바로 이스라엘입니다. 그래서 하나님은 아브람에게 "너를 축복하는 자에게는 내가 복을 내리고 너를 저주하는 자에게는 내가 저주하리니 땅의 모든 족속이 너로 말미암아 복을 얻을 것이라"(창 12:3)고 말씀하셨습니다. 이 약속의 말씀은 세대가 지나도 여전히 유효했습니다. 그리하여 모세가 애굽에서 이스라엘 민족을 인도하여 시내산에 이르렀습니다.

출애굽기 19장 5절부터 6절은 "세계가 다 네게 속하였나니 너희가 내 말을 잘 듣고 내 언약을 지키면 너희는 모든 민족 중에서 내 소유가 되겠고 너희가 내게 대하여 제사장 나라가 되며 거룩한 백성이 되리라 너는 이 말을 이스라엘 자손에게 전할지니라"고 말씀하고 있습니다. 하나님은 이 시내산 언약을 통해서 다시한 번 하나님의 이스라엘 백성들을 통한 구원의 계획을 보여주셨습니다. 그리고 출애굽기 20장에서 십계명을 주셨습니다. 그중에 제1계명을 3절에서 언급하고 있습니다. "너는 나 외에는 다른 신들을 네게 두지 말라"라고 하십니다. 그리고 계속해서 "너는 위하여 새긴 우상을 만들지 말고 또 위로 하늘에 있는 것이나 아래로 땅에 있는 것이나 땅 아래 물속에 있는 것의 어떤 형상을 만들지 말며 그 것들에게 절하지 말며 그것들을 섬기지 말라 나 네 하나님 여호와는 질투하는 하나님인즉 나를 미워하는 자의 죄를 갚되 아버지로부터 아들에게로 삼사 대까지 이르게 하거니와 나를 사랑하고 내 계명을 지키는 자에게는 천 대까지 은혜를 베푸느니라"(출 20:3-6)고 말씀하고 있습니다.

계속해서 하나님께서는 다윗 언약(삼하 7:1-17)을 통해서 그 언약의 성취자인 예수 그리스도가 오심을 약속하고 계십니다. 메시아가 다윗의 자손을 통해서 오신다는 것입니다. "이 아들로 말하면 육신으로는 다윗의 혈통에서 나셨고 성결의 영으로는 죽은 가운데서 부활하여 능력으로 하나님의 아들로 인정되셨으니 곧 우리 주 예수 그리스도시니라"(롬 1:3-4)라고 말씀하고 있습니다. 하나님은 예수 그리스도 안에서 우리에게 창세기 1장 26절부터 28절의 문화명령을 회복시키셨습니다. 이것이 우리의 정체성이며 이로 인해 우리는 새로운 피조물이 되었습니다. 그런데 이렇게 새로운 피조물이 된 우리이지만 그럼에도 불구하고 우리는 여전히 버리지 못한 옛 사람의 습성, 즉 나만의 우상이 없는지 살펴보아야 합니다.

2) 진정한 의미의 번영과 행복

그래서 오늘은 히스기야의 삶을 통해서 어떠한 신앙의 자세와 태도를 가져야 하는지 알아보겠습니다. 오늘 본문 열왕기하 18장에서는 남유다 왕 아하스의 아들 히스기야가 무엇보다 우선하여 하나님과 올바른 관계를 맺고 종교개혁에 힘썼기 때문에 형통하였음을 말하고 있습니다. 역대의 남 유다의 왕 중 위대한 개혁자로 알려진 히스기야는 아버지 아하스를 계승하여 왕위에 올라서는 나이 25세에 왕위에 책봉되어 29년을 통치하였습니다.

그는 하나님이 싫어하시는 것을 알았고, 하나님이 기뻐하시는 것을 열심 다하여 실행함으로써 하나님을 영화롭게 해 드렸습니다. 히스기야는 다윗과 같이 여호와 보시기에 정직히 행동하였습니다.

다윗같이 바르게 행했다는 칭찬을 받은 왕은 유다의 왕들 중 히스기야를 포함하여 4명뿐이었습니다. 아사, 여호사밧, 요시야였고, 특별히 히스기야는 '여호와 외에 다른 신은 없다'는 투철한 신앙을 가지고 각종 우상과 미신을 훼파하여 백성으로 하여금 우상 숭배 하지 못하도록 권장하였고, 오직 여호와만을 의지하면서 그분의 계명들을 지키고자 힘써 노력하였습니다.

그런데 문제는 국제 정세가 평탄하지 못한 데 있었습니다. 이스라엘은 앗수르에게 침입의 협박을 받아 위기를 당하여 예물을 올리는 입장이었는데, 히스기야가 보낸 예물을 받고 물러난 앗수르의 산헤립은 유다의 완전한 항복을 요구하고자 사신들을 유다에 보냈습니다. 이를 알고 히스기야도 3명의 사신을 보내 예루살렘 성벽에서 가까운 세탁자의 밭에서 협상을 위해 앗수르 사신들을 만나게 되었는데, 앗수르 사신들은 히스기야의 항복을 요구했습니다.

히스기야가 보낸 사신들과 대화를 나눈 앗수르의 사신 중 랍사게가 이제는 백성들을 향하여 앗수르에게 항복할 것을 설득했습니다. 랍사게는 히스기야의 허황된 말을 믿지 말고, 구원을 주신다는 여호와의 능력도 신뢰하지 말라고 하였습니다. 단지 앗수르에게 항복하고 나아오면, 생활의 안정은 물론이거니와 새로운 삶의 터전도 주어 평안한 삶을 누리도록 해주겠다고 약속했습니다. 끝으로 랍사게는 여호와도 앗수르 왕 앞에서는 무기력한 존재에 불과하다는 궤변을 늘어놓고 말을 마쳤습니다.

그러나 랍사게의 말에 대해 백성들은 침묵으로 일관하였는데, 이는 이미 히스기야가 백성들에게 지시한 사항이었습니다. 그리고 유다의 사신들은 이 모든 일을 히스기야에게 보고하러 가서 옷을 찢으며 통분하였습니다. 사신들은 하나님에 대한 앗수르의 모독에 참을 수 없는 분노를 느꼈으며, 암울한 민족의 앞날로 인해 고통스러워했습니다. 하지만 위기 앞에서 히스기야의 믿음은 하나님과 바른 관계를 이루지 않고서는 진정한 의미의 번영이나 행복은 있을 수 없다는 것을 교훈합니다.

성도 여러분, 결론적으로 말씀드리겠습니다. 신앙이 무엇입니까? 믿음이 무엇입니까? 믿음은 하나님 편에 온전히 서는 것입니다(왕하 18:3-4). 예수 그리스도의 거룩한 모범을 좇는 것이 행복과 성공적인 인생을 살 수 있는 비결이며, 신앙생활에 장애가 되는 요소들은 무엇이든 과감하게 제거해야 합니다.

3) 여호와께서 보시기에 정직하게 행하여

3절과 4절을 살펴보면 "히스기야가 그의 조상 다윗의 모든 행위와 같이 여호와께서 보시기에 정직하게 행하여 그가 여러 산당을 제거하며 주상을 깨뜨리며 아세라 목상을 찍으며 모세가 만들었던 놋 뱀을 이스라엘 자손이 이때까지 향하여 분향하므로 그것을 부수고 느후스단이라 일컬었더라"고 말씀하고 있습니다. 여기서 먼저 히스기야가 그 조상 다윗의 모든 행위와 같이 여호와 보시기에 정직히 행했다고 했습니다. 이것은 그의 부친 아하스의 모습과는 전혀 다른 모습인데, 아하스는 남 유다의 여러 왕 가운데 가장 악한 왕으로 평가받는 인물이었습니다. 그런데 히스기야는 그러한 부친 아하스를 본받지 아니하고 역대의 조상 중에 선한 왕인 다윗 왕의 기록을 보고 다윗을 본받은 것입니다. 그의 어머니가 제사장의 딸이기에 어린 시절의 신앙교육이 25살 청년기까지 선한 영향력을 미쳤다고 봅니다.

그래서 히스기야는 아하스와는 달리 철두철미하게 하나님 편에 섰던 다윗의 모범을 좇고자 힘썼습니다. 우선 히스기야는 다윗을 본받음으로써 남 유다의 왕들 가운데 가장 선한 왕의 하나로 평가를 받고 있습니다. 히스기야는 하나님께 인정을 받고 있었지만, 뜻하지 않게 죽을병을 앞에 놓고 성전에 들어가서 기도

하여 생명을 15년이나 연장받게 되는 은총을 입었습니다. 그뿐이 아니라 히스기야는 나라가 앗수르에 의해 짓밟힐 위기 상황에서 기도하여 위기에서 구원을 받았습니다. 이것은 그의 부친 아하스가 이스라엘 열 왕의 행위를 본받음으로써 남 유다의 왕들 가운데 가장 악한 왕으로 평가를 받았었고 더욱이 외세의 침입을 받아 아하수에로 왕의 신하와 같이 되는 것과는 매우 대조적인 일이라 할 수 있습니다.

히스기야는 하나님 앞에서 믿음으로 신앙생활에 장애가 되는 요소들은 과감하게 제거하였습니다. 본문 4절을 살펴보면 히스기야가 취한 개혁적 조치들이 나오는데, 히스기야는 하나님의 백성으로 하여금 범죄에 빠지게 하는 고질적인 문제였던 여러 산당을 제거하는 것은 물론 주상, 아세라 목상 등의 우상을 깨뜨리고, 심지어 모세가 만들었던 놋 뱀까지도 부수고 그것을 '놋 조각'이라는 의미의 '느후스단'이라고 불렀습니다.

특히 히스기야가 모세가 만든 놋 뱀을 부수는 사실에 주목할 필요가 있습니다. 이 놋 뱀이 모세가 만든 바로 그 놋 뱀이라면, 이는 역사적으로 매우 중요한 가치가 있는 것이었습니다. 그런데 문제는 이스라엘 백성들이 이 놋 뱀을 단순한 기념물로 여기지 아니하고 거기에 무슨 특별한 능력이 있는 것으로 생각하고 거기에 분향하며 숭배하였다는 데에 있습니다. 말하자면 놋 뱀은 이스라엘 백성들에게 하나의 우상이 되었던 것입니다. 그리하여 그것은 이스라엘 백성들이 바른 여호와 신앙을 갖는 데 오히려 걸림돌이 되고 말았습니다.

그러므로 히스기야는 놋 뱀이 기념될 만한 것이기는 하지만, 그것이 유다 백성들에게 바른 신앙에서 벗어나게 하는 것이어서 그것마저도 과감하게 부수어 버리고 만 것입니다. 여기서 우리는 유다에서 바른 여호와 신앙을 회복시키고 말겠다는 히스기야 왕의 단호한 의지를 확인할 수 있습니다. 그래서 우리는 날마다 지금 바른 신앙에 걸림이 되는 것은 무엇인지, 나도 히스기야처럼 그것이 아무리 귀중한 것이라고 해도 깨끗이 정리하고 말겠다는 단호한 의지가 있는지, 아니면 여전히 불신앙일 때에 가지고 있었던 어떤 신념과 아집, 고정관념을 품고 있지는 않은지 자문자답해 보아야 합니다. 믿음은 하나님 편에 온전히 서는 것입니다. 성경은 말씀합니다. 하나님 편에 서면 그분이 모든 것을 책임지십니다.

나가는 말

신명기 13장 6절부터 9절은 "어머니의 아들 곧 네 형제나 네 자녀나 네 품의 아내나 너와 생명을 함께 하는 친구가 가만히 너를 꾀어 이르기를 너와 네 조상들이 알지 못하던 다른 신들 곧 네 사방을 둘러싸고 있는 민족 혹 네게서 가깝든지 네게서 멀든지 땅이 끝에서 저 끝까지에 있는 민족의 신들을 우리가 가서 섬기자 할지라도 너는 그를 따르지 말며 듣지 말며 긍휼히 여기지 말며 애석히 여기지 말며 덮어 숨기지 말고 너는 용서 없이 그를 죽이

되 죽일 때에 네가 먼저 그에게 손을 대고 후에 뭇 백성이 손을 대라"고 말씀하고 있습니다.

이 말씀은 우상 신앙체계 배격에 대한 결연한 의지와 결단을 요구하고 있습니다. 전혀 타협 없는 신앙을 요구하고 있습니다. 가족들 간의 신앙에 대한 의견들이 서로 다를 때 얼마나 어렵습니까? 그럼에도 불구하고 우상은 결코 타협이 대상이 될 수 없음을 강력하게 말씀하고 있습니다. 그 어느 것도 하나님과의 관계 속에서 우선이 될 수 없습니다. 내가 처한 상황과 관계 속에서 가장 우선시해야 할 것은 하나님을 바라고 인도하심을 구하는 것입니다. 그럴 때 하나님은 나를 통해서 역사하시고 우리 삶을 형통케 하십니다. 더 나아가 이 세상에서 주도적으로 하나님 나라의 영향력을 행사케 하십니다. 이런 부흥의 역사가 우리의 삶과 가정, 그리고 교회와 민족 위에 충만하게 나타나길 예수님의 이름으로 축복합니다.

묵상을 위한 질문

1) 왜 역대 왕은 히스기야처럼 산당을 제거하지 못했을까요?

2) 왜 이스라엘 백성들은 놋 뱀을 제거하지 못했을까요?

3) 팬데믹을 지나고 있는데 나의 신앙생활 속에서 슬그머니 자리 잡은 우상은 무엇일까요?

9. 두 증인의 정체

요한계시록 11장 1-13절

김주원

들어가는 말

"엄마, 아직까지 내 친구들이 신천지에 남아있는데 어떡해?" 얼마 전, 권사님 한분에게 전화를 받았습니다. "목사님, 안녕하세요? 제 딸이 얼마 전에 천국에 갔어요." 권사님은 흐느끼면서 제게 말했습니다. "제 딸이 대학교를 다니면서 이단 신천지를 만났어요. 그곳에서 성경 공부를 하면서 친구들을 신천지로 데리고 갔어요. 그렇게 열심히 신천지 활동을 하다가 교육대학원 박사과정에 입학해서 다녔거든요. 그런데 갑자기 건강이 좋지 않아서 병원에 갔더니 암이라고 하더라고요. 그래서 항암치료를 받았는데 효과가 없었어요. 그런데 병 치료를 하는 중에 복음을 듣고 신천지가 잘못되었다는 것을 깨달았어요. 딸은 신천지가 잘못된 것을 알고 나와서 회개하고 복음을 믿어 구원을 받았지만 아직까지 자기로 인해 신천지에 들어간 친구들이 거기에 있다는 것을 괴로워했어요. 제 딸은 마지막 숨을 거두는 그 순간까지 자신의 건강보다 친구들의 영혼이 구원을 받아야 하는데 미안해서 어떡하냐고 말했어요."

사랑하는 성도 여러분, 이단 사이비 교주들은 자신을 자칭 하나님, 자칭 메시아, 재림 예수, 자칭 보혜사 성령이라고 서슴없이 말을 합니다. 한국만 하더라도 수백만 명의 사람들이 이단 사이비 교주들을 신으로 믿고 있습니다. 하나님이 아닌 인간을 신으로 믿고 따르는 것입니다. 하나님이 아닌 인간을 신으로 믿고 따르는 것을 성경은 우상숭배라고 말합니다. 현대판 우상숭배인 이단 사이비의 문제는 매우 심각한 것이며, 아주 위험한 것입니다. 그래서 오늘은 이단들이 주로 다루는 요한계시록 말씀을 본문으로 정했습니다.

우상숭배는 오늘날에만 있었던 것이 아닙니다. 오늘 본문 말씀인 요한계시록에도 이와 동일한 상황이 있었습니다. A.D 95년경, 로마의 황제 도미티안은 로마제국에 황제숭배를 명령했습니다. 자신을 사람이 아닌 신으로 여기고 예배하도록 한 것입니다. 당연히 그리스도인들은 이 명령에 따를 수 없었습니다. 왜냐하면 황제 숭배는 성경에서 금하는 우상숭배였기 때문입니다.

오늘은 본문을 중심으로 이단들이 중요하게 다루는 '두 증인'에 대하여 바른 해석과 교훈이 무엇인지 살펴보도록 하겠습니다. 성도님들께 한 가지 질문을 드립니다. 만약 누군가가 여러분에게 두 증인이 무슨 뜻이냐고 묻는다면 어떻게 대답해 주시겠습니까?

아주 오래전의 일입니다. 선교회 활동을 함께 하다가 이단 신천지에 빠진 친구가 있습니다. 대학 졸업반일 때 그 친구가 제게 이런 말을 했습니다. "요한계시록에 나오는 두 증인, 두 감람나무, 두 촛대가 무슨 뜻인지 알아?" 저는 그때까지 성경에 '두 증인'이 있는 줄도 몰랐습니다. 그러니 제가 두 증인이 무엇을 의미하는지 알았겠습니까. 물론 그 친구는 이단 신천지의 잘못된 해석을 진리라고 믿고 있었습니다. 그날 이후 도대체 두 증인이 누구이고, 무엇을 의미하는지 궁금해졌습니다. 그 일이 계기가 되어 요한계시록을 공부하게 되었습니다.

우리 성도님들이 요한계시록을 어려워하는 이유는 다른 성경과 달리 비유와 상징이 많기 때문입니다. 그래서 평신도뿐 아니라 목회자까지도 요한계시록을 너무 어려워합니다. 그러다 보니 요한계시록에 대한 오해가 생겨서 요한계시록을 단지 위험한 성경, 잘못하면 이단에 빠지는 성경으로 여기고 아예 접근도 안 하려고 합니다. 이런 태도를 갖는 것이 요한계시록을 우리에게 주신 하나님의 뜻일까요? 주님께서 사람들을 이단에 빠지도록 덫을 놓으신 것일까요? 아마 이렇게 생각하시는 분들은 한 명도 없을 것입니다. 하나님은 분명 요한계시록 말씀을 통해 모든 성도들이 하나님의 뜻을 더욱 명확하고 깊이 깨달아 복 있는 신앙생활을 하기를 원하실 것입니다.

예수님은 사랑하는 제자 요한에게 밧모섬에서 많은 환상을 보여주셨습니다. 그리고 그 환상의 내용을 기록하게 하셨습니다.

그중의 하나가 바로 오늘 본문 말씀의 두 증인 환상입니다. 그렇다면 두 증인은 누구이며 두 증인 환상이 우리에게 주는 영적인 교훈은 무엇일까요?

1) 두 증인 중 한 명은 엘리야입니다

본문 말씀 6절에는 "그들이 권능을 가지고 하늘을 닫아 그 예언하는 날 동안 비가 오지 못하게 하고"라고 기록되어 있습니다. 열왕기상 17장 말씀에 엘리야 선지자와 아합왕이 나옵니다. 아합왕은 하나님의 말씀을 떠나 우상숭배에 빠져 있었습니다. 우상 아세라를 섬기는 시돈의 공주 이세벨을 부인으로 맞이했습니다. 또 우상 바알을 섬기는 자들이 아합왕 최측근에 있었습니다. 하나님의 부르심을 받은 엘리야 선지자는 아합왕에게 나아가 수년 동안 이스라엘 땅에 비와 이슬이 내리지 않아 심한 가뭄이 있을 것이라고 선포했습니다. 그 결과가 어떻게 되었을까요? 그날 이후, 무려 삼 년 육 개월 동안 이스라엘에 비가 내리지 않았습니다. 야고보서 5장 17절은 "엘리야는 우리와 성정이 같은 사람이로되 그가 비가 오지 않기를 간절히 기도한즉 삼 년 육 개월 동안 땅에 비가 오지 아니하고"라고 말씀합니다. 그래서 이스라엘 사람들은 엘리야를 하나님의 권세와 능력을 행한 구약성경의 대표적인 선지자로 생각했습니다.

2) 두 증인 중 다른 한 명은 모세입니다

본문 말씀 6절에는 "또 권능을 가지고 물을 피로 변하게 하고 아무 때든지 원하는 대로 여러 가지 재앙으로 땅을 치리로다"라고 기록되어 있습니다. 하나님은 이스라엘 백성들을 출애굽 시키기 위해 모세를 보내셨습니다. 그러나 애굽 왕 바로는 모세의 말을 듣지 않았습니다. 그래서 하나님은 애굽 땅에 열 가지 재앙을 내리셨는데 그중에 제일 먼저 내린 재앙이 물이 피로 변하는 재앙이었습니다. 출애굽기 7장 20절은 이렇게 기록하고 있습니다. "모세와 아론이 여호와께서 명령하신 대로 행하여 바로와 그의 신하의 목전에서 지팡이를 들어 나일강을 치니 그 물이 다 피로 변하고." 모세 역시 하나님의 능력을 행한 위대한 선지자 중 한 명이었습니다. 그리고 모세는 출애굽 한 이스라엘 백성들을 이끌고 시내산에 도착해서 하나님의 말씀 십계명을 받았습니다. 그래서 이스라엘 사람들은 모세를 하나님의 말씀을 받은 대표적인 선지자로 생각했습니다.

3) 두 증인은 교회를 상징합니다

구약성경의 두 인물 모세와 엘리야를 요한계시록에서는 두 증인이라고 말씀했습니다. 구약성경에 나오는 수많은 믿음의 사람 중 왜 모세와 엘리야만 두 증인일까요? 노아와 에녹은 부족합니까? 여호수아와 다윗은 모자랍니까? 믿음의 조상 아브라함과 사무엘은 모세와 엘리야에게 미치지 못합니까? 결코 그렇지 않습니다. 다른 믿음의 위인들 역시 하나님의 증인으로서 그들의 사명을 감당했습니다. 그런데 성경에 모세와 엘리야가 두 증인으로 기록된 특별한 이유가 있습니다. 그 이유는 바로 그들이 가지고 있는 상징적인 의미 때문입니다. 구약성경의 모세는 하나님 말씀의 대표자, 엘리야는 하나님의 능력의 대표자입니다.

그런데 이 두 가지 사명과 역할을 이 땅에서 삼 년 반 동안 온전히 행하신 분이 계십니다. 누구일까요? 그렇습니다. 바로 예수 그리스도이십니다. 주께서 하나님의 말씀과 능력을 행하셨습니다. 하루는 예수님과 베드로, 요한, 야고보가 함께 산에 올라가서 기도했습니다. 너무 피곤했던 제자들은 졸다가 눈을 떴는데 놀라운 광경을 보게 되었습니다. 우리는 이를 일명 변화산 사건이라고 부릅니다.

누가복음 9장 32절과 33절은 이 사건을 다음과 같이 기록합니다. "베드로와 및 함께 있는 자들이 깊이 졸다가 온전히 깨어나 예수의 영광과 및 함께 선 두 사람을 보더니 두 사람이 떠날 때에 베드로가 여짜오되 주여 우리가 여기 있는 것이 좋사오니 우리가 초막 셋을 짓되 하나는 주를 위하여 하나는 모세를 위하여 하나는 엘리야를 위하여 하사이다 하되 자기가 하는 말을 자기도 알지 못하더라." 예수님께서 변화되어 산에서 만난 두 사람은 말씀과 능력을 대표하는 선지자 모세와 엘리야였습니다.

그리고 예수님은 부활 승천하신 후 이 사명과 능력을 누군가에게 맡기셨습니다. 그들이 누구일까요? 그렇습니다. 오합지졸만 같고, 늘 걱정거리이고, 온전하지 못했던, 그러나 자신의 목숨처럼 사랑하셨던 제자들에게 그 사명과 능력을 부어주셨습니다. 그러기 위해서 제자들은 반드시 성령의 충만함을 받아야만 했습니다. 그리고 예수님은 사도행전 1장 8절에서 제자들에게 말씀하셨습니다. "오직 성령이 너희에게 임하시면 너희가 권능을 받고 예루살렘과 온 유대와 사마리아와 땅 끝까지 이르러 내 증인이 되리라 하시니라."

　제자들은 예수님께서 약속하신 보혜사 성령님을 받게 됨으로 하나님의 말씀을 전하고, 권능을 행할 수 있었습니다. 그리고 그 제자들을 통해 복음이 전파되는 곳마다 믿음의 사람들, 즉 교회가 세워졌습니다. 교회는 모세와 엘리야, 그리고 예수님과 제자들에게 주신 하나님의 말씀과 능력을 위임받은 신앙공동체가 되었습니다. 사도 요한은 소아시아 일곱 교회 성도들에게 두 증인의 사명을 감당하기 위해 죽도록 충성하라고 말했습니다. 오늘도 동일합니다. 주님은 이 땅에 세우신 모든 교회에게 주님의 말씀과 권능을 힘입어 세상에 복음을 전하면서 섬기라고 말씀하고 계십니다.

나가는 말

　이제 말씀을 맺겠습니다. 예수님은 사도 요한을 통해 핍박과 고난을 당하고 있던 계시록의 일곱 교회에게 사명을 알려주셨습니다. 예수님은 교회들을 향해 황제 숭배라는 우상숭배의 위협과 니골라 당과 같은 거짓 선지자들의 미혹 속에서도 주눅 들지 말고 힘써 하나님의 말씀과 능력을 행하는 사명을 끝까지 감당하도록 격려하셨습니다. 그것이 바로 요한이 본 환상 중 하나인 두 증인의 환상이었습니다. 두 증인은 엘리야와 같이 하나님의 능력을, 또 모세와 같이 하나님의 말씀의 사명을 행하는 것을 의미합니다. 그리고 두 증인의 사명은 오늘날 말씀과 능력을 위임받은 교회가 이어가고 있습니다. 두 증인의 사명 받은 우리 모두가 성령의 충만함으로 복음을 힘써 전하는 성도 되길 예수님의 이름으로 축복합니다.

묵상을 위한 질문

1) 왜 이단 교주들은 자신을 두 증인이라고 주장할까요?
2) 모세와 엘리야의 사명이 곧 교회의 사명이라면 우리는 어떻게 사명을 감당해야 할까요?
3) 어떻게 하는 것이 예수님의 증인으로 사는 인생일까요?

10. 하나님을 기쁘시게 함

데살로니가전서 4장 1-8절

고상환

들어가는 말

인류는 코로나19라는 처음 겪어보는 전 지구적 어려움을 경험했습니다. 개개인은 물론이고 가정적으로 또 교회에서도 많은 문제가 있었습니다. 아직도 우리는 온전하게 이 어려움에서 벗어나지는 못한 상태입니다. 이럴 때 우리는 자칫 움츠러들고 나아가 이기적으로 되기 쉽습니다. 또 자신의 안전과 만족 그리고 자신의 기쁨을 얻기 위해 몰두하기 쉽습니다. 그러다 보면 다른 사람의 말에 귀를 막거나 마음이 열리지 않아 다른 사람과 소통이 안되거나 단절될 수도 있습니다.

우리는 사랑하면서도 사랑하는 사람의 뜻을 잘 알지 못할 때가 많습니다. 아마 부부 사이에서 이런 상황을 대부분 경험했을 것입니다. 저도 그랬습니다. 시간이 지나며 배워가는 중입니다. 소통의 단절은 하나님과의 관계에서도 나타납니다. 우리는 하나님

을 사랑한다고 하면서도 하나님께서 진정으로 기뻐하시는 삶을
살지 못하는 경우가 많습니다.

본문 1절은 "우리가 끝으로 주 예수 안에서 너희에게 구하고 권
면하노니 너희가 마땅히 어떻게 행하며 하나님을 기쁘시게 할 수
있는지를 우리에게 배웠으니 곧 너희가 행하는 바라 더욱 많이
힘쓰라"고 말씀합니다. 만약 우리가 하나님보다 더 가까이하고,
하나님보다 더 사랑하고, 하나님보다 더 좋아하는 대상이 있다면
성경은 그것이 우상이라고 규정합니다. 우리가 우상숭배로부터
우리 자신을 지키고, 그러한 상태에서 벗어나기 위해서는 반드시
하나님께 대한 우리의 사랑을 확증해야 합니다.

코로나19를 벗어나는 상황에서 하나님을 기쁘시게 해드리는
방도를 확고하게 붙잡아 우상숭배적인 마음에서 벗어나야 하겠
습니다. 그렇다면 우리가 어떻게 하나님을 기쁘시게 해드릴 수
있을까요?

1) 거룩함과 존귀함으로 살 때 하나님을 기쁘게 할 수 있습니다

그리스도인의 삶의 본질은 '하나님의 뜻'을 좇아가는 것입니
다. 본문 3절은 "하나님의 뜻은 이것이니 너희의 거룩함이라"라
고 말씀합니다. 이것은 주 안에 있는 사람들의 성화적 삶을 가
리킵니다. 그래서 이 문단은 '거룩함'이란 말로 시작하고(살전
4:3), 또 '거룩함'이란 말로 진행되고(살전 4:4), 하나님께서 우

리를 부르신 목적이 '거룩케 하심'이란 말로 끝을 맺습니다(살전 4:7). 특히 본문에서 '거룩함'은 정결한 부부 안에서 행해지는 성생활에 관해 말하는 것입니다.

4절은 "각각 거룩함과 존귀함으로 자기의 아내 취할 줄을 알고"라고 하였습니다. 본문이 기록될 당시 로마 공화제 사회에서는 남자는 정부(情婦)를 둘 수 있었고, 노예 중에서 쉽게 첩을 두었을 뿐만 아니라 때때로 성욕을 채우기 위해 얼마든지 창녀를 찾을 수 있었습니다. 본문이 쓰인 같은 시기 로마의 풍자 시인인 유베날리스(Juvenal)가 5년간 8명과 이혼한 남편과 부인을 소개한 기록이 남아 있을 만큼 당시 로마 사회는 도덕적으로 죽은 사회였습니다. 그 당시 로마 사회는 부부가 아닌 사람과의 그릇된 성관계에 대해 아무런 제재도 받지 않고 혼외정사를 즐기고 오히려 그것을 자랑하던 때였습니다. 그래서 많은 헬라의 쾌락주의자들은 성(性)을 쾌락의 도구로 찬양하였습니다.

우리가 사는 이 시대는 어떠한가요? 성적인 문제에 빠져드는 것은 타락한 인류가 쉽게 범하는 죄악입니다. 성경은 성적인 범죄와 우상숭배를 밀접히 연결해서 말하고, 또 성적인 범죄가 우상숭배에 해당한다고 경고합니다. 고대사회에서의 우상숭배는 대부분 성적인 문란 행위로 이어졌기 때문입니다. 우리는 현대사회의 성적 죄악이 하나님 앞에서는 우상숭배임을 알아야 합니다.

본문은 이와 같은 사회 속에서 그리스도 안으로 부름받은 자들에게 3절에 "음란을 버리라"고 하였고, 5절에서는 "하나님을 모르는 이방인과 같이 색욕을 따르지 말라"고 하였으며, 6절에서는 "이 일에 분수를 넘어서 형제를 해하지 말라"고 했는데, 이는 남의 아내를 취하지 말라는 뜻입니다. 그리고 7절에서는 "하나님이 우리를 부르심은 부정케 하심이 아니요 거룩케 하심이니"라고 하였는데, 여기의 '부정'은 '타락한 성도덕과 음란한 행위'를 뜻합니다. 이러한 성도덕의 문란과 타락에 대해서는 하나님의 심판이 있으며, 반드시 "주께서 신원(심판)할 것이라"(살전 4:6)고 했습니다.

성경은 이렇게 문란하고 타락한 성생활이 만연한 사회에서 그리스도에게로 부름받은 성도들에게 하나님께서 기뻐하시는 하나님의 뜻을 전해주었습니다. 하나님의 뜻은 4절에 기록된 것처럼 "각각 거룩함과 존귀함으로 자기의 아내 취할 줄을 알"아야 하는 것입니다. 하나님께서 정해주신 '한 남편과 한 아내', 즉 배우자를 거룩함과 존귀함으로 대하여, 문란한 행위로 말미암아 자신을 더럽히지 말라고 하셨습니다. 그렇지 않은 경우에 대해서는 8절에서 "그러므로 저버리는 자는 사람을 저버림이 아니요 너희에게 그의 성령을 주신 하나님을 저버림이니라"고 결론을 내려주고 있습니다. 아무리 세상이 타락하고, 성적인 문제가 만연한다 해도 성도들은 거룩함과 존귀함으로 살아 하나님을 기쁘시게 해드려야 합니다.

2) 성실히 일할 때 하나님을 기쁘게 할 수 있습니다

하나님을 기쁘게 하려면 서로 사랑해야 합니다. 데살로니가교회는 형제 사랑에 관하여 더 이상의 권면이 필요 없을 만큼 잘하였습니다. 또 이웃 교회에까지 사랑을 펼치는 사랑의 본이 되었습니다(9-10절). 그런데 문제는 다른 데 있었습니다. 바로 11절과 12절이 그 문제를 드러내 줍니다. 일하지 아니하고 남에게 의지하며, 일상생활은 무시하고 소위 영적인 일에만 관심을 갖는 사람들이 문제였습니다.

그중에는 영적 훈계를 늘어놓으면서 일하지 않는 사람들도 있었습니다. 11절의 "조용히"라는 표현은 침묵하라는 의미입니다. 입을 닫고 조용히 하라는 표현을 쓰는 것을 보아 그렇지 못한 사람들이 충분히 많이 있었음을 짐작하게 합니다. 그들은 아마 주님이 곧 오시리라는 기대 가운데 일상생활을 무시하고 재림의 날만 맹목적으로 고대하는 사람들이었을 것입니다. 결과적으로 교회에서 자기 일을 안 하고 다른 성도들에게 신세만 지며 먹고 살기를 기대하는 사람들이 생겨났습니다. 11절의 "너희 손으로 일하기를 힘쓰라"는 말은 남에게 짐이 되지 않도록 열심히 일하라는 권고의 말입니다(11-12절).

실직했는데 일자리를 찾지 못한다든가, 일할 수 없는 상황이 되거나, 병들거나 할 때 성도들은 한 가족이고 형제자매이기에 서로서로 경제적인 도움을 주어야 합니다. 하나님께서 기뻐하시는 것이 바로 그런 모습입니다. 성도들이 서로서로 사랑하며 돕는 것입니다. 그런데 일할 수 있는 건강이 있고 환경이 되는데도 불구하고 힘들다고, 귀찮다고, 일하기 싫다고 자신의 일을 거부하는 사람은 돕지 않아도 될 것입니다.

우리는 코로나 팬데믹 상황에서 이런저런 형태로 지원금을 받기도 하고, 또 정치인들과 정책 담당자들은 보조금이나 지원금을 통해 백성의 지지와 인기를 얻고자 했습니다. 그런데 조심스러운 말이지만 혹여 보조금에 의존하려는 마음이 은연중에 깃들지는 않았는가 하는 생각이 듭니다. 지나치게 의존적인 생활 태도는 개인의 책임성을 약화시키고, 사회 공동체의 조화와 균형을 깨뜨리는 요인이 됩니다. 의존적인 삶의 태도는 대다수 건전한 시민들의 근면함과 성실함에 위해를 가하고, 급기야 사회 전반에 걸친 책임성 저하 현상으로 이어질 수 있습니다. 소위 나태 중독 현상입니다. 물질에 사로잡히는 것도 우상숭배이지만, 반대로 물질 문제에 있어서 누군가에게 기대거나 손을 벌리는 것도 우상숭배에 해당합니다. 하나님께서는 강하게 경고하십니다. "일하기 싫거든 먹지도 말라."

직업을 영어로 보케이션(vocation)이라고 하는데, 이것은 소명이라고도 번역이 됩니다. 즉 일은 하나님의 소명, 부르심인 것입니다. 일은 하나님께서 명령하셨고, 기뻐하실 삶의 일부이며, 우리가 하나님께 올려드리는 산 제물, 생활 예배이기도 합니다. 출애굽기 20장 9절과 10절을 보면, 이레 되는 날에 하나님 섬기는 예배를 위하여 엿새 동안에 힘써 일하라고 하였습니다. 일은 성도들의 삶으로 드리는 제물입니다. 하나님께서 더욱 기뻐하시는 것은 12절의 "이는 외인을 대하여 단정히 행하고 또한 아무 궁핍함이 없게 하려 함이라"라고 하신 말씀에서 발견됩니다. 외인(外人)은 곧 불신자들입니다. 우리가 열심히 일하는 것은 세상 사람들 앞에 "단정히 행하기 위함"입니다. '단정'이란 말은 이치와 사리에 합하게 일 잘하고 사는 모습을 의미합니다.

성도는 그렇게 일해서 번 물질을 하나님을 섬기는 도구로 선용해야 합니다. 성도는 일함을 통하여 자신의 생활비용을 충당해야 하고, 절대 다른 사람에게 신세 지는 사람이 되지 말아야 합니다. 또 "아무 궁핍함이 없게 하려 함"이라고 하였는데, 구두쇠로 살지 말고, 무위도식하지 말고, 비난이나 멸시를 받지 말고, 불신자에게 떳떳할 수 있도록 살아야 합니다.

성도들에게 중요한 것은 말이 아니라 행동입니다. 생활입니다. 자기 일에 성실히 임하면서 영육 간에 건강하게 자립하는 성도의 삶이야말로 사람들을 그리스도에게로 인도하는 메시지 자체가 되고 사람들에게 무언으로 선포하는 설교와 전도가 되는 것입니다.

이 시간 직장 선교사로서의 선한 영향력을 가지신 한 분을 소개하려고 합니다. 아시아인으로는 최초로 세계무역센터협회(WTCA) 총재에 올랐던 이희돈 박사가 향년 61세로 세상을 떠나셨습니다. 고인이 1998년 세계무역센터협회 사상 최연소 이사회 부의장으로 선출된 후, 수석 부총재를 거쳐 총재로 재임할 당시 9.11사태가 터졌습니다. 고인은 당일 월드 트레이드 센터에서 열리기로 예정된 이사회에 참석하기 위해 가다가 기적적으로 살아남아 많은 교회에서 간증을 하기도 했습니다. 이희돈 장로님은 옥스퍼드대학교 종신교수직과 이사를 맡기도 했는데, 그는 다음과 같이 말했습니다. "옥스퍼드에서는 자신의 신앙에 대해, 특히 예수님에 대해 얘기하는 걸 금기해 왔다. 그러나 나는 신앙을 가지라고 강요하지는 않지만 내가 가진 신앙에 대해 말할 수 없다면 교수직과 이사직을 맡을 수 없다고 말했다."

그는 매일 새벽마다 기도하고, 5개 국어로 된 성경책을 한 장씩 찢어 가지고 다니며 암송했다고 합니다. 한 달에 몇 번씩 해외 출장을 가도 주일이면 자신이 출석하는 교회로 돌아와 예배드렸습니다. 세계무역센터 총재로 일할 때 "무역이 곧 선교이고, 선교가 세계평화를 가져올 수 있다"라고 하면서 믿음으로 주어진 일에 최선을 다했습니다. 그는 말로만이 아니라 삶으로 자기 신앙을 증명했습니다. 그의 모습을 보면서 많은 사람이 도전을 받고 주님께 돌아왔고, 그는 많은 젊은이에게 선한 영향을 끼쳐 세상 속에서 그리스도인으로 살 수 있도록 도왔습니다.

우리가 있는 곳이 사람들의 눈에 띄는 자리가 아니더라도 하나님은 우리를 주목하십니다. 우리는 '내가 하는 일이 곧 선교다'라는 신념으로 살아야 합니다. 그리고 일터에서 최선을 다하는 우리의 모습을 보시며 하나님은 기뻐하십니다. 믿지 않는 자들에게 단정함의 본이 되고 그를 통해 선한 영향력이 끼쳐지도록 열심히, 성실하게, 근면하게, 일함으로 하나님을 기쁘시게 해 드립시다.

3) 죽음 앞에 재림 소망으로 살 때 하나님을 기쁘게 할 수 있습니다

하나님을 기쁘게 해드리는 삶을 살기 위하여서는 예수님의 재림을 소망하면서 살아야 합니다. 그런데 막상 사랑하는 사람이 세상을 떠나면 우리도 세상 사람들과 마찬가지로 슬픔에 사로잡히거나 소망 없는 모습을 나타내기도 합니다. 데살로니가교회에도 그런 사람들이 있었습니다. 이에 관하여 바울은 세상을 떠난 성도들로 인하여 소망 없는 믿지 않는 자들처럼 슬퍼하지 말라고 하고(13절) 위로를 받으라고 말했습니다(18절).

무엇이 진정한 위로인가요? 주님이 다시 오시기 전에 죽은 성도는 특권을 놓친 사람이 아니라 특권을 누리는 사람이라고 성경은 말합니다(13-15절). 이들은 살아있는 사람들보다 예수님을 먼저 만나고 먼저 부활하여 산 자들과 함께 17절에서처럼 "구름 속으로 끌어 올려 공중에서 주를 영접하게 하신다"라고 했습니다. "끌어 올려"의 원어 하르파조를 영어 성경에는 'caught up'이라고 했는데, 이는 순식간에 위로 끌어 올려져 데려감(take away)을 받는다는 뜻입니다. 이 본문을 근거로 성경에 사용한 적이 없는 단어지만 '휴거'(携擧) 라는 말이 생겼습니다. 이 표현은 '끌다'

라는 의미의 휴(攜)와 '들다'라는 의미의 거(擧)를 사용하여 공중으로 들어 올림을 받는다는 한자 표현입니다. 우리가 어떻게 하늘나라에 갈까요? 고민할 필요가 없습니다. 주님이 들어 올려 주십니다. 그리고 그 순간 우리는 아브라함의 품, 즉 하나님 품에서 영원한 안식을 누리게 됩니다.

그런데 믿는 자 중에 예상보다 일찍 하나님이 데려가는 분들이 있습니다. 그럴 때 '왜 일찍 데려가셨을까?'라는 의문이 생기는 것은 당연합니다. 분명한 사실은 세상을 일찍 떠난 것이 그 사람에게 큰 손해라고 생각해서는 안 된다는 것입니다. 우리보다 세상을 먼저 떠난 사람들은 우리가 아직 누리지 못하는 특권에 우리보다 먼저 참여하고 있음을 알아야 합니다. 하나님께서 왜 일찍 데려가셨느냐고 원망하는데 그래서는 안 됩니다. 영생에 비하면 수년, 십수 년은 별것 아닙니다. 일찍 세상을 떠난 사람은 특권을 누리는 사람입니다. 본문 14절과 15절은 계속해서 죽은 자들에 대해 '잔다'고 합니다. '잔다'는 것은 '쉰다'는 말입니다. 주 안에서 죽은 자들은 그래서 복되다 하셨습니다.

좀 이상한 표현인지는 몰라도, 지나치리만큼 육체의 생명에 집착하는 사람이 있습니다. 무의미한 연명치료를 계속한다든지, 운동 중독, 영양제 집착, 건강관리를 우상숭배처럼 하는 사람입니다. 무엇이나 지나치면 모자람만 못한 법입니다. 우리에게는 영원한 천국의 소망이 있습니다. 예수님 다시 오시는 날 우리는 다 부활할 것입니다. 육체의 죽음은 잠자는 것과 똑같은 것입니다. 잔다는 것은 죽은 것이 아닙니다. 잔다는 것은 여전히 생명이 있다는 뜻입니다. 잔다는 말은 다시 깰 수 있다는 것을 전제로 합니다. 우리의 죽음은 영원한 멸망이 아닙니다. 잠들어 있다가 예수님 재림하시는 날 깨어나서 주 예수님을 다시 만나는 것입니다. 우리에게 이 소망이 있을 때 하나님을 기쁘시게 해드릴 수 있습니다.

나가는 말

성경은 우리에게 뒤는 잊어버리고 앞에 있는 상을 보며 달리라고 말합니다(빌 3:13-14). 창세기 41장을 보면 애굽에 팔려 간 요셉이 결혼하여 두 아들을 두었는데 이름을 므낫세와 에브라임이라 지었습니다. 므낫세라는 이름의 의미는 요셉이 겪은 억울했던 지난날의 상처를 여호와께서 말끔히 잊게 하셨다는 뜻으로서 과거청산을 의미합니다. 그리고 에브라임이란 이름의 의미는 수고한 땅에서 번성케 하신다는 것으로 미래의 소망을 선언한 것입니다. 므낫세와 에브라임은 모든 성도에게도 적용된다고 생각합니다. 우리 사회는 코로나19로 인하여 스트레스가 많고 한(恨) 많은 사회가 되었습니다. 우리의 개인적인 삶에도 회한과 아픔이 간직되어 있을지 모릅니다. 그 스트레스와 한이 풀리지 못하면 안으로 병이 될 것입니다.

우리의 가정생활의, 사업이나 직장생활 중의, 그리고 현재와 미래에 있어서의 과거의 모든 아픔과 고통 그리고 회한은 므낫세의 이름으로 정리합시다. 그리고 나서 앞날이 주님 은혜의 손길 안에서 전망하면서 에브라임 될 것을 선포합시다. 출애굽 후 홍해를 건넌 이스라엘 백성이 목마름에 고통당하여 불만을 쏟아낼 때 하나님은 모세로 하여금 한 나뭇가지를 취하여 쓴 물에 넣어 단물로 바꾸어 마시도록 역사하셨습니다. 하지만 실상은 거기서 서너 시간이면 닿을 곳에 샘물 열둘과 종려나무 70그루가 있는 엘림이 있었습니다. 우리에게도 엘림이 앞에 있을 것을 믿읍시다. 그리고 우리의 고통을 고쳐주시는 '여호와 라파', 치료하시는 여호와 하나님의 은혜와 능력을 믿읍시다. 광야와 같은 길이지만 하나님을 기쁘시게 해드리는 순례의 길을 소망으로 걸어 나갑시다.

묵상을 위한 질문

1) 요즈음 당신에게 어떤 우상숭배가 자리 잡고 있다고 느끼십니까?
2) 직장을 구하기 어려워하는 지체에 대한 교회의 사명이 무엇이라고 생각하십니까?
3) 당신이 '므낫세'로 정리할 것과 '에브라임'으로 전망해야 할 것 하나씩을 말해보십시오.

"

우리가 있는 곳이 사람들의 눈에 띄는 자리가 아니더라도
하나님은 우리를 주목하십니다.
우리는 '내가 하는 일이 곧 선교다'라는 신념으로
살아야 합니다.

"

제3부
자신을 정결하게 하라

AFTER

PANDEMIC

11. 영성 회복

열왕기상 18장 30-40절

이자영

들어가는 말

코로나19 발생 이후 우리는 온라인 시대의 자유로움과 유익함을 경험했고, 온라인 예배의 활성화를 경험했습니다. 이제는 모여서 드리는 예배와 함께 합심하여 드리는 기도와 찬양의 은혜를 많이 놓치고 있습니다. 온라인 예배를 경험한 많은 성도들이 교회에 다시 돌아오지 않고 있습니다. 호주 교회 성도님들도 1차, 2차 락다운 때까지만 해도 교회에서 드리는 예배를 사모하며 빨리 교회에서 예배하고 싶다고 했습니다. 그런데 3차 락다운 이후 그들은 온라인의 편리성을 경험했고, 이제는 만나는 것을 꺼리고, 오프라인 예배보다 온라인 예배를 선호하고 있습니다. 그 결과 우리는 모여서 하나님께 예배하는 의미를 잃어버리고 있고, 뜨겁게 하나님을 찬양하고 기도하면서 경험하는 하나님 임재하심의 은혜를 놓치며 살고 있습니다. 이제 우리는 코로나19 팬데믹으로 인하여 잃어버렸던 영성을 되찾아야 합니다.

저의 삼촌은 승려였고, 저는 어렸을 적부터 불교적인 분위기에서 자랐습니다. 그런데 고등학교 1학년 때 저의 친구가 예수님을 믿으면 천국 가지만, 믿지 않으면 죽어서 지옥에 갈 거라고 말해 주었습니다. 그날 밤 저는 내가 죽어서 영원한 지옥에 갈 수 있다고 생각하니 잠이 오지 않았습니다. 그래서 저는 교회에 다니게 되었고 고2 수련회를 통해 예수님을 나의 주님으로 모셔 들였고, 주님을 위해 살아야겠다고 결단하게 되었습니다. 저는 신앙생활로 인하여 핍박을 받기도 했으나, 더 큰 하나님의 은혜를 경험했습니다. 철야기도와 금식 기도를 자주 했고, 산 기도에도 열심을 냈습니다. 신학교 다닐 때 저의 별명은 '기도원 원장님'이었습니다. 그만큼 저는 기도 없이는 살 수 없는 영적 전투 속에서 신앙생활을 했습니다. 이 모두가 하나님의 은혜였습니다.

저는 성경 인물 중 가장 강력한 영적 전사로 꼽히는 엘리야를 소개하려 합니다. 엘리야 시대에 이스라엘의 왕은 아합이었습니다. 열왕기상 16장 30절에 보면 아합은 "그의 이전의 모든 사람보다 여호와 보시기에 악을 더욱 행하여"(왕상 16:30) 하나님의 선지자와 백성들을 죽인 악한 왕이었는데, 그는 시돈의 공주인 이세벨과 결혼하여 바알을 섬겼고 사당을 만들어 바알을 위하여 제단을 쌓고 아세라 목상을 만들었습니다. 그 결과 이스라엘에는 하나님의 심판이 임했고, 이스라엘은 영적으로 피폐했으며 곤고함이 심했습니다. 그런 상태에서 벗어날 길은 우상숭배를 내버리고 하나님 앞에 나아가는 것뿐이었습니다.

우리도 마찬가지입니다. 코로나 팬데믹 이후 많은 교인들이 세상 풍조를 쫓아 살아가고 있으며 예수님을 떠났고 교회를 떠났습니다. 이 땅이 황무해지고 있습니다. 죄악으로 물들어 가고 있습니다. 모이기를 힘쓰고 나누기를 힘쓰고 함께 하기를 힘썼던 우리의 열정은 점점 퇴색되었고 함께 기도하여 성령의 불을 사모했던 기도 사역과 함께 모여 예배하는 사역 또한 많은 제한을 받고 있습니다. 점점 우리는 그저 편한 것이 좋은 것이고 안전한 것이 좋은 것이고 건강한 것이 최고라는 오염된 신앙관을 성경보다 우선시하는 세상에서 살고 있습니다. 그래서 우리는 조금 더 편안하고 안일하고 고상하게 신앙생활 하기를 추구합니다.

이제는 회복되어야 합니다. 영적인 회복, 영성의 회복이 필요합니다. 어떻게 영적인 회복을 이룰 수 있을까요?

1) 우상을 제거해야 합니다

이스라엘은 막강한 군사력을 갖추었고 경제적으로도 번영과 풍요를 누리고 있었지만 종교적으로는 극도로 타락하였습니다. 이러한 때에 하나님께서는 엘리야를 아합에게 보내시어 그들의 가증한 우상숭배의 죄를 징계하셨고, 이스라엘 백성들을 하나님께로 이끌기를 원하셨습니다. '엘리야'라는 이름의 뜻은 '엘리'는 '여호와', '야'는 '하나님'으로 '여호와는 하나님이시다'라는 뜻입니다. 엘리야는 나라가 죄악으로 물들고 백성이 하나님을 잃어버리자 도저히 참을 수 없었습니다. 이런 시대적인 상황 속에서 견딜 수 없는 마음으로 아합과 백성의 죄악을 지적하며, 하나님의 명령대로 수년 동안 비가 오지 않을 것을 예언하였습니다.

그러자 아합은 엘리야를 죽이려 하였고, 엘리야는 아합을 피해서 그릿 시냇가에서 몸을 피하고 있었습니다. 그리고 하나님은 가뭄이 온 지 3년 만에 엘리야에게 말씀하셨습니다. "많은 날이 지나고 제삼년에 여호와의 말씀이 엘리야에게 임하여 이르시되 너는 가서 아합에게 모이라 내가 비를 지면에 내리리라"(왕상 18:1).

이스라엘은 가뭄으로 온 국토가 메말라 버렸습니다. 이스라엘 백성들은 가뭄의 원인이 신 때문이라고 생각했습니다. 어떤 신이 참 신인지 이스라엘에 가뭄의 재난이 있는 이유는 무엇인지 논쟁이 일어났습니다. 가뭄은 국가적인 재난이었습니다. 이런 상황 속에서 엘리야는 아합에게 어떤 신이 참 신이지 비교해 보기 위해 갈멜산에서 영적 전투를 하자고 말합니다.

엘리야는 가뭄의 이유가 아합과 이스라엘이 하나님과 그의 말씀을 저버리고 우상 숭배한 것 때문에 하나님의 심판을 받는 것이라고 선포합니다. 그러나 아합왕과 그의 추종자들은 가뭄의 원인을 이스라엘 땅에서 하나님을 믿는 신앙을 완전히 제거하지 않아서 농경신인 바알이 진노한 결과로 생각했습니다. 그래서 아합왕은 하나님의 선지자들을 죽이려 했습니다.

엘리야는 백성들에게 하나님을 택하든지 바알을 택하든지 하라고 말합니다. "엘리야가 모든 백성들에게 가까이 나아가 이르되 너희가 어느 때까지 둘 사이에서 머뭇머뭇하려느냐 여호와가 만일 하나님이면 그를 따르고 바알이 만일 하나님이면 그를 따를지니라 하니"(왕상 18:21).

엘리야는 당당히 민족 앞에서 어떤 신이 참 신인지 가리기 위해 갈멜산에서 대결하자고 합니다. 그래서 오늘 본문에서는 바알 선지자 450명과 엘리야 1명이 대결을 합니다. 대결 방법은 각각 송아지를 제물로 택하여 각을 떠서 올려놓고 각기 신의 이름을 불러서 불로 응답하신 신이 참 신인 것으로 결정하는 것이었습니다.

우리는 하나님 중심적이고 성경 중심적이고 말씀 중심적이고 예배 중심적인 신앙에서 떠나 좀 더 편한 "좀 더 자자! 좀 더 졸자! 좀 더 눕자!"라는 안일함에 빠졌습니다. 개구리가 따스하고 행복한 미지근한 물에서 편안하고 안일함을 누리다가 점점 달구어지는 솥 안의 물에서 결국은 죽게 되는 것처럼 우리의 신앙은 안일주의, 인본주의, 개인주의, 이기주의 신앙에 빠져가고 있습니다.

팬데믹 시대의 마귀는 안일함으로 우리를 멸망시키기 위해 힘쓸 것입니다. 우리는 눈을 똑바로 뜨고 세상과 현실을 직시하며 영적으로 깨어있어야 합니다. 우리들의 싸울 것은 육체 아니요, 우리들의 싸울 것은 혈과 육이 아닙니다. 마귀 권세와 힘써 싸워 이겨야 합니다. 마귀는 팬데믹 이후 전략을 바꾸었습니다. 우리가 목숨 걸고 지켜 왔던 주일성수와 예배 생활과 기도 생활을 느슨하게 만들어, 좀 더 인본주의로 타협하게 만들고 우리로 하여금 좀 더 편안하고 안전한 삶을 선호하게 만들어 우리의 영적 수준을 떨어뜨리고 안일하고 무디게 만들어서 하나님 앞에서 바르게 서지 못하게 하고 있습니다.

우리가 팬데믹 상황에서 벗어나려면 우상숭배 문제를 해결해야 합니다. 우리는 안일함의 우상, 세속화의 우상, 인본주의 우상, 번영주의 우상, 개인주의 우상, 이기주의 우상, 물질주의 우상 등등 온갖 우상에 함몰되어 점점 심한 메마름과 갈증에 빠져들고 있습니다. 영성 회복의 길은 우상을 제거하고 하나님께로 돌이키는 것뿐입니다.

2) 제단을 수축해야 합니다

이스라엘 백성은 하나님께 예배하고 기도하기 위하여 제단을 쌓았습니다. 제단은 하나님께 나아가는 통로이며, 하나님을 만나는 길입니다. 그런데 이스라엘 나라의 수도인 사마리아에는 바알의 신전이 세워졌고, 그 안에 바알을 위한 제단이 쌓여 있었습니다(왕상 16:32). 하나님께 예배할 제단은 무너지고 우상숭배를 위한 제단은 높다랗게 쌓인 것입니다. 영성 회복을 위하여 엘리야는 먼저 무너진 여호와의 제단을 수축했습니다(왕상 18:30).

제단이 무너진 것은 영성이 무너진 것을 나타냅니다. 제단을 쌓는 것은 예배를 회복하고 기도와 찬송을 회복하는 것입니다. 코로나 팬데믹은 성도들을 예배당으로부터 멀어지게 했습니다. 기도회로 모이지 못했고, 대부분의 교회 활동은 방역의 이름으로 금지되고, 모이기를 폐하는 것이 좋은 일로 여겨졌습니다. 정상이 비정상이 되고, 비정상이 정상이 되었습니다. 제단이 무너져 버렸습니다. 영적 분위기도, 영적 능력도, 영성도 무너졌습니다. 무너진 제단을 수축해야 합니다.

엘리야는 열두 돌을 취했습니다. 열두 돌은 이스라엘 열두 지파를 상징하는 것입니다. 온 이스라엘 백성이 한마음으로 제단을 수축하는 것입니다. 제단 수축은 한두 사람의 열심으로 되는 것이 아닙니다. 온 교회가, 전 성도가 마음을 모아야 합니다. 제단을 수축하는 돌은 열두 개가 되어야 합니다. 여러분 교회의 제단 수축을 위해 여러분 한 분 한 분 모두가 참여해야 함을 기억하시기 바랍니다. '나 하나쯤은'이라는 생각이 제단 수축을 통한 영성 회복을 그르칠 수 있습니다. 지붕은 기왓장이 다 깨져서가 아니라 한두 장만 깨져도 새는 것입니다. 우리는 다시 함께 모여야 합니다. 비대면은 비정상임을 알아야 합니다. 대면으로 모이기를 힘씁시다.

우리는 여호와의 이름을 의지하여 제단을 쌓아야 합니다. 제단을 쌓는 일은 인간적인 열심이나 생각이 아니라 여호와 하나님의 뜻을 따라 하나님의 이름으로 가능합니다. 예배와 찬양과 경배와 기도는 사람의 수단 방법이 아니라 하나님의 임재와 하나님

의 말씀과 하나님의 은혜와 하나님의 거룩하신 뜻으로 이루어지
는 거룩한 사역입니다. 영적 지도자들로부터 시작하여 온 성도가
깨어 기도하면서 하나님의 영광을 위해 거룩하신 주님의 이름으
로 힘써야 합니다.

3) 뜨겁게 기도해야 합니다

엘리야는 갈멜산으로 거짓 선지자들을 불렀습니다. 먼저 바알
의 선지자들이 기도를 시작했습니다. 아침부터 낮까지 "바알이
여, 응답하소서!"라고 부르짖으나 아무 소리도 없고 아무 응답하
는 자도 없고, 그 쌓은 제단에서 광적으로 뛰어놀았지만 아무 응
답이 없었습니다. 그래서 그들은 더 큰 소리로 그들의 신을 부르
고 그들의 규례대로 자신의 몸을 칼과 창으로 찔러가며 춤을 추
었습니다. 그러나 응답하는 이도 돌아보는 자도 없었습니다. 그
러자 엘리야는 다음과 같이 그들을 조롱합니다. "큰 소리로 부르
라 너의 신이 참 신인지 묵상하고 있는지 혹은 그가 잠깐 나갔는
지, 혹은 그가 길을 행하는지 혹은 그가 잠들었는지." 그래서 바
알 선지자들은 더 소리를 쳤고 피가 흐르기까지 칼과 창으로 그
들의 몸을 찔러가면서 아침부터 저녁 소제 드릴 때까지 그들의
신을 불렀지만 아무런 응답이 없었습니다.

이제 엘리야 차례가 되었습니다. 그는 모든 백성들을 "Come
here to me"(30절), "내게 가까이 오라"며 불러 모으고, 열두 돌

을 취하고 송아지 각을 뜨고 통 넷의 물을 세 번씩 부어 12통의 물을 제단에 붓고 다음과 같이 기도합니다. "아브라함과 이삭과 이스라엘의 하나님 여호와여 주께서 이스라엘 중에서 하나님이신 것과 내가 주의 종인 것과 내가 주의 말씀대로 이 모든 일을 행하는 것을 오늘 알게 하옵소서 여호와여 내게 응답하소서 내게 응답하옵소서 이 백성에게 주 여호와는 하나님이신 것과 주는 그들의 마음을 돌이키심을 알게 하옵소서."

엘리야가 기도하니 어떤 일이 일어났습니까? 불이 하늘에서 내려와 제단의 송아지와 나무와 돌들과 물까지도 다 태우는 역사가 일어났습니다. 그러자 사람들은 소리칩니다. "The Lord-he is God! The Lord-he is God! 여호와 그는 하나님이시다. 여호와 그는 하나님이시로다!" 이렇게 엘리야는 450명의 바알 선지자들과 싸워 승리합니다. 그리고 엘리야는 그들을 기손 시냇가로 끌고 가 모두 죽였습니다.

엘리야의 뜨거운 기도를 하나님께서 들으시고, 이스라엘 백성의 영적 분위기와 흐름을 바꾸어 주셨습니다. 영성을 새롭게 바꾸어 주신 것입니다. 기도는 영성의 흐름을 바꾸는 역사를 일으킵니다. 1907년 평양에서 일어난 뜨거운 기도회를 통하여 한반도 삼천리 반도 금수강산에 새로운 하나님의 역사가 일어나지 않았습니까? 우리도 기도해야 합니다. 하나님께서 우리의 기도를 들으시고 거룩한 역사를 일으키사 우리 가운데 새로운 영적 흐름이 형성되도록 간절히 기도해야 합니다.

4) 성령 충만을 받아야 합니다

엘리야가 기도했을 때 하늘에서 불이 임하여 제물을 태움으로써 하나님의 능력과 위엄을 나타내셨습니다. 엘리야가 하나님의 이름으로 수축한 제단에 임한 불은 성령님의 임재와 능력을 나타냅니다. 우리도 엘리야처럼 능력 있는 기도를 할 수 있을까요? 저는 기도함으로 엘리야처럼 성령의 불을 받으신 어느 목사님을 알고 있습니다.

그 목사님이 전도사 시절일 때입니다. 담임 목사님이 출장을 가셔서 목사님을 대신 설교할 기회가 있었습니다. 그는 학교 다닐 때 웅변대회에서도 늘 1등을 할 만큼 말을 유창하게 잘하였습니다. 그런데 그 전도사님의 설교가 끝나자 한 권사님이 그에게 권면을 해주었습니다. "전도사님! 당신의 스피치는 정말 유창하고 좋았습니다. 그런데 전도사님의 설교 안에는 성령님의 역사하심이 없어요." 그 말을 들은 전도사님이 기도원에 가서 기도하는데, 누군가 '소나무 하나는 뽑아야 성령의 불을 받을 수 있다'고 하기에 소나무를 붙잡고 주님께 부르짖었습니다. 엘리야가 무릎 사이에 자신의 머리를 끼우고 기도했듯이 그 전도사님도 머리를 땅에 파묻고 소나무를 흔들면서 간절히 기도하였습니다. "하나님, 저에게 성령의 불을 주시옵소서! 오 주님! 성령의 불을 주시옵소서." 그러나 그날 성령의 불은 내리지 않았습니다.

하루 이틀 한 달 두 달 여러 날 동안 성령의 불을 받을 때까지 포기하지 않고 계속해서 매달렸습니다. 그러던 어느 날 갑자기 하늘에서 뜨거운 불덩어리가 그에게 떨어졌습니다. 갑자기 온몸이 뜨거워졌습니다. 하나님이 그에게 주신 초자연적인 뜨거운 성령의 불을 내리신 것입니다. 그 이후 그 전도사님이 병자에게 손을 얹고 기도하면 병자가 치료되었고, 귀신 들린 자들의 귀신을 물리칠 수 있었고, 전도사님은 성령님의 역사를 힘입어 더 큰 복음 전도사역을 펼칠 수 있었습니다.

여러분들도 이 전도사님처럼 엘리야처럼 뜨겁게 부르짖고 계속 부르짖고 구하고 찾고 문을 두드리어 성령의 은혜를 경험하시기를 바랍니다. 자식이 부모에게 떡을 달라 하면 돌을, 생선을 달라 하면 뱀을 줄 부모가 없는데, 하물며 하나님께서 우리에게 성령을 선물로 주시지 않으시겠습니까?(눅 11:11-13). 엘리야 또한 우리와 성정이 같은 사람이었지만 그의 기도로 하늘 문이 열리기도 했고 하늘 문이 닫히기도 했습니다.

하나님은 지금도 여전히 살아계시고 엘리야의 하나님은 지금도 우리의 하나님이십니다. 엘리야 시대에 가뭄 중에 비를 내리신 하나님은 '하나님이 하나님 되심'을 이스라엘 백성에게 보이셔서 그들을 구원하신 것처럼 코로나 팬데믹 시대에 살고 있는 우리에게도 이런 위기를 통해 오히려 '하나님이 하나님 되심'을 나타내 보이시기를 원하시고 그 하나님을 전 세계에 나타내기를 원하십니다. 이제 우리는 엘리야처럼, 그 전도사님처럼 목숨 걸고 기도함으로 지켰던 우리의 신앙을 되찾아야 합니다.

나가는 말

우리의 시대는 여러 면에서 엘리야의 시대와 비슷합니다. 영적으로 많이 저조해졌습니다. 현대판 우상숭배가 만연합니다. 영성이 회복되어야 합니다. 팬데믹으로 인하여 더욱 가속화된 한국교회의 영적 분위기를 일신해야 합니다. 그렇지 않으면 우리는 범죄와 진노하심의 연속으로 고통당했던 사사기 시대를 직면하게 될지 모릅니다. 우리가 고군분투하며 지켰던 신앙, 고군분투하며 힘쓰고 노력했던 영적 승리, 이제 우리가 다시 함께 힘쓰고 일어나 예배하고 하나님을 찬양함으로 잃어버렸던 우리의 신앙과 영성을 엘리야의 기도로 다시 회복할 수 있기를 바랍니다.

묵상을 위한 질문

1) 코로나19 팬데믹으로 말미암아 당신에게 어떤 우상이 형성되었다고 느끼십니까?
2) 당신이 회복해야 할 잃어버린 열심은 무엇이며, 어떻게 회복할 수 있다고 생각하십니까?
3) 당신도 영적 회복을 위하여 소나무 뽑기에 한번 도전해보시겠습니까?

12. 참된 회개의 결과

호세아 6장 1-3절

이경희

들어가는 말

호세아서는 '소예언서' 또는 '12 예언서'로 알려진 작은 예언서 가운데 순서상으로 가장 첫 번째에 위치합니다. 하나님의 선지자 중 한 사람인 호세아는 북왕국에서 기원전 8세기에 활동한 이스라엘의 예언자입니다. 호세아가 활동하던 시기에 북왕국 이스라엘의 왕과 종교 지도자들은 백성들로 하여금 하나님의 계명에서 벗어나 바알 등을 비롯한 가나안 지역의 토속신에게 경배하도록 종용하였습니다. 그 외에도 성적인 문란, 살인, 도둑질, 거짓 등의 죄악이 사회 전반적으로 널리 퍼졌습니다.

이때 호세아는 그들을 향해 죄를 뉘우치지 않으면 하나님께서 이스라엘을 멸망하도록 놓아둘 것이며, 백성들은 전부 앗시리아로 끌려가게 된다고 선언했습니다. 실제로 앗시리아는 북왕국의 수도인 사마리아를 기원전 722년에 점령하였고, 이스라엘 고위층과 많은 백성들을 사로잡아 전쟁 포로로 끌고 갔습니다. 이런 상황에 놓였던 이스라엘에게 가장 요구되었던 것이 무엇이었을까요?

호세아 당시의 이스라엘에게 가장 중요한 과제는 회개였습니다. 호세아 5장 15절에서 호세아는 하나님의 말씀을 이렇게 선포했습니다. "그들이 그 죄를 뉘우치고 내 얼굴을 구하기까지 내가 내 곳으로 돌아가리라 그들이 고난 받을 때에 나를 간절히 구하리라." 이 말씀은 하나님께서 범죄한 이스라엘을 떠나 거룩한 처소로 가시겠다는 말씀입니다. 그리고 이스라엘 백성들이 죄악의 징계를 받아 고난을 받을 때 뉘우치고 하나님께로 나오게 될 것을 예언적으로 말씀하신 것입니다.

죄를 헬라어로는 '하마르티아(hamartia)'라 하는데 그 뜻은 '과녁에서 벗어났다'는 의미입니다. 과녁판이 있고 그 한가운데 동그란 과녁이 붙어 있습니다. 마치 양궁 선수가 활을 당겨 과녁을 맞혀야 하는데 그만 초점을 잃어버리고 마땅히 맞혀야 하는 표적을 맞히지 못하고 빗나가버린 모습이 연상됩니다.

그리스도인이란 길이요 진리요 생명이신 예수 그리스도를 과녁으로 삼고 그 과녁을 향해 인생을 살아가는 사람들이라고 할 수 있겠습니다. 그 과녁을 향해 삶의 길을 제대로 나아가는 것이 바로 진리의 삶이요, 의로운 삶입니다. 그렇기에 그 과녁에서 벗어난 것은 모두 죄일 수밖에 없습니다. 그 과녁을 벗어났다는 것은 진리를 벗어났음을 의미하는 것이요, 진리를 벗어난 것은 그 모양과 형태가 어떠하든 모두 죄기 때문입니다.

지금 기독교에서는 회개를 많이 언급하고 있습니다. 코로나로 인하여 온전한 신앙생활과 교회 생활을 할 수 없었던 상황에서 신앙적 마음이 느슨해지고 참 신앙의 길에서 벗어나고 '어, 이래도 되는가 보네?' 하는 타협적인 경향마저 나타나고 있습니다. 무엇이 정상이고 무엇이 비정상인지조차 헷갈리고 있는 작금의 모습은 기독교의 세속화를 가속해주는 것 같습니다. 코로나19로 인하여 온통 헝클어져 비정상을 정상으로 여기는 가운데 우리는 초점을 상실하고 과녁을 맞히지 못한 채 헛발질을 하고 있는 것 같습니다. 우리에게는 진정 회개가 필요합니다.

본문 1절은 말씀합니다. "오라 우리가 여호와께로 돌아가자." 이 말씀은 본서의 핵심 주제이자 선지서의 공통된 주제이기도 합니다. 참된 회개는 하나님께로 돌아가는 것입니다. 우리가 참으로 회개할 때 하나님께서는 우리를 하나님께로 돌이켜 주십니다.

지금 하나님께서는 이스라엘 백성의 계속되는 범죄에 대해 너무 실망하신 나머지 하나님의 거룩한 처소로 가시어 그들이 죄로부터 돌아서기를 기다리고 계십니다. 개역성경은 15절을 이렇게 번역했습니다. "내가 내 곳으로 돌아가서 저희가 그 죄를 뉘우치고 내 얼굴을 구하기까지 기다리리라."

죄의 시작이 기록된 창세기 3장에 보면 하나님이 먹지 말라고 하신 선악과를 인간이 따먹었습니다. 처음부터 그 실과를 먹고자 하던 것이 아니라 사탄의 유혹을 받아 먹음직스럽고, 보암직스럽고, 탐스럽게 보이는 그 실과를 따먹는 범죄를 저질렀습니다. 죄는 이렇듯 초점이 흐려질 때 과녁이 흔들림으로 빚어지는 결과입니다. 이 사실은 우리에게 큰 교훈을 줍니다. 과녁을 벗어난 것이 죄라면 왜 과녁을 벗어났겠습니까? 우리가 알아야 할 것은 과녁을 벗어난 것은 결과일 뿐이요, 원인은 과녁을 향한 조준이 잘못된 데 있다는 것입니다. 과녁이 아닌 것을 조준한다면 절대로 표적을 맞힐 수 없습니다. 그러므로 본질적인 죄는 하나님을 향하지 아니한 잘못된 조준을 말합니다. 예수님께 초점을 맞추지 아니한 것이 죄입니다.

그러므로 참된 회개는 다시 제대로 된 표적을 향하는 것입니다. 그러한 태도를 '여호와께로 돌아가자'는 고백으로 나타냅니다. 이 고백은 죄로 인한 징계에 처하여 고난 중에 자신들의 잘못을 깨달은 회개한 사람들이 외치는 말입니다. 참된 회개는 다시 하나님께로 향하고, 예수님에게 초점을 맞추는 것입니다. 우리는 여호와께로 돌아가는 진정한 회개를 이루어야 합니다.

자신의 삶이 잘못되었다는 사실을 인식하고, 그것이 얼마나 심각하고 악한 것인지를 깨달은 사람이라면 더 이상 그러한 삶 가운데 머물러 있으려 하지 않을 것이며, 머물러 있을 수도 없을 것입니다. 하나님과 멀어졌던 잘못된 삶에서 벗어나 하나님과의 친밀하고 올바른 관계를 회복하고 삶의 발걸음을 하나님께로 돌이키고 내디뎌야 합니다. 말뿐인 회개, 마음뿐인 후회는 결코 참된 회개가 될 수 없습니다. 진정 죄의 길에 빠진 자신을 안타깝게 여길 뿐만 아니라 삶 전체를 죄의 길에서 돌이켜 하나님께로 돌아오는 온전한 회개를 이루어야 합니다. 참된 회개의 결과는 무엇일까요?

1) 우리를 치유해 주십니다

참된 회개는 치유를 가져다줍니다. 하나님께서는 회개한 자를 낫게 하시고 그 상처를 싸매어 주십니다. 1절을 봅니다. "여호와께서 우리를 찢으셨으나 도로 낫게 하실 것이요 우리를 치셨으나 싸매어 주실 것임이라." 비록 죄인은 징계를 받아 고난을 당하지만 하나님께서 그들의 병과 상처를 치유하시는 참 치료자(라파)가 되십니다.

'찢는다'는 말은 사나운 짐승이 먹잇감을 물어뜯는 것과 같은 고통과 절망을 나타내며, '치신다'는 말은 징계를 받아 고통을 당하는 것을 나타냅니다. 성경은 죄로 인해 죄인이 당하는 여러 문제와 질병과 난처함, 그리고 실패에 대해 말씀합니다. 죄는 죄인에게 아픔과 상실, 두려움과 수치심, 공허함과 실패감, 죄책감과 소외감 등 정신적 압박과 육체적 곤고함을 가져다주고, 나아가 영적 메마름을 안겨줍니다. 진정한 회개는 이러한 아픔과 고난으로부터 벗어나게 할 뿐 아니라, 그러한 아픔으로 인하여 생긴 상처를 제대로 치유 받는 하나님의 은혜를 경험하게 해줍니다.

여기서 "우리를 찢으셨으나"라는 말은 하나님께서 남 유다와

북 이스라엘 백성들을 곳곳에 포로로 끌려가 흩어져 살게 하실 것을 언급합니다. 또 "우리를 치셨으나"는 하나님께서 바벨론과 앗시리아를 이용하셔서 멸망시켰다는 것을 의미합니다. 이처럼 남은 자들은 자신들이 현재 당하는 고난이 하나님께로부터 왔다는 것과 자신들이 하나님과의 관계를 회복함으로써 그 고난에서 벗어날 수 있다는 것을 분명히 알고 있었습니다.

이것은 우리에게 무엇을 교훈하는 것일까요? 코로나 팬데믹으로 인하여 성도와 교회는 초점을 상실하고 하나님께로 향해야 하는 신앙의 가치와 원리를 잃어버리고 표적을 상실한 화살처럼 방황하고 있습니다. 소위 '떠다니는 성도(floating believers)'가 양산되고 있습니다. 우리가 회개할 때 하나님께서는 우리를 모든 부작용과 상실과 벗어남과 비정상으로부터 고쳐주시고 바로 잡아 주실 것입니다. 진정한 회개를 통해 치유하시는 하나님의 은혜와 능력을 얻기 바랍니다.

2) 우리를 살려주십니다

본문은 이어서 참된 회개를 할 때 하나님께서 우리를 살려주신다고 말씀합니다. 2절입니다. "여호와께서 이틀 후에 우리를 살리시며"라는 부분에서 "이틀 후에"는 문자적으로 '그다음 날 되기 전에' 즉 '아주 빠른 시간에' 살려주실 것을 나타냅니다. 그래서 NET 성경은 이를 "in a very short time"이라고 번역했습니다. 범죄의 시간은 매우 길었지만 회개하면 하나님께서 매우 신속하게 살려주신다는 뜻입니다.

로마서 6장 23절은 "죄의 삯은 사망이요"라고 하였습니다. 죽음에는 육체적인 죽음도 있지만 영혼의 죽음도 있습니다. 영원한 죽음도 있습니다. 우리의 죽었던 영혼을 살려주는 것은 복음의 진리이며 구원의 능력이고, 회개함과 예수 그리스도를 믿음으로 말미암아 주어지는 하나님의 은혜입니다. 죽음에서 살아나는 유일한 길은 회개뿐입니다.

동시에 구원 얻은 성도라 하더라도 죄를 범하면 하나님과의 교제가 막혀 생명력을 상실하고 죽은 상태를 방불하는 무기력함에 빠집니다. 에스겔은 범죄함으로 무기력해진 이스라엘 백성의 모습을 마른 뼈로 묘사했습니다(겔 37:1-2). 여호와 하나님께서는 에스겔에게 "이 뼈들이 능히 살 수 있겠느냐?"라고 물으셨습니다. 명색은 하나님의 백성이나 실상은 죽은 것과 마찬가지라는 의미입니다. 하나님께서는 회개한 자를 살려주십니다. 회개한 자들은 하나님의 말씀의 능력으로 살아나 하나님의 큰 군대가 됩니다(겔 37:10). 마른 뼈와 같이 생명력 없던 자가 회개함으로 살아가게 됩니다. 하나님께서 살려주시는 것입니다.

죄는 최종적으로 우리를 죽음으로 몰고 갑니다. 죄는 하나님과 우리의 관계를 끊어 버리고 우리를 비참하게 만들어 버립니다. 죄는 우리를 종국적으로 무능하게 만들고 우리의 육체와 인격을 파괴하고 마음의 기쁨을 다 빼앗아 가버리고 맙니다. 실제적으로 죄를 단절하고 다시 생명력을 얻기 위해서는 반드시 회개해야 합니다. 우리는 코로나를 핑계로 불순종과 불경건과 우상숭배에 빠져들었고, 세상과 타협함으로 무기력했습니다. 우리가 진심으로 회개할 때, 하나님은 회개하는 자를 살려주십니다.

3) 우리를 일으켜주십니다

하나님은 회개하는 자를 일으켜 주십니다. 본문 2절에서는 하나님께서 우리를 살리신다고 말씀하며, 이어 "셋째 날에 우리를 일으키시리니"라고 말씀합니다. "셋째 날"은 이튿날과 마찬가지로 회개한 자에게 베푸시는 하나님의 신속한 은혜를 뜻합니다. '일으키신다'는 말은 히브리어로 '쿰'입니다. 이것은 '다시 생명력을 회복시키신다'는 의미입니다. 아울러 "셋째 날"을 고대 교부들과 다수의 주석가들은 예수 그리스도의 부활 사건과 연관시켜 3일 만에 부활하신 예수님의 부활 사건의 예언으로 보기도 합니다.

하나님께서는 회개하는 자를 회복시키시어 다시 활력을 얻어 벌떡 일어서게 만들어 주십니다. 진정한 회복의 역사는 진정한 회개를 통해서 주어지는 전능하신 하나님의 은혜입니다. 부활의 능력이 회개하는 자에게 임함을 믿습니다. 코로나 팬데믹을 통과하는 성도와 교회는 진정한 회개를 통하여 회복의 은혜와 능력을 덧입어야 하겠습니다.

4) 우리에게 비를 내려주십니다

이제 회개하는 자는 새로운 활력과 회복된 심령으로 하나님 앞에 나가 하나님이 누구신지, 하나님이 무엇을 원하시는지, 하나님의 뜻이 무엇인지를 진심으로 알고자 하며 이를 깨닫게 됩니다. "그러므로 여호와를 알자. 힘써 여호와를 알자"(3절). 죄로 인하여 갇혀 있던 기나긴 밤은 지나고 용서와 회복과 새로운 활력이 주어지고, 잠에서 깨어나는 자처럼 새벽빛을 맞이합니다. 회개하는 자에게 베푸시는 하나님의 은혜는 밤이 지나고 아침이 밝으면 어김없이 비치는 새벽빛같이 임합니다. 그리고 하나님은 메마르고 목말랐던 심령과 삶에 단비를 내려주십니다.

성경은 하나님께서 회개한 심령에 내려주시는 비를 두 가지로 말씀합니다. 그 두 가지는 "비"와 "늦은 비"입니다(3절). 앞에 언급된 비는 '게쉠'이라는 세차게 퍼부어 흡족하게 내리는 비로서 10월 초부터 2월 말 사이에 오는 겨울비를 가리킵니다. 이는 에스라 때에 회개할 때 내린 비와 같습니다(스 10:9,13). 뒤에 언급되는 "땅을 적시는 늦은 비"는 히브리어로 '말코쉬'라 하는데 이비는 추수하기 전 3-4월 중에 내리는 봄비로서 곡물의 수확에 가장 중요한 비입니다. 이스라엘에게 이른 비와 늦은 비는 정상적인 삶을 위해 필수 불가결한 것이었습니다. 회개하면 하나님께서 비를 내려주십니다. 비를 통해 농사를 짓고 가축을 기르며 열매를 거둡니다. 이 비는 영적으로는 성령님의 충만한 임재와 감동을 뜻합니다. 하나님께서는 진정으로 회개하는 자가 힘찬 삶을 살아가도록 영육 간에 풍성한 은혜를 베푸시어 충분한 에너지를 공급해 주십니다.

나가는 말

코로나 팬데믹은 우리에게 위기였습니다. 참된 신앙인은 위기의 때에 주님을 알고 흐트러진 모습을 추슬러 믿음의 길을 회복해야 합니다. 그것은 바로 회개하는 일입니다, 왜냐하면 하나님께서는 사랑하는 자녀들에게 진정한 회개를 원하시기 때문입니다. 시편 34편 18절은 "여호와는 마음이 상한 자를 가까이 하시고 충심으로 통회하는 자를 구원하시는도다"라고 말씀합니다.

그러므로 우리는 하나님의 거룩한 자녀요 구원받은 백성으로 살아가기 위해서 항상 자신을 돌아보아 죄를 회개하고 죄로부터 돌이키는 마음을 가져야 합니다. 우리는 믿음으로 산다고 하면서도 너무나 연약하고, 이 세상 또한 너무나 악하기에 자의로 타의로 계속 죄를 범하게 됩니다. 우리에게는 날마다 스스로를 돌아보아 회개하는 삶이 필요합니다. 참된 회개자에게 주시는 하나님의 은혜를 얻기 바랍니다.

묵상을 위한 질문

1) 코로나 팬데믹 상황을 지나며 내가 하나님 앞에 회개해야 할 것
   이 무엇입니까?
2) 당신이 지금 가장 급하게 치료받아야 할 부분은 무엇입니까?
3) 당신 주변에 '떠다니는 신자'가 있나요? 이들을 어떻게 권면하고
   인도할 수 있을까요?

13. 징계 앞에 돌이킴

사무엘하 24장 9-17절; 누가복음 21장 11절

옥경곤

들어가는 말

2019년에 창궐한 바이러스 코로나19는 현재까지도 그 기세가 꺾이지 않고 있습니다. 바이러스가 퍼져나가면서 우리의 일상에도 많은 변화가 일어났습니다. 한동안 졸업식이 취소되고, 결혼식이 연기되었습니다. 그뿐 아니라 우리는 이웃들이 사랑하는 가족들의 죽음을 애도하는 시간을 충분히 갖지 못해 더 큰 슬픔에 잠기는 모습을 무기력하게 지켜보아야 했습니다. 팬데믹의 위험으로 인해 미래를 확신할 수 없었고, 현실 문제를 헤쳐 나가기에 급급했습니다. 코로나19의 기원과 발생 자체에 대한 시원한 설명을 듣지 못한 채, 오히려 전염병의 위협과 염려로부터 효과적으로 관리할 수 있다는 전문가들의 도움과 조언에만 의지하면서, 인간의 이성에 근거한 과학적 탐구만이 바이러스로부터 우리의 생명을 지키는 역할을 할 수 있다고 여겼습니다.

하지만 우리는 코로나19 팬데믹을 겪으면서 '과학 문명 바벨탑의 불완전성'을 직접 목도하고 있습니다. 좀처럼 사라지지 않는 바이러스의 파괴력은 점점 두려움만 가져다줄 뿐입니다. 가라앉는 듯하다가 다시 일어나는 팬데믹 현상은 우리에게 신앙적인 고민을 진지하게 요구하고 있습니다.

오늘 본문은 두 군데인데, 사무엘하 24장의 말씀은 다윗이 하나님께 범죄하여 전염병의 징계를 받는 이야기로서 전염병이 발생한 원인에 대한 내용이고, 누가복음 21장은 예수님께서 말씀하신 종말적 예언입니다. 이러한 하나님의 말씀을 통해 전염병에 관한 어떤 신앙적 교훈을 붙잡아야 할까요?

1) 전염병은 하나님의 거룩함을 드러내시는 수단입니다

구약성경의 전쟁, 기근, 전염병은 전형적인 하나님의 징벌에 속합니다(레 26:23-25). 다윗 시대에 발생한 전염병 사건도 이를 분명하게 명시합니다. 다윗은 전쟁에 참여할 수 있는 사람을 계수하기 위해서 인구조사를 실시합니다. 다윗이 인구조사한 것을 두고 사무엘하 24장 10절에서 다윗은 "그의 마음에 자책하고 … 내가 이 일을 행함으로 큰 죄를 범하였나이다"라고 고백합니다. 다윗은 자신이 어떤 마음으로 인구조사를 하였는지 알기 때문에 그의 마음에 자책을 했습니다. 그리고 나서 하나님께서 보내신 갓 선지자를 통하여 칼, 기근, 전염병 중 하나의 재앙을 선택하라는 말씀을 듣습니다. 다윗이 전염병을 선택하면서 이스라엘 땅에 사흘 동안 칠만 명이 죽는 재앙이 내려졌습니다.

다윗의 인구조사는 범죄한 이스라엘을 징계하시려는 하나님의 계획에 의한 것입니다. 하나님께서는 범죄한 이스라엘을 징계하시고자 다윗이 교만하여 사탄의 유혹에 빠져 그릇된 행위를 하도록 방임하셨습니다. 같은 사건을 기록한 역대상 21장 1절은 "사탄이 일어나 이스라엘을 대적하고 다윗을 충동하여 이스라엘을 계수하게 하니라"고 했습니다. 이스라엘 백성에게는 하나님 보시기에 간과할 수 없는 무슨 죄가 분명 있었습니다. 다윗의 교만함은 사탄의 밥이 되었고, 사탄의 유혹을 받은 다윗의 인구조사 범죄는 이스라엘 백성의 죄에 대한 징계의 단초가 되었습니다. 그 결과 이스라엘 백성은 전염병을 통해 죄에 대한 징계를 받았고 이스라엘은 하나님 앞에 다시 깨끗함을 회복하였습니다.

이 원리를 우리에게 적용해 봅시다. 인류 사회에는 하나님을 대적하는 죄가 만연해 있습니다. 바이러스는 인류의 죄를 징계하시려는 하나님의 도구가 되고, 팬데믹은 인류를 죄악으로부터 돌이키시어 정결하게 하시려는 하나님의 거룩한 통로가 됩니다.

하나님께서 전염병을 허용하신 이유는 재앙이 그치는 장면에서 다시 조명됩니다. 다윗은 죄 때문에 여호와께서 진노하셨음을 알고, 여호와의 사자가 있는 아라우나의 타작마당에서 번제와 화목제를 드리고 기도를 합니다. 여호와께서는 다윗의 제사와 기도에 응답하시고 이스라엘 땅에 임한 재앙을 물리십니다(삼하

24:24-25). 전염병 재앙은 죄를 미워하시는 하나님께서 이스라엘의 죄를 보시고 내리신 것이며, 이스라엘로 하여금 죄에서 돌이켜 하나님께로 돌이키게 하는 수단이었습니다.

성경의 관점에서 보면, 하나님께서는 전염병을 통해 죄에 대해 심판을 내리시고 하나님의 백성이 그들의 죄에서 돌이켜 다시 하나님의 백성으로 정결하게 될 수 있도록 해주십니다. 코로나 사태에 대한 교회의 우선적 입장은 하나님의 거룩함과 영광을 드러내지 못했고 오히려 세상과 타협하며 죄악 가운데 빠졌음을 통회하는 것입니다. 진정한 그리스도인이라면 팬데믹 가운데서 누군가에게 책임을 전가하는 것이 아니라 더 겸허하게 자신을 낮출 수 있어야 합니다. 우리는 이 사회가 겪는 고통이 근원적으로 교회의 혼탁 때문에 일어났다는 것을 부정할 수 없습니다. 그렇기 때문에 교회는 다시 하나님의 거룩함이 임할 수 있도록 반드시 회개해야 합니다.

세상 만물은 하나님의 섭리 안에 있습니다. 하나님께서 참새 한 마리도 그냥 떨어지게 하지 않으시므로 전염병도 그분의 섭리 안에 있다고 보아야 합니다. 우리는 코로나19 팬데믹이 누구의 죄책 때문인지 정확하게 밝히지 못하고 있습니다. 하지만 특정한 누군가의 죄를 밝히지 못한다고 하더라도 전염병이 저주받은 땅에서 발생한 것은 부정할 수 없는 사실입니다. 땅이 저주받은 것은 사람의 타락으로 말미암은 것입니다. 바울은 로마서 8장 20절에서 "피조물이 허무한 데 굴복하는 것은 자기 뜻이 아니요 오직 굴복하게 하시는 이로 말미암음이라"고 말하며, 코로나19 팬데믹을 포함하여 피조물 가운데서 벌어지고 있는 모든 부정적 현상이 인간의 타락과 범죄 때문이라고 말씀합니다.

인간이 죄를 범하고 회복한 사건들은 성경에서 반복되는 패턴입니다. 사무엘하 24장의 전염병은 죄를 지은 이스라엘의 거룩함을 요구합니다. 하나님께서는 언약을 저버린 인간에게 죄에서 회복되어 하나님의 거룩함에 동참하도록 요구하셨습니다. 전염병이 발생했다는 사실은 하나님의 백성이 하나님의 말씀과 다르게 살고 있었다는 것을 의미합니다.

회개하기 전 인간의 지혜가 어두워진 탓에 인간에게는 하나님의 말씀을 따르기를 거부하려는 습성이 있습니다. 하지만 다윗처럼 죄책을 인정한 다음에는 하나님 앞에서 투명하고 솔직하게 자신을 드러내고 하나님께서 원하는 것을 반대했던 죄에서 진심으로 돌이키는 일이 반드시 뒤따라야 합니다. 전염병으로 영적 실패를 느끼는 누구라도 반드시 자기 자신을 엄격하게 검증해 보면서 하나님께로 돌이켜야 합니다. 팬데믹은 하나님의 거룩하심을 나타내는 통로이면서 동시에 타락한 인간을 돌이켜 주시려는 하나님의 도구이기도 합니다.

2) 그리스도인들은 전염병 속에서도 섬김을 실천했습니다

역사적으로 살펴보면, 전염병은 21세기만의 문제가 아니었습니다. 첫 번째 국제적 전염병은 165년경에 시작된 '갈레노스의 역병'이었습니다. 이 병으로 로마제국 전체 인구의 1/3 혹은 1/4 이 죽었습니다. 얼마나 무서운 병이었던지 황제 마르쿠스 아우렐리우스도 180년 3월 17일에 이 병에 의해 사망했습니다. 두 번째 국제적 전염병은 249년부터 262년까지 지속된 '키프리아누스 역병'이었습니다. 이 병에 관해서는 단 하루 동안 로마 시민 오천 명이 죽었다는 기록이 있습니다. 모두가 두려움에 떨었을 때 이러한 혼란 가운데서도 그리스도인들은 확고한 신앙과 천국 소망으로 죽음의 공포를 이겨내었으며 이웃에게 그리스도의 사랑을 실천했습니다.

흑사병으로 불린 중세 시대 전염병은 유럽에서 간헐적이며 지속적으로 발생했습니다. 1차 흑사병으로 성직자의 45%, 수도사의 47%가 사망했습니다. 많은 사람의 목숨을 앗아간 흑사병은 종교개혁자 칼빈의 일생 동안 따라다녔습니다. 그가 6살 때 어머니 잔 르프랑이 역병으로 세상을 떠났으며, 14살 되던 1523년에는 고향 노용에 흑사병이 퍼져 칼빈은 몽마르 가문의 자녀들과 함께 파리로 떠나야 했습니다. 제네바에서 목회하던 칼빈은 추방되어 1538년부터 1541년까지 스트라스부르에서 목회하던 중 가까운 동역자들이 흑사병으로 세상을 떠나는 것을 지켜보아야 했습니다. 그는 1541년 9월 13일에 제네바로 다시 돌아왔는데, 1542년부터 1545년까지 유행한 흑사병으로 목회자들과 시민들이 죽어갔습니다.

칼빈은 종교개혁자로서 오랫동안 지속된 전염병을 겪으면서 그에 대한 해석을 내놓았습니다. 그는 그리스도인에게 죽음이란 영원한 생명으로 옮겨가는 과정이므로 역병을 지나치게 두려워할 필요 없다고 말하며 개인 차원의 종말론적 해석을 하였습니다. 더 나아가, 칼빈은 전염병이 하나님을 대적하고 죄에 빠진 사람에게는 하나님의 심판이지만 하나님의 백성에게는 교정과 훈련의 과정이라고 설명했습니다.

코로나19의 책임에 대한 다양한 견해가 있습니다. 공적 현장에서 쉽게 발설하지는 못하지만 정치인들, 위정자들, 종교지도자들에게까지 그 책임을 돌리기도 합니다. 팬데믹 상황은 많은 사람들을 어렵게 만들었습니다. 특히 소상공인들의 고통이 매우 컸습니다. 교회의 역사는 팬데믹 상황에서 교회가 힘을 내어 섬김을 실천함으로 진정한 성도의 향기를 나타내었음을 말해줍니다. 오늘날도 마찬가지입니다. 어려운 시대일수록 성도와 교회의 섬김이 요구됩니다. 마지막 시대가 되면 많은 사람이 서로 미워하고 사랑이 식는다고 합니다(마 24:10, 12). 성도와 교회는 이웃에게로 시선을 돌려 순전한 섬김의 손길을 내밀어야 합니다.

3) 전염병 속에서 주님의 재림을 준비해야 합니다

예수님께서 종말적 상황을 말씀해 주신 것에 대하여 의사였던 누가의 기록에는 특별한 언급이 포함되어 있습니다. 누가복음 21장 11절은 종말이 가까울 때 있을 환난의 징조로 "곳곳에 큰 지진과 기근과 전염병이 있겠고"라고 명시하고 있습니다. 성경에서 전염병은 반복적으로 발생했습니다. 이러한 일들은 역사 속에서도 반복해서 일어날 수 있습니다. 우리는 전염병을 우리들의 건강과 생명을 앗아가는 병원균의 등장이라는 의학적 또는 과학적 시야로만 바라볼 수 없습니다.

코로나19에 대한 조심스러운 종말론적 해석이 필요하다고 생각합니다. 초기 기독교 공동체부터 지금까지 전염병에 대한 종말론적 해석은 내세와 관련한 개인의 종말, 즉 개인의 죽음에 대한 해석이 지배적이었습니다. 하지만 우리가 결코 지나쳐서는 안 되는 사실은 전염병이 이 땅의 종말, 즉 주 예수님께서 재림하시는 우주적 종말과 연관이 있다는 점입니다. 누가복음은 전염병을 위시한 여러 재앙이 재림 전에 있을 징조라고 말씀합니다. 그리고 그러한 상황 속에서 있을 주님의 재림의 모습을 "그 때에 사람들이 인자가 구름을 타고 능력과 큰 영광을 보리라"라고 묘사합니다(눅 21:27). 예수님께서는 전염병, 기근, 지진과 같은 재난이 재림 전에 하늘로부터 있을 큰 징조라고 가르치셨습니다. 그리고 주님께서는 "끝까지 견디는 자는 구원을 얻으리라"고 위로하심으로써 믿는 자들에게 재림을 준비시켜 주십니다(마 24:13).

하나님의 백성은 전염병 상황을 지나면서 주 예수님의 재림을 생각하고, 재림에 대비하고 있어야 합니다. 재림을 대비하는 가장 중요한 것은 깨어있는 것입니다. 예수님의 재림이 분명히 있지만 언제 있을지 모르기 때문에 마치 재림이 없을 것처럼 살아가고 있는 것이 우리의 연약한 믿음입니다. 우리는 깨어 경성함으로 주님의 재림을 대비해야 합니다. 코로나 팬데믹은 재림이 임박했음을 깨닫게 하는 통로가 됩니다.

주님의 재림을 대비하는 성도는 자신을 돌아보며 죄를 멀리해야 합니다. 그것은 단순히 죄를 버리는 것에 그치는 것이 아닙니다. 이는 예수님의 피로 죄 사함을 받고 새 생명으로 거듭나 새사람이 된 그리스도인이 하나님의 형상을 회복하여 하나님의 성품을 드러내도록 하는 데 목적이 있습니다. 회개는 하나님을 간절히 열망하며 경건하게 살려는 진지한 마음으로 하나님의 말씀에 자신의 삶을 복종시키는 데까지 나아가는 것입니다.

예수님께서는 마태복음 24장에서 종말적 교훈을 말씀하시고 이어 25장에서 신랑을 기다리는 열 처녀를 비유를 통해 주님의 재림을 기다리는 그리스도인의 모습을 가르치셨습니다. 그 모습은 우리에게 임할 완성된 천국을 맞아야 할 이 시대 성도의 모습입니다. 처녀들은 모두 결혼 잔치에 초대를 받았습니다. 곧 올 줄 알았던 신랑이 더디 옴으로 인해 모두 졸고 있었습니다. 그때, 신랑이 도착했습니다. 밤중에 신랑이 오는 소리를 들을 때 기름을 준비한 지혜로운 다섯 처녀만 혼인 잔치에 들어가게 됩니다.

신랑 예수님을 만나는 준비는 그 누구도 대신할 수 없습니다. 신랑이 온 뒤에 후회하지 않기를 바랍니다. 코로나19를 통하여 주님의 재림을 진지하게 생각하며 이 땅의 것으로 채워진 바벨론 성의 음녀로 변질되지 않기 위해서 경계하고, 신랑이 오시는 것을 기다리는 지혜로운 처녀가 되어 영적으로 깨어있기를 바랍니다.

나가는 말

전염병은 하나님의 거룩함을 드러내시는 수단입니다. 지난 역사를 살펴볼 때, 그리스도인들은 전염병 속에서도 이웃 사랑을 실천했고 진정한 섬김을 베풀었습니다. 그리고 종말론적 가르침을 붙잡았습니다. 우리들도 코로나 팬데믹 상황을 지나면서 우리를 거룩하게 하시려는 하나님의 은혜로운 손길을 경험해야 합니다. 이웃 사랑을 실천하며 종말론적 교훈을 붙잡고 우리 자신을 그리스도의 정결한 신부로 깨끗하게 세워야 합니다. 전염병 속에서 주님의 재림을 준비하는 지혜로운 성도가 되어야 합니다. 이러한 은혜와 지혜를 얻는 성도가 되기를 예수님의 이름으로 축복합니다.

묵상을 위한 질문

1) 우리가 경험한 코로나19가 발생한 원인에 대한 성경적 이해가 무엇입니까?
2) 코로나19 상황에서 성도와 교회가 실천할 수 있는 이웃 사랑과 섬김의 방도가 무엇일까요?
3) 당신은 지혜로운 성도로서 주님의 재림을 어떻게 준비하시겠습니까?

14. 하나님 형상 회복

골로새서 3장 9-10절; 에베소서 4장 22-24절

윤양중

들어가는 말

20세기에 접어들면서 한반도에는 세 차례에 걸쳐 놀라운 부흥
운동이 있었습니다. 1903년 원산부흥운동, 1907년 평양대부흥
운동, 1909년 백만인 구령운동입니다. 평양대부흥운동은 1907
년 1월 14일과 15일 평양 장대현교회에서 열린 평안남도 겨울
남자 사경회 기간 중 발흥했으며 말씀과 기도를 통한 철저한 회
개 운동이었습니다.

이제 21세기 코로나19가 끝나가는 이 시점에서 한국교회 안에
가장 필요한 것은 평양대부흥운동 때와 같은 진정한 회개운동입
니다. 회개운동은 옛 사람을 버리고 새 사람을 입는 것입니다. 코
로나19 이후에 세상 사람들은 교회를 통해 성경의 객관적인 진
리보다 삶을 통해 나타나는 진리를 보길 원하는 것 같습니다. 그
러므로 그리스도인은 옛 사람을 버리고 온전히 새 사람을 입어야

합니다. 새 사람은 그리스도인이 회복해야 할 하나님의 형상입니다. 그래서 오늘은 우리가 회복해야 할 하나님 형상에 대해 함께 상고해보고자 합니다.

인간이 아름답고 존귀한 것은 하나님의 형상이기 때문입니다. 종교개혁자 마틴 루터는 하나님의 형상대로 창조된 원초적 인간의 아름다움을 이렇게 묘사했습니다. "하나님의 형상으로 창조된 인간은 가장 아름답고 가장 뛰어나고 가장 고상한 작품이다. 아직 죄의 오염이 그의 이성이나 의지에 영향을 미치지 않아서 그의 모든 감각은 가장 순수하고, 그의 지성은 가장 명료하고 그의 기억은 가장 완전하고 그의 의지는 가장 진실하며, 이 모든 것들은 가장 즐거운 안전을 동반하고 있고 어떤 죽음의 공포도 없으며 어떤 것에 대한 염려나 근심이 없다."

하나님의 형상으로 창조된 인간은 이렇게 아름답고 완전한 존재입니다. 문제는 죄로 인해 하나님의 형상이 깨어진 것입니다. 그로 인해 수많은 문제들이 발생하고 있습니다. 감각이 오염되고, 지성, 기억, 의지가 오염되었습니다. 그러므로 그리스도인의 삶의 목적은 옛 사람을 버리고 하나님의 형상을 회복하는 것입니다. 로마서 8장 29절은 "하나님이 미리 아신 자들을 또한 그 아들의 형상을 본받게 하기 위하여 미리 정하셨으니 이는 그로 많은 형제 중에서 맏아들이 되게 하려 하심이니라"고 말씀하고 있습니다. 하나님이 우리를 부르시고 구원하신 것은 예수님의 형상을 본받게 하기 위함입니다. 교수학의 대가이고 현대 교육의 아버지라고 불리는 코메니우스는 교육의 목적이 하나님의 형상 회복에 있다고 강조하였습니다.

그러면 우리가 회복해야 할 하나님의 형상은 무엇일까요? 칼빈은 골로새서 3장 9절과 10절, 에베소서 4장 22절부터 24절을 근거로 하여 하나님 형상을 설명하였습니다. 골로새서 3장 9절과 10절에서는 "너희가 서로 거짓말을 하지 말라 옛 사람과 그 행위를 벗어 버리고 새 사람을 입었으니 이는 자기를 창조하신 이의 형상을 따라 지식에까지 새롭게 하심을 입은 자니라"라고 말씀합니다. 새사람을 입은 사람은 지식이 새로워진 사람입니다. 에베소서 4장 22절부터 24절에서는 "너희는 유혹의 욕심을 따라 썩어져 가는 구습을 따르는 옛 사람을 벗어 버리고 오직 너희의 심령이 새롭게 되어 하나님을 따라 의와 진리의 거룩함으로 지으심을 받은 새 사람을 입으라"라고 말씀하고 있습니다. 새사람을 입은 사람은 의와 진리의 거룩함으로 지음 받은 사람입니다. 칼빈은 이 말씀을 근거로 하여 그리스도인이 회복해야 할 하나님 형상을 '참된 지식'과 '순결한 의' 그리고 '거룩성 회복'이라 말했습니다. 하나님의 형상이 회복된다는 것이 어떤 것인지 조금 더 깊이 살펴보도록 하겠습니다.

1) 하나님 형상 회복은 지식이 새로워지는 것입니다(골 3:10)

인간의 죄는 지식의 타락입니다. 아담과 하와가 타락한 것도 스스로 선과 악을 판단하려는 지식을 가지려 한 것입니다. 인생의 문제는 무지와 왜곡된 지식에서 옵니다. 호세아 4장 1절과 6절은 "이스라엘 자손들아 여호와의 말씀을 들으라. 여호와께서 이 땅 주민과 논쟁하시나니 이 땅에는 진실도 없고 인애도 없고 하나님을 아는 지식도 없고 …내 백성이 지식이 없으므로 망하는도다 네가 지식을 버렸으니 나도 너를 버려 내 제사장이 되지 못하게 할 것이요 네가 네 하나님의 율법을 잊었으니 나도 네 자녀들을 잊어버리리라"고 말씀합니다. 호세아 선지자는 하나님을 아는 지식이 없으면 망한다고 했습니다.

하나님을 아는 지식이 없으면 왜곡된 지식을 가지고 살게 됩니다. 지식은 관점과 해석의 기반입니다. 즉, 지식이 타락하면 관점과 해석이 타락하는 것입니다. 그래서 하나님을 아는 지식이 없으면 왜곡된 관점으로 자신과 세상을 보게 됩니다. 우리는 진리를 기반으로 한 관점으로 자기 자신과 타인, 그리고 하나님을 인식해야 합니다.

제가 아는 한 성도님은 요한복음 5장을 읽으면 화가 난다고 합니다. 요한복음 5장에서는 베데스다 연못에 많은 병자, 맹인, 다리 저는 사람, 혈기 마른 사람들이 누워 물의 움직임을 기다리고 있었습니다. 이유는 천사가 가끔 못에 내려와 물을 움직이게 하는데 그때 먼저 들어가면 낫는다는 이야기 때문입니다. 그런데 거기에 예수님이 오셔서 수많은 병자 중에 38년 된 병자 한 사람을 고쳐주었습니다. 그가 화를 내는 이유는 예수님께서 그곳에 모인 모든 병자를 다 고쳐주든지, 아니면 아무도 고치지 말아야지. 왜 한 사람만 고치느냐는 것입니다. 예수님이 불공평한 것 같아서 화가 난다는 것입니다.

그 성도님은 어려서부터 편애를 당하면서 억울한 일, 피해의식이 많았습니다. 그래서 그 내면에는 불공정하면 안 된다는 신념이 강합니다. 그런 왜곡된 지식의 관점으로 성경을 보니 이런 해석이 나오는 것입니다. 이것이 지식의 타락입니다. 인간이 힘들고 문제가 되는 것은 이처럼 지식이 왜곡되었기 때문입니다.

인간의 인지 왜곡을 아론 벡(Aaron. T. Beck)은 8가지로 설명했습니다.

1) **자의식 추론**(arbitrary inference): 충분하고 적절한 증거가 없는데도 결론에 도달하는 것.
2) **선택적 추상**(selective abstraction): 사건의 일부 세부사항만을 기초로 결론을 내리고, 전체 맥락 중의 중요한 부분을 간과하는 것.
3) **과잉일반화**(overgeneralization): 단일 사건에 기초하여 극단적인 신념을 가지고 그것들을 유사하지 않은 사건들이나 장면에 부적절하게 적용하는 과정.
4) **극대화 혹은 극소화**(magnification and minimization): 부정적인 것을 최대화하고 긍정적인 것을 최소화하는 것.
5) **개인화**(personalization): 관련지을 만한 일이 아님에도 불

구하고 외적 사건들과 자기 자신을 관련짓는 경향.

6) **이분법적 사고**: 흑백논리로 사고하고 해석하거나 경험을 극단으로 범주화하는 것.

7) **정서적 추론**: 감정 경험에 근거해서 그 자신, 세계 혹은 미래에 관해서 추리를 하는 경우.

8) **파국화**: 개인이 걱정하는 사건을 지나치게 과장하여 두려워하는 것.

하나님 형상을 회복하는 것은 지식을 회복하는 것입니다. 요한복음 8장 32절은 "진리를 알지니 진리가 너희를 자유롭게 하리라"고 말씀합니다. 우리는 진리를 알고 그 진리로 자신과 세상을 볼 수 있어야 합니다. 진리에 입각해서 보면 자유할 수 있습니다. 참된 회개는 왜곡된 지식을 버리고 진리를 채우는 것입니다. 우리는 하나님의 말씀으로 지식이 새로워져야 합니다.

2) 하나님 형상 회복은 순결한 의를 회복하는 것입니다(엡 4:22-24)

'순결한 의'를 회복하는 것이 무엇일까요? 『신약신학』의 저자 조지 래드(George E. Ladd)는 칭의를 윤리적인 관점이 아닌 하나님과의 올바른 관계의 관점으로 설명하였습니다. 유대인들에게 의의 개념은 관계보다는 토라에 순종하는 것을 의미하지만,

성경은 칭의를 오직 믿음으로 얻을 수 있다고 선언합니다. 따라서 바울이 말하는 칭의는 하나님과의 올바른 관계를 말하는 것입니다.

의의 회복은 하나님과의 관계 회복입니다. 우리는 하나님과 관계를 맺고 사는 만큼 의로워지는 것입니다. 헤르만 바빙크는 칭의를 법적인 혼인 관계로, 성화를 사실혼의 관계로 설명했습니다. 그리스도를 거부해 왔던 삶을 회개하고 예수님을 믿으면 하나님과 법적인 관계가 형성됩니다. 이것을 칭의라고 합니다. 그리고 칭의가 이루어진 사람은 하나님과 친밀한 관계 속에서 묵상하고, 동행하고 연합하는 삶을 살아야 합니다. 이 과정 속에서 성화가 이루어집니다. 칭의와 성화 모두 하나님과의 관계 안에서 이루어집니다.

의의 회복이 하나님과의 관계 회복이기 때문에 우리가 의로워진다는 것은 율법으로 되는 것이 아니라 매일 주님과 연합하여 살아감으로써 가능한 것입니다. 그러므로 하나님 형상 회복을 위해서는 십자가에 죽으시고 부활하신 예수 그리스도와 연합하는 삶을 실천해야 합니다. 신앙생활은 종교생활이 아니라 관계라는 것을 기억해야 합니다.

예수님께서도 신앙생활에서 가장 중요한 것은 하나님과의 관계와 이웃과의 관계라고 말씀하셨습니다. 마태복음 22장 36절부터 39절은 "선생님 율법 중에서 어느 계명이 크니이까 예수께서 이르시되 네 마음을 다하고 목숨을 다하고 뜻을 다하여 주 너의 하나님을 사랑하라 하셨으니 이것이 크고 첫째 되는 계명이요 둘째도 그와 같으니 네 이웃을 네 자신 같이 사랑하라 하셨으니" 라고 말씀하셨습니다.

관계의 핵심은 주고받는 것입니다. 먼저 하나님께 구원받고, 은혜받고, 사랑받고, 응답을 받아야 합니다. 그리고 받은 은혜에 대한 반응으로 헌신하고 예배하고 자신을 드려야 합니다. 어떤 사람은 받지 못하는 사람이 있습니다. 반대로 어떤 사람은 줄 줄 모르는 사람이 있습니다. 주지 못하는 것은 심각한 병입니다. 우울증의 특징은 다른 사람을 위해 주지 못하는 것입니다. 영적 우울증에 걸리지 말아야 합니다. 하나님 형상 회복은 관계의 회복입니다. 하나님과의 관계를 점검하고 이웃과의 관계를 점검하며 회복해 가기를 축복합니다.

3) 하나님 형상 회복은 거룩함의 회복입니다(엡 4:22-24)

거룩성의 회복은 방향성, 즉 가치의 회복입니다. 거룩의 문자적 뜻은 '분리한다'라는 의미입니다. 거룩한 삶은 세상의 가치로부터 분리되어 하나님 나라의 가치로 살아가는 것입니다. 우리에게 형성된 세상적 가치는 우리가 하나님을 믿지 않을 때 하나님이 없다는 가정하에 쓰레기처럼 주워 모은 것들입니다.

알버트 월터스(Albert M. Wolters)는 타락은 하나님의 창조 구조(formed)에서 방향을 왜곡(deformed)시켜 창조 질서에서 일탈한 것이라고 설명했습니다. 죄는 외적인 행실의 차원이기 이전에 왜곡된 방향성입니다. 삶의 방향성, 즉 가치의 회복이 중요한 이유는 그것이 선택을 결정하기 때문입니다. 세상의 가치를 따르면 세상을 선택하는 것이고, 하나님 나라 가치를 따르면 하나님을 선택하는 것입니다. 돈을 최우선으로 선택하면 돈이 가치이고, 쾌락을 최우선으로 선택하면 쾌락이 가치입니다. 가치의 방향성이 왜곡되면 죽는지도 모르고 저주와 사망을 선택하는 것입니다.

신명기 30장 19절에서는 "내가 오늘 하늘과 땅을 불러 너희에게 증거를 삼노라 내가 생명과 사망과 복과 저주를 네 앞에 두었은즉 너와 네 자손이 살기 위하여 생명을 택하고"라고 말씀합니다. 세상에 의도적으로 저주와 사명을 선택하는 사람이 있겠습니까? 왜 사망과 저주를 선택할까요? 가치가 타락해서 그렇습니다. 가치가 타락하면 아무리 열심히 살아도 사망과 저주를 선택하며 사는 것입니다. 따라서 방향성이 왜곡되어 사는 삶은 그 자체가 저주입니다.

솔로몬을 보십시오. 그는 성전을 준공한 후 완전히 방향성을 일탈했습니다. 그는 바로의 딸 외에 이방의 여인들을 사랑하였습니다(왕상 11:1). 후궁이 칠백 명이었고 첩이 삼백 명이었습니다. 그리고 그의 여인들이 왕의 마음을 돌아서게 하였다고 성경은 말씀합니다(왕상 11:3). 그러면 솔로몬의 삶은 만족이 되었을까요? 그는 마지막으로 "헛되고 헛되며 모든 것이 헛되다"라고 고백했습니다(전 1:2).

그러므로 우리는 옛 가치를 버리고 성경적 가치를 회복해야 합니다. 이것이 그리스도인의 거룩성을 회복하는 것입니다. 마태복음 6장 33절은 "그런즉 너희는 먼저 그의 나라와 그의 의를 구하라 그리하면 이 모든 것을 너희에게 더하시리라"라고 말씀하고 있습니다. 먼저 그의 나라와 그의 의를 구하는 것이 가치의 회복입니다. 먼저 할 것과 나중에 할 것을 구분하는 것이 중요합니다. 우리는 육체를 가졌기 때문에 세상적인 가치를 전혀 무시할 수는 없습니다. 기독교는 결코 금욕주의가 아닙니다. 문제는 어떤 것이 우선이냐 하는 것입니다. 구약시대의 이스라엘 백성이 하나님을 완전히 버린 적은 없었습니다. 문제는 바알을 첫 번째로 두고 하나님을 두 번째로 둔 것입니다. 이것이 바로 우리들의 문제입니다. 사탄은 우리에게 하나님을 버리라고 하지 않습니다. 하나님을 두 번째로 생각하라고 합니다. 여러분의 첫 번째는 무엇입니까? 세상의 가치를 추구하지 않고, 하나님 나라의 가치를 추구하는 삶, 이것이 거룩성의 회복입니다.

나가는 말

코로나 19 이후 교회에 대한 부정적인 인식이 증가하였고 그리스도인의 신앙이 많이 침체되어 있습니다. 거기다가 우리가 살고 있는 세상은 객관적인 진리를 부정하는 포스트모더니즘(postmodernism) 시대입니다. 교회가 세상에 영향을 주기 위해서는 옛 사람을 버리고 새 사람을 입는 운동, 즉 하나님 형상 회복 운동이 일어나야 합니다.

지금은 객관적인 진리를 외쳐서 듣는 시대가 아닙니다. 삶을 통해 나타나는 진리가 필요합니다. 하나님이 사랑이시라는 것을 아무리 외쳐도 그리스도인이 삶으로 하나님의 사랑을 보여주지 않으면 아무도 관심을 갖지 않습니다. 하나님 형상 회복은 지식의 회복, 하나님과 관계 안에서 의의 회복, 거룩함의 회복입니다. 우리 삶의 목적은 하나님 형상 회복에 두어야 합니다. 갈라디아서 4장 19절은 "나의 자녀들아 너희 속에 그리스도의 형상을 이루기까지 다시 너희를 위하여 해산하는 수고를 하노니"라고 말씀하고 있습니다. 하나님이 기뻐하시는 새 사람이 되도록 우리 모두 하나님의 형상 회복을 기도하며 더욱 깊이 배우고 알아가는 모든 성도님들이 되길 예수님의 이름으로 축복합니다.

묵상을 위한 질문

1) 하나님 형상 회복의 의미를 자신의 표현으로 정리해서 말해보십시오.
2) 당신의 삶에 하나님 형상 회복이 구체적으로 일어나야 할 영역은 어디입니까?
3) 하나님 형상 회복이 일어나도록 당신이 해야 할 일은 무엇입니까?

제4부
정체성을 회복하라

AFTER

PANDEMIC

15. 큰 구원을 받은 사람

히브리서 2장 1-18절

김계명

들어가는 말

기독교는 구원의 종교입니다. 나아가 기독교는 구원을 성취한 종교입니다. 우리가 히브리서에서 얻는 교훈은 '큰 구원을 이루신 구원의 창시자'이신 예수님을 믿음으로 구원을 얻는다는 사실입니다. 기독교의 정체성은 예수님의 생애와 사역과 위격에서 비롯합니다. 예수님은 우리를 위해 무슨 일을 하셨나, 예수님은 우리를 구원하기 위한 합당한 조건을 지니신 분인가, 한마디로 '예수님은 누구신가?'에 대한 믿음의 고백이 바로 기독교 신앙입니다.

우리는 지난 3년간 코로나19 팬데믹 상황을 겪으면서 과연 신앙이란 무엇인가? 우리가 믿는 예수님은 누구신가? 우리가 구원받았다고 하는 말의 의미는 무엇인가? 등의 질문을 할 수밖에 없었습니다. 교회는 예배를 놓쳤고, 성도들은 방역이라는 요구 앞에 무기력했습니다. 1절 말씀대로 교회는 마치 흘러 떠내려가는 것만 같았습니다. 초대교회에도 그런 위기가 있었던 것 같습니다. 그리고 그에 대한 해결책으로 제시된 핵심 주제가 바로 '큰 구원'이었고, 예수님이 큰 구원의 창시자라는 진리였습니다. 히브리서 기자는 바로 이 키워드를 가지고 흘러 떠내려가는 듯한 초대교회 성도들의 믿음을 추슬러주었습니다.

위기의 때일수록 우리는 기본에 충실하고 근본 원리에 확고해야 합니다. 기독교의 진리는 구원입니다. 우리를 구원하신 예수님, 이것이 기독교의 진리입니다. 우리가 어떻게 이 진리를 알 수 있습니까? 인간의 이해만으로는 절대 진리에 도달하지 못합니다. 그렇다고 진리를 무조건 믿는다는 것도 쉽지 않습니다. 초대교회의 마지막 교부인 히포의 주교 어거스틴은 진리에 대한 맹목적인 신앙을 거부하면서, "나는 알기 위해서 믿는다"라는 유명한 말을 했습니다.

진리는 믿음과 이해를 동시에 요구합니다. 믿음이 먼저인가, 아니면 이성이 먼저인가? 세상 사람들은 이성적으로 이해되어야 믿을 수 있다고 말합니다. 지극히 상식적인 말입니다. 세상 사람들은 이성에 권위를 둡니다. 그러나 어거스틴은 믿음이 우선이라고 말했습니다. 진리는 성경의 권위를 인정할 때 비로소 우리에게 다가옵니다. 성경은 우리에게 증언합니다. "그리스도이신 예수는 하나님의 최종적인 계시의 말씀으로 우리 가운데 오셨습니다." 히브리서 기자는 히브리서 첫 장에서 예수님은 우리 가운데 오셨고, 우리의 죄를 정결케 하는 일을 하셨으며, 높은 곳에 계신 위엄의 우편에 앉으신 분이라고 증언합니다(히 1:1-3).

예수님은 우리 죄를 위해 고난을 당하셨고, 죽으시고 부활하셨습니다. 그리고 우리의 주와 그리스도가 되셨습니다. 우리의 죄와 구원을 위해서가 아니라면 그리스도는 죽으실 필요가 없으셨습니다. 오늘 본문은 구원에 관한 한편의 장엄한 서사시를 방불케 합니다. 초대교회 성도들이 진리로 믿은 예수님에 대한 신앙고백의 결정체로 손색이 없는 내용입니다. 본문은 예수님이 하나님이심과 예수님의 인간되심을 잘 설명하고 있습니다. 예수님은 우리의 죄 사함을 위하여 죽음을 맛보신 분이시고, 죽음의 세력을 잡은 자 마귀의 일을 멸하신 분입니다. 본문은 성도의 신앙생활, 곧 성도가 예수님을 의지하여 살아야 하는 이유를 극명하게 제시해주고 있습니다. 성령님의 작품이 아니라면 이렇게 방대하고 깊고 심오한 진리를 드러낼 수 없을 것입니다.

종교개혁자 마틴 루터는 그의 생애 마지막에 다음과 같은 기도를 하나님께 드렸습니다. "그리스도여, 나의 생명은 당신의 것입니다. 나의 죽음도 당신의 것입니다. 내가 간구하오니, 당신의 왕권을 높이게 하소서. 당신이 죽으실 때 왜 그렇게도 심한 고통을 받았습니까? 내가 당신 나라의 작은 기업이 되지 않는다면 말입니다. 왜 당신의 생명이 차디찬 무덤에 싸여 감추어졌습니까? 당신의 죽음이 몰아낸 나의 죽음이 아니라면 말입니다. 오 그리스도여, 당신은 내게 확고한 구원을 이루소서."

오늘 저는 여러분과 '큰 구원을 받은 자'라는 말씀을 나누고자 합니다. 본문을 중심으로 우리를 위하신 예수님의 세 가지의 모습을 통해서 큰 구원의 창시자이신 예수님을 만나시기 바랍니다.

1) 예수님은 죽음을 맛보신 분입니다

본문 9절은 예수님께서 죽음의 고난을 받으셨다고 말씀합니다. 그리고 그 이유가 모든 사람을 위하여 죽음을 맛보시기 위함이라고 했습니다. 큰 구원이란 죄로 인하여 심판과 멸망 가운데 있는 우리를 대신하여 십자가에 못 박혀 죽으신 예수님을 믿음으로 죄 사함을 얻고 영생을 얻는 것으로 하나님께서 베푸시는 은혜입니다.

히브리서 1장은 예수님이 천사보다 비교할 수 없을 만큼 크신 분이라고 설명했습니다. 그런데 그러한 예수님께서 천사보다 잠시 동안 못하게 되셨다고 증거합니다(7절). 그렇게 하신 이유가 무엇입니까? 9절 말씀입니다. "오직 우리가 천사들보다 잠시 동안 못하게 하심을 입은 자 곧 죽음의 고난 받으심으로 말미암아 영광과 존귀로 관을 쓰신 예수를 보니 이를 행하심은 하나님의 은혜로 말미암아 모든 사람을 위하여 죽음을 맛보려 하심이라."

놀라운 사실, "죽음의 고난 받으심으로 말미암아 영광과 존귀로 관을 쓰신 예수"라고 선포되고 있습니다. 하나님의 아들이 인간이 되셨고, 죽음의 고난을 받으셨습니다. 인간의 죄 사함과 구원을 위한 죽음입니다. 말씀이 육신이 되신 하나님의 아들 예수님의 죽음입니다. 사람이 되신 예수님, 천사보다 잠깐 동안 못하게 하심을 입은 예수님, 죽음의 고난을 받으신 예수님께서 이렇게 외치시는 것 같습니다. "내가 저들을 위해 죽어야 하리라!"

왜 하나님의 아들 예수께서 사람이 되셔서 죽음의 고난을 받으셔야만 합니까? 9절에서는 "이를 행하심은 하나님의 은혜로 말미암아 모든 사람을 위하여"라고 말합니다. 히브리서 기자는 10절에서 고난받으신 예수님을 '구원의 창시자'로 옳게 소개하고 있습니다. 사람이 된 예수는 죽음을 맛보시고 구원의 창시자가되었습니다. 구원을 이루시고, 구원을 주시는 구원의 주님, 구원의 창시자가 되셨습니다. 누구든지 예수님을 믿으면 구원을 얻습니다. 그래서 루터는 기도했습니다. "오 그리스도여, 당신은 내게 확고한 구원을 이루소서."

2) 예수님은 우리의 형제가 되십니다

우리는 '사람이 되신 예수님'을 통해서 첫 번째로 죽음을 맛보신 예수님을 보았습니다. 예수님은 자신의 죽음으로 인류의 죽음을 몰아내신 구원의 창시자이십니다. 이 구원은 하나님의 은혜에 의하여 믿음으로 말미암아 주어지는 확실한 구원입니다. 그런데 성경은 이어서 그러한 예수님께서 우리의 형제가 되신다고 말씀합니다. 사람이 되신 예수님, 천사보다 잠깐 동안 못하게 하심을 입으신 예수님, 죽음의 고난을 받으신 예수님은 우리에게 이렇게 외치시는 것 같습니다. "내가 저들과 하나 되어야 하리라!"

예수님은 우리를 형제라 부르시기를 부끄러워하지 않으십니다. 거룩하신 그분이 왜요? 우리 죄인을 위해서입니다. 본문 11절에서 16절을 보십시오. "거룩하게 하시는 이와 거룩하게 함을 입은 자들이 다 한 근원에서 난지라 그러므로 형제라 부르시기를 부끄러워하지 아니하시고 이르시되 내가 주의 이름을 내 형제들에게 선포하고 내가 주를 교회 중에서 찬송하리라 하셨으며 또 다시 내가 그를 의지하리라 하시고 또 다시 볼지어다 나와 및 하나님께서 내게 주신 자녀라 하셨으니 자녀들은 혈과 육에 속하였으매 그도 또한 같은 모양으로 혈과 육을 함께 지니심은 죽음을 통하여 죽음의 세력을 잡은 자 곧 마귀를 멸하시며 또 죽기를 무서워하므로 한평생 매여 종노릇하는 모든 자를 놓아주려 하심이니 이는 확실히 천사들을 붙들어 주려 하심이 아니요 오직 아브라함의 자손을 붙들어 주려 하심이라."

엄청난 말씀이 선포되고 있습니다. '거룩하게 하시는 자 예수'와 '거룩하게 함을 입은 자들인 우리' 그리스도인들이 한 근원에서 나왔다고 말씀합니다. 히브리서 기자는 '사람이 된 예수', 즉 예수님의 인성을 강조합니다. 하나님의 아들이 우리와 같은 존재가 되었습니다. 피조물을 만드신 분이 피조물과 같이 되었다는 것은 믿기지 않는 일입니다. 세상과 우주와 온 세계가 요동치며 감당치 못할 일입니다. 그런데 나아가 그분이 우리를 부끄러워하지 않으시고 우리를 형제로 부르십니다.

예수님께서 우리와 한 근원에서 난 이유는 무엇입니까? 다시 말하면, 예수님께서 인간이 되신 이유가 무엇입니까? 그것은 사망 권세를 멸하기 위함입니다. 예수님은 죽음으로 사망을 이기셨습니다. 그리고 모든 인간을 죽음의 공포로부터 해방시키셨습니다. 왜냐하면 인간은 죽기를 무서워하므로 일생에 매여 종노릇하는 자들이기 때문입니다. 그리고 아브라함의 자손, 즉 그리스도인들을 붙들어 주기 위함입니다.

도무지 말이 되지 않습니다. 시편 기자는 인간이 벌레라고 고백했습니다. 우리는 벌레와 같이 하찮고 무력하고 티끌같이 의미 없는 존재로 취급받는다 해도 할 말이 없는 존재입니다. 그런데 하물며 창조주인 주님께서 피조물인 인간을 형제라 부르기를 부끄러워하지 아니하십니다. 그래서 우리는 루터와 함께 고백할 수 있습니다. "그리스도여, 나의 생명은 당신의 것입니다. 나의 죽음도 당신의 것입니다."

초대교회 당시 성도들은 이런저런 이유로 많은 압박을 받고 있었습니다. 그들은 두려웠습니다. 예수님을 믿지만 현실적으로는 많이 흔들리고 있었습니다. 그런데 예수님께서 그들과 똑같이 혈과 육을 입으시고 고난을 당하셨습니다. 그리고 형제라고 하시면서 우리를 붙잡아주신다고 말씀하십니다(16절). 그들은 아브라함의 자손 된 성도들을 붙잡아 주시는 구원의 창시자 예수님을 든든히 여기면서 예수님과 함께 역경을 넘어갈 힘을 얻었습니다.

큰 구원의 창시자이신 예수님께서 우리를 형제라 불러주시면서 우리와 함께하시고 우리를 붙잡아 주십니다. 코로나로 인하여 힘들고 어려운 상황이지만 우리를 붙잡아 주시는 예수님과 함께 힘을 내어 극복해 나갑시다.

3) 예수님은 우리의 대제사장이십니다

우리는 '사람이 되신 예수님'을 통해서 첫 번째로 '죽음을 맛보신 예수님'을 보았습니다. 둘째로 '형제 되신 예수님'을 보았습니다. 마지막으로 '대제사장 되신 예수님'을 봅니다. 사람이 되신 예수님, 천사보다 잠깐 동안 못하게 하심을 입은 예수님, 죽음의 고난을 받으신 예수님은 우리를 보시면서 이렇게 외치시는 것 같습니다. "내가 저들을 도와야 하리라!"

예수님께서 우리의 대제사장이 되신다는 것은 우리의 중보자가 되신다는 의미입니다. 거룩하신 하나님과 죄악된 인간은 서로 화평할 수 없고 교제할 수 없습니다. 죄인 된 인간은 오직 하나님의 진노 아래 심판을 받는 존재에 불과합니다. 인간은 죄로 인해 망가진 존재입니다. 종교개혁자 루터는 인간의 의지가 '노예 의지'임을 주장합니다. 인간은 무기력해진 기수가 말 위에 앉아 말이 이끄는 대로 움직이는 것과 같은 허수아비 같은 존재입니다. 그래서 우리를 하나님 앞으로 이끌어 갈 중보자가 필요합니다. 예수님은 우리를 위하시는 중보자 대제사장이십니다. 대제사장이란 구약의 제사 용어인데 우리의 죄를 대신 짊어지고 하나님 앞에 나아가는 사람을 뜻합니다.

큰 구원을 받은 우리는 대제사장이신 예수님을 통하여 거룩하신 하나님께 나아갑니다. 대제사장이신 예수님께서는 하나님 앞에서 우리의 연약함을 대신 담당하시고 죄를 속량해 주십니다. 이것이 바로 17절 말씀입니다. "이는 하나님의 일에 자비하고 신실한 대제사장이 되어 백성의 죄를 속량하려 하심이라."

나가는 말

예수님이 하나님이시지만 인간의 몸을 입고 오셨다는 것은 기독교 최고의 진리입니다. 예수님은 천사보다 잠깐 동안 못하게 되시어 죽음의 고난 받으심을 인하여 영광과 존귀로 관 쓰셨습니다. 예수님은 우리의 죄를 속량하시려고 고난받으시고 죽은 자가운데서 살아나셨습니다. 부활하신 예수님은 영원한 대제사장이 되시어 하나님과 우리 사이에 중보자가 되셔서 우리를 도우십니다. 사람이 되신 예수님은 친히 사람이 받는 시험을 받아 고난을 당하셨기 때문에 우리의 연약함과 우리가 당하는 고난을 아시는 분입니다. 그리고 예수님은 우리의 연약함을 불쌍히 여기십니다. 그리하여 시험받는 우리들을 능히 도우십니다. 그래서 히브리서 기자는 이렇게 주문합니다. "그러므로 우리는 긍휼하심을 받고 때를 따라 돕는 은혜를 얻기 위하여 은혜의 보좌 앞에 담대히 나아갈 것이니라"(히 4:16).

큰 구원을 받은 우리는 히브리서 기자와 함께 길이요, 진리요, 생명으로 오신 예수님을 우리의 '큰 구원의 창시자'로 고백할 수 있습니다. 날마다 우리의 구원을 이루시는 예수 그리스도의 은혜가 함께하길 기도합니다. 아멘.

묵상을 위한 질문

1) 예수님이 어떻게 '큰 구원의 창시자'가 되셨는지 말해보세요.
2) 당신은 자신이 큰 구원을 받은 자임을 간증할 수 있습니까?
3) 예수님께서 당신의 형제이시고 대제사장이 되시어 당신을 도우신다는 사실에 대하여 어떤 마음이 드십니까?

16. 복음의 사람

사도행전 14장 1-7절

이승학

들어가는 말

지금은 포스트모더니즘의 시대입니다. 가치관의 혼란은 곧 정체성의 문제입니다. 시대마다 변하지 않는 것이 기독교의 정체성입니다. 정체성을 올바르게 이해할 때 우리는 세상에 대하여 편견을 갖지 않게 됩니다. 우리는 초대교회의 철학과 유대교에 대항했던 불편했던 복음의 시대를 통하여 오늘의 대한민국과 동북아시아와 세계 속에서 어떤 정체성으로 살아야 하는가를 선포하고자 합니다.

오늘 본문은 사도 바울이 이고니온에서 복음을 증거하던 이야기입니다. 성경은 역사적으로, 문법적으로, 조직적으로 해석되어야 하고 해석된 성경은 교회에 의해서 고백되어야 하고, 교회는 고백한 신앙을 따라 그리스도의 공동체를 이루어야 합니다. 그리스도의 공동체는 하나님의 나라를 포함합니다.

이고니온의 유대인 회당에서 유대인의 율법과 헬라의 철학에 대항하여 전파된 복음의 능력을 왕의 사자가 전하는 메시지(케리그마: 9회)인 기쁜 소식의 내용을(유앙겔리온: 79회) 오늘 설교(케뤼소: 63회)하며, 가르쳐서(디다스코: 101회), 고침을(세라퓨오: 48회) 받고자 합니다.

1) 복음이 없으면 혼돈입니다

철학은 질문합니다. 소크라테스도 질문하지 않는 삶은 의미가 없다고 했습니다. '나는 누구인가? 나는 왜 사는가? 나는 어떻게 사는가?'를 묻는 것이 그들의 질문이었다면 기독교는 '나는 누구의 것인가?'를 묻습니다. 그리고 그 답을 발견함으로써 우리의 정체성을 알게 됩니다. 우리 시대에 베케트(Samuel Beckett)의 『고도를 기다리며』라는 작품처럼 의미 없는 무엇인가를 찾아가는 현대인들에게 정답이 있는 인생이 있다는 것을 우리는 고백해야 합니다.

헨리(Carl Henry)는 성경의 하나님으로 되돌아갈지 불법의 구덩이 속에서 멸망할지 선택해야 한다고 말합니다. 테일러(Charles Taylor)는 계몽주의 이전에는 불신앙이 불가능했고, 계몽주의 이후에는 불신앙이 가능했으며, 현대 말에는 신앙이 불가능해졌다고 말했습니다. 심지어 미국 내 많은 대학교에서 종신교수가 되려고 할 때 하나님을 믿는 것이 불가능하다는 입장을 지지해야 임명을 받을 수 있는 시대가 왔습니다. 철학과 종교가 불편한 시대가 되었습니다.

초대교회가 직면했던 것은 유대인에 대한 복음의 변질이었습니다. 사두개인은 성전 중심으로 살아가는 제사 중심의 사람으로서 천사와 영의 존재를 부인하며 부활을 믿지 못했습니다. 상류층 중심이었던 바리새인은 부활과 메시아사상은 인정하지만 율법을 지킴으로 구원받을 수 있다는 율법주의를 고수했습니다. 에세네파는 세속을 떠나 공동체를 이루며 사해 주변에서 살았습니다.

복음을 믿으면 구원을 받을 수 있다고 하며 칭의만 강조하면 반 율법주의자가 됩니다. 구원을 받았어도 죄를 지으면 구원에서 탈락될 수 있다는 것을 강조하면 율법주의자가 됩니다. 하나님의 자녀가 죄를 지으면 다윗처럼 징계적 심판이 있지만 불신자인 노예가 범죄하면 형벌적 심판이 있다는 것을 구별해야 합니다.

율법주의의 대표적인 이단은 예수 믿어도 할례를 해야만 구원 얻는다는 에비온파입니다. 그들은 금욕을 강조하며 그리스도의 인성은 인정하면서 신성은 부인하는 자들입니다. 또한 영지주의 이단으로서 말시온과 몬타누스가 있습니다. 말시온은 구약의 여호와 하나님과 신약의 성부 하나님은 다른 존재라며 구약성경과 신약의 히브리적 요소가 있는 성경을 부인하고 영은 선하고 육은 악하다고 주장하는 이원론주의자들입니다. 몬타누스는 오늘날에도 새로운 예언이 존재한다면서 교회의 직분을 인정하지 않고 누구나 새로운 계시를 받을 수 있다고 했습니다. 그 외의 이단으로서는 예수님의 인성과 본성이 혼합되어 있다는 유티케스, 배교한 사람은 절대로 용서받을 수 없다는 도나투스, 그리스도의 인성과 신성이 분리되었다는 네스토리우스파 등이 있습니다.

지금 우리가 경험하고 있는 시대는 어떤 시대입니까? 세계는 민주주의 체제와 공산주의 체제와 군주제로 나뉘어 있습니다. 우리 대한민국은 동북아시아에서 특별한 민본주의가 발달한 나라로 민주주의와 만나 세계 최고의 발전 속도를 보여주는 선진국이 되었습니다. 이즈음에 우리는 누구인가를 돌아보아야 합니다.

토크빌의 『미국의 민주주의』를 보면 기독교적 사명감을 가진 미국과 러시아가 태평양 어디에선가 만나는 지정학적 충돌이 일어나는 것은 시간문제라고 했습니다. 우리 주변 국가들의 국가 운영 원리는 미국은 명백한 운명(Manifest Destiny), 러시아는 신성한 사명(Holy Mission), 중국은 보천지하(普天之下) 막비왕토(莫非王土), 일본은 팔굉일우(八紘一宇)입니다. 대한민국 주변 열강들이 모두 제국주의적 사관을 가지고 세상을 좌지우지하려는 카오스의 시대입니다.

지금 우리가 경험하는 서방 기독교의 전통은 동방 기독교와 전통이 판이하게 다릅니다. 기독교의 본질적 덕목인 믿음과 사랑과 소망은 동방정교의 사고와 행동이었습니다. 서방은 플라톤주의에 대항하기 위한 변증에 주력을 모아 수사와 학문의 영역인 정의나 칭의가 발달하여 오늘에 이르고 있습니다.

이제 우리는 이 불편한 시대를 극복한 두 사도가 선포한 복음의 위대함을 생각해 보고자 합니다. 인간은 사건을 만날 때 어떤 존재인가 하는 정체성이 드러납니다. 정체성은 사건을 대하는 태도로 표현되며 그 표현의 결과가 사건을 긍정으로든지 부정으로든지 만들게 됩니다. 결국은 사건을 대하는 사람이 어떠한 세계관과 정체성을 가졌느냐가 그 사건에 대한 해석을 낳고 해석된 사건은 사실로 표현됩니다.

고난을 당했던 이스라엘 백성은 광야에서 하나님을 만나 자신이 누구인지를 돌아보면서 하나님을 기억하는 시간 속에서 정체성을 점검했습니다. 포스트모더니즘의 시대에 우리는 십자가에서 이루신 십자가의 사건만이 우리를 변화시킨다는 사실을 기억해야 합니다.

2) 복음은 십자가로 이깁니다

태초에 하나님이 만든 하나님의 나라는 에덴동산이며 하나님은 하나님의 형상대로 사람을 창조하시어 만물을 다스리게 하셨습니다. 그것은 삼위 하나님의 창조언약이었습니다. 성부 하나님은 창세전부터 인간의 실수에 대한 것을 준비하고 계셨습니다. 독특한 출생으로 인간이 되신 예수님을 희생 제물로 드려 언제라도 하나님과의 관계를 회복할 수 있는 장치를 구속 언약 속에 삼위 하나님이 약속해 놓으셨습니다. 그리고 하나님은 성령을 보내시고 교회 공동체를 이루게 하셔서 모이는 교회, 훈련하는 교회, 전파하는 교회로서의 사명을 주셔서 은혜 언약을 이루게 하셨습니다.

유대인의 회당은 복음의 적전지였습니다. 우리가 전하는 복음은 단두대가 있는 곳으로 갑니다. 그곳은 죽음이 기다리고 있는 곳입니다. 그래서 우리는 역사 속에서도 쉼 없이 선포되고 계시된 하나님의 나라를 경험합니다. 에덴에 계시된 하나님의 나라, 이스라엘 역사 안에서 계시된 하나님의 나라, 예언 가운데 계시된 하나님의 나라, 그리스도 안에서 계시된 하나님의나라가 역사 가운데 이루어졌고, 지금은 복음으로 인한 하나님의 나라가 종말의 시대로 움직이기 시작했고, 아직은 완성되지 않았지만 완성을 향해 진행 중입니다.

지금 선포되는 복음은 예수께서 이 땅에 왕의 아들로 인간으로 태어난 성육신과 죄와 죽음의 문제를 해결하신 대속과 성령으로 우리 안에 거하시며 우리를 회복하시는 구원의 능력을 가져다줍니다. 복음은 우리에게 기쁜 소식이어야 합니다. 항상 기쁜 소식이어야 합니다. 기쁨은 하나님의 은혜인 카리스로부터 옵니다. 기쁨은 헬라어로 '카라'입니다. 기쁨은 평화를 가져다줍니다. 평화인 샬롬은 전심에서부터 옵니다. 전심은 히브리어로 살렘입니다. 온전하게 전심을 향한 마음이 샬롬을 가져다줍니다. 인간이 주는 기쁨은 잠깐입니다. 그러므로 우리는 기쁜 소식을 환경을 초월해서 늘 선포해야 하고 가르쳐야 하고 치료가 일어나도록 해야 합니다. 그래서 우리의 입술이 감사를 고백하고 기도하기 전까지는 진정한 구원의 즐거움은 없습니다. 복음에는 능력이 있기 때문입니다.

율법은 '이것을 하라. 그러면 살리라'이며 복음은 '믿음으로 살아라. 그러면 너희가 이것을 하게 되리라'입니다. 복음은 약속이며 저녁의 안식이 먼저 진행된 후 만나는 아침과 같은 기쁜 소식입니다. 이 기쁜 소식 안에는 인간의 나약함과 죄의 부분인 율법도 들어있습니다. 율법은 분명히 밝혀져야 합니다. 그러나 그 율법은 지키는 역할이 아니라 죄만 드러내고 죄를 가리키는 역할로 충분합니다. 율법으로서는 인간이 구원을 받을 수 없다는 비참함을 느껴야 하고 애통해야 합니다. 절망을 느낀 자만 소망을 기대할 수 있습니다.

불뱀에 물린 자들이 장대에 높이 들린 놋 뱀을 쳐다보았을 때 모두가 살아났습니다. 풍랑 이는 파도 가운데 배 속에서 잠을 청하셨던 예수님 앞에서 두려워했던 제자들에게 예수님은 믿음이 적은 자들이라고 책망을 하셨습니다. 우리는 환경이 아니라 환경을 만들어 가시는 하나님을 바라보아야 합니다. 우리 눈에 보이는 빙산의 움직임은 0.000001%일 수가 있습니다. 그러나 눈에 보이지 않는 빙산의 바다는 우리 눈에 보이지 않는 99.99999%로 이루어져 있고, 결국 빙산은 보이지 않는 바다에 의해 움직입니다.

복음은 보이지 않지만 승리한 하늘의 교회를 믿음의 상상력으로 이 땅에서 누리도록 우리의 마음을 성령으로 녹이는 왕의 사자가 전하는 메시지입니다. 이 복음을 듣고 우리는 일어나야 합니다. 그리스도의 성품인 십계명을 어깨에 메고 제물이 되어 저주의 강, 죽음의 강, 요단강을 건너야 합니다. 심지어 배신의 강을 건너야 진정한 제자라고 말할 수 있습니다. 교회는 복음으로 모이고 양육 받아 세상 속에 찢긴 양이 되기 위해 이리 가운데로 보내진 존재입니다. 그러므로 우리는 매일 구원을 위한 율법적 회개를 넘어 복음의 성화를 위한 복음적 회개를 해야 합니다.

3) 복음으로 세상을 섬깁니다

우리는 태초에 3가지 영역에서 실패했습니다. 하나님과의 개인적인 예배에서, 가정교회에서, 자연 만물에게서 저주받은 자가 되었습니다. 로마서 8장 22절부터 26절에서 우리는 성도가 탄식하고 성령이 탄식하고 자연이 탄식하는 소리를 듣습니다. 하나님은 우리를 개인의 구원, 공동체의 구원, 사회의 구원을 향하여 달려가도록 하셨습니다. 우리에게 특별한 은혜로서 개인을 구원하시고 교회 안의 언약백성으로 날마다 자기 육체의 본능을 부인하고 죽으며, 자기에게 주신 사명의 십자가를 감당하라고 하셨습니다. 예수님의 멍에는 쉽고 가볍다고 했습니다.

마귀의 왕 노릇하는 권세를 우리는 하나님의 은혜로 구원하는 권세로 받았습니다. 구약에서는 살아있는 존재를 네페쉬라고 하며 헬라어는 프쉬케라고 합니다. 또한 하나님과의 관계적인 존재는 루아흐라고 하며 헬라어는 프뉴마라고 합니다. 인간은 무엇을 소유했는가가 아니라 누구와 어떤 관계인가가 매우 중요하다는 사실을 알게 됩니다. 사탄은 창세기 3장 1절부터 13절에는 의심, 낙담, 전환, 좌절, 지연시키는 자로, 신약에서는 디아볼로스라고 하는 명칭으로 고소, 비방, 수군수군하는 자라고 표현되어 있습니다.

교회의 정체성은 하나님이 주신 구원의 특별은혜를 언약 공동체 안에서 잘 양육을 받아 벨직 신앙고백서에 고백하는 사도신조, 니케아 신조, 아타나시우스 신조와 같은 역사적인 신앙고백의 터 위에 믿음을 장착하여 세상 속에 있는 일반은혜 속에 있는 학문과 사람을 섬겨서 그들로 하여금 하나님의 이름을 영화롭게 하는 것입니다. 우리에게는 두 종류의 계시가 있습니다. 성경은 계시된 진리이고 일반은혜는 발견된 진리입니다. 특별은총인 성경은 일반은총을 섬겨야 합니다. 우리는 교회 안이 아니라 세상 속의 빛과 소금입니다. 우리는 세상을 겸손히 섬김으로 세상을 지배합니다.

유대인이든지 헬라인이든지 모든 이에 대하여 긍휼을 가져야 합니다. 공감하는 능력을 가져야 합니다. 함께 기뻐하고 함께 울 수 있는 따뜻한 감정이입이 있어야 합니다. 인간의 마음은 감정에 의해서 움직입니다. 상처가 많은 굴곡진 인생일수록 하나님을 만나고 사람을 만나는 데 어려움이 있습니다. 우리는 먼저 그리스도로 채워져야 하고 그리스도가 우리 안에서 넘쳐야 합니다. 내가 먼저 넘치지 않으면 탈진이 일어납니다.

섬김은 헬라어로 디아코노스라고 하며 영어는 미션이라고 하고 우리는 이를 사역 또는 선교라고 번역합니다. 세상으로 하여금 예배하게 하고자 한다면 우리가 먼저 세상을 섬겨야 합니다. 섬김은 성육신이며 복음이 건너가는 다리입니다. 섬기는 자는 그리스도의 떡을 먹으며 더욱 성숙해 갑니다. 주님은 소자에게 한 것이 주께 한 것이라고 하시며 그 상을 잊지 않겠다고 하셨습니다. 섬길수록 샘솟는 은혜의 샘을 파는 교회는 썩지 않습니다. 썩지 않으려면 내보내야 합니다. 결국 십자가에서의 예수님의 죽음을 우리는 어깨에 날개를 달듯이 메기만 하면 쉽습니다.

주님의 멍에를 메는 자들은 역설적이게도 세상의 먹잇감이 되어 세상을 놀라게 합니다. 우리는 세상 속에서 잡아먹히기 위해 존재합니다. 우리는 남편에게, 아내에게, 자녀에게, 성도에게 잡아먹혀야 합니다. 한 알의 밀알이 죽어야 합니다. 세상 속에서 만나는 무리 속에 바보 아닌 바보들이 많을수록 샬롬은 가까이 있게 됩니다. 모든 모임 속에 바보 같은 목사, 바보 같은 교수, 바보 같은 아빠가 많아질 때 모임이 행복해집니다. 파웰(John Powell)이 말한 것처럼 우리는 사물을 이용하고, 사람을 사랑해야 합니다. 반면 사물을 사랑하고 사람을 이용의 대상으로 삼고 상품화하는 것은 행복과 인간성취에 대한 사망 증명서임을 알아야 합니다.

나가는 말

포스트모더니즘의 시대는 아포리아의 시대입니다. 소크라테스 만큼이나 불확실한 시대를 살고 있는 이 시대 속에서 교회는 길이 있음을 보여주어야 합니다. 모리아산에서 하나님이 아브라함에게 보여주었던 횃불 언약에서 아브라함은 잠이 들었지만 하나님이 홀로 언약의 칼을 안고 지나가셨습니다. 교회는 시대의 등불입니다. 교회의 정체성은 하나님으로부터 오며 하나님을 아는 것입니다. 교회는 늦게 가더라도 본질을 점검하며 가야 합니다. 사람의 노로 저어가는 나룻배가 되지 말고 바람에 의해서, 하나님에 의해서 가는 돛단배가 되어 세상을 유람하는 나그네와 같이 본향을 향해 가는 복음의 사람들이 되길 기도합니다.

묵상을 위한 질문

1) 당신은 복음의 사람이 되었습니까?
2) 복음이 십자가라는 말의 의미가 무엇입니까?
3) 우리는 어떻게 복음으로 세상을 이길 수 있을까요?

17. 건짐 받은 사람

시편 107편 1-32절

최호준

들어가는 말

중국의 신화시대부터 13세기까지의 역사를 정리한 『십팔사략 (十八史略)』에 나오는 이야기입니다. 공자의 손자인 자사가 위후 에게 죽변이라는 사람을 장군으로 기용하면 좋겠다고 추천했습 니다. 자사의 추천을 받은 위후는 죽변의 과거 일을 들먹이며 등 용을 거부했습니다. 죽변이 이전에 달걀 두 개를 훔친 적이 있다 는 것입니다. 그때 자사는 위후에게 다음과 같이 권면하며 죽변 이 등용되게 도왔습니다.

"사람을 쓰고 기용하는 일은 목수가 나무를 다루는 것과 같습 니다. 나무가 좋은 점도 있고 나쁜 점도 있을 때 나쁜 점은 잘라 내고 좋은 점을 살리면 좋은 재목으로 쓸 수 있습니다. 나무에게 약간의 흠이 있다고 전체를 버릴 수는 없는 것 아닙니까. 달걀 두 개의 일로 사람 전체를 버리는 것은 어리석은 일입니다."

사람은 누구에게나 약점과 결점이 있습니다. 그 결점으로 인해 그 사람의 장점을 놓치면 안 됩니다. 특히 과거의 약점으로 장래의 가능성을 묻어두지 말아야 합니다. 예수님께서는 우리의 약점 정도가 아니라 사함 받을 수 없는 엄청난 죄악도 보지 않으시고 우리가 새롭게 시작할 수 있도록 기회를 주셨습니다.

오늘 본문은 그래서 더욱더 중요합니다. 본문은 전체적으로 두 가지를 핵심적으로 강조합니다. 먼저 여호와 하나님께 감사하라고 말씀합니다(1절). 그리고 여호와 하나님을 찬송하라고 말씀합니다(8절, 15절, 21절, 31-32절). 왜 감사하고, 찬송해야 할까요? 그것은 형편없는 나, 보잘것없는 나, 무능한 나를, 다시 말해 한 마디로 죄인인 나를 건지시고(6절), 구원하시고(13절, 19절), 인도하셨기(28절, 30절) 때문입니다. 한마디로 건짐을 받았다는 것입니다. 그렇습니다. 우리는 코로나로부터 건짐을 받은 사람입니다. 할렐루야!

다양한 사람들 속에서, 다양한 삶 속에서, 다양한 환경 속에서, 죄 많은 나를 여기 구원받은 자리까지 오게 하신 하나님, 그런 하나님의 은혜를 깊이 생각할 수 있는 시간이 되었으면 합니다. 그렇다면 과거에 우리의 모습이 구체적으로 어떤 모습이었기에 하나님은 놀라운 기적을 베푸셔서 우리를 건짐 받은 사람이 되게 하셨을까요?

1) 절망에 빠져있는 나그네의 모습이었기 때문입니다(4~9절)

이러한 삶을 살펴보면 다음과 같습니다. 광야 사막 길을 외로이 걸어가고 있는 모습입니다(4절 상). 그런 혹독한 광야 사막 길에서 이리저리 방황합니다(4절 중). 거주할 곳이 없습니다(4절 하). 주리고 목마릅니다(5절 상). 그들의 영혼이 심히 피곤합니다(5절 하). 이 말씀들을 이렇게 표현할 수 있겠습니다. 희망이 없는 가운데 헤매는 삶입니다. 혼자 힘으로는 감당할 수 없는 삶입니다. 안정이나 평안이 없는 삶입니다. 외롭고 고독하고 쓸쓸한 삶입니다.

이런 모습이 누구의 모습입니까? 여러분과 나의 과거의 모습 아닙니까? 여러분과 내가 한때 이렇게 살았다는 말씀입니다. 절망에 빠져 헤매는 나그네와 같은 존재였다는 말씀입니다. 그런데 이렇게도 형편없는 나그넷길에 하나님의 은혜의 손길이 다가옵니다. 나그넷길이 너무 힘들어 근심 중에 하나님께 부르짖었더니 하나님은 한없는 은혜를 베푸십니다. 고통에서 건져주십니다(6절). 평안과 안정을 주십니다(7절). 영혼에 만족을 주십니다(9절 상). 좋은 것으로 채워주십니다(9절 하). 그러므로 여러분과 나는 이렇게 행하신 하나님의 은혜와 하나님의 놀라운 기적의 역사에 끊임없이 감사해야 합니다. 하나님을 찬양해야 합니다.

2) 가능성이 전혀 보이지 않는 죄인의 모습이었기 때문입니다 (10~16절)

본문의 말씀은 비참한 죄인의 모습을 생생하게 표현합니다. 본문은 우리가 캄캄한 어두움과 사망의 그늘에 앉아있다고 말합니다(10절 상). 곤고와 쇠사슬에 매여 있다고 말합니다(10절하). 하나님의 말씀을 거역한다고 말합니다(11절 상). 하나님의 뜻을 우습게 여겨 멸시한다고 말합니다(11절 하). 어려움을 당해도 도와줄 사람이 없다고 말합니다(12절).

한편 이런 비참한 죄인의 모습을 본문은 죄인이 갇혀 있는 감옥으로 또다시 현장감 있게 표현합니다(16절). 창문에는 '쇠 빗장'이 단단하고 튼튼하게 걸려있다고 말합니다. 정문은 '놋 문'으로 굳건히 닫혀 있다고 말합니다. 캄캄하고 어두운 곳에서 몸은 쇠사슬에 묶여 있고 창문에는 쇠 빗장이 걸려있으며 정문은 놋 문으로 막혀있는 현실이 바로 여러분과 나의 현실이었습니다. 무기력한 여러분과 나의 모습이었습니다. 이렇게 비참하고 한심하며 절망 중에 있으면서도 전능하신 하나님을 우습게 여겼습니다. 하나님의 말씀을 계속 거부했습니다.

이처럼 악한 생각에 사로잡혀 있던 사람이 여러분과 나였습니다. 타락한 습관에 물들어 살았던 사람이 여러분과 나였습니다. 그런데 어느 날 너무 힘들어 하나님께 부르짖었더니 우리를 건져주시는 놀라운 기적이 일어났습니다. 우리로 하여금 흑암과 사망에서 벗어나게 하셨습니다(14절 상). 얽매였던 줄을 끊어 주셨습니다(14절 하). 놋 문을 깨뜨리셨습니다(16절 상). 쇠 빗장을 꺾으셨습니다(16절 하). 이러한 놀라운 역사, 놀라운 은혜, 놀라운 기적을 경험했기에 여러분과 저는 하나님께 무한히 감사해야 합니다. 하나님을 찬양해야 합니다.

3) 병들어 죽어가고 있는 안타까운 모습이었기 때문입니다 (17~22절)

여기에서는 침상에 누워 병든 모습으로 서서히 죽어가고 있는 상황을 소개하고 있습니다. 죄악된 삶을 살았더니 영육 간에 병이 들었습니다(17절). 영육 간에 병이 드니 음식이 먹고 싶지 않습니다(18절 상). 음식을 먹지 않으니 죽을 날만 기다리고 있는 형국입니다(18절 하). 우리는 본문을 통해 병들어 죽어가는 모습이 얼마나 비참한지 발견하게 됩니다. 얼마나 괴롭고 슬픈지 가슴이 아파옵니다. 우리가 얼마나 한심한 존재인지 느끼게 됩니다. 본문은 우리가 지금까지 살아온 삶이 죄악의 길이었고, 잘못된 삶이었으며, 병든 인생이었고, 죽음을 향한 길이었음을 처절하게 보여줍니다.

이런 모습이 이 세상에 행복이 있다고 여겼던 사람들의 모습입니다. 이 세상에 희망이 있다고 집착했던 사람들의 모습입니다. 이 세상이 최고라고 자신만만했던 사람들의 모습입니다. 이들은 나이를 먹어가고, 육신이 늙어가고, 정신이 쇠퇴하면서 자신이 점점 병들고, 약해지고, 음식이 맛이 없고, 잠을 푹 자지 못하고 죽음을 향해 조금씩 조금씩 걸어가고 있음을 눈치채기 시작합니다. 이 세상에 희망을 걸었던 것이 실망으로 다가오기 시작합니다. 철저하게 비참함을 깨닫고 무너지기 시작합니다.

이런 한계를 처절하게 알게 된 어느 날 하나님께 부르짖었더니 병들어 죽어가고 있는 상태에서 건져주시는 놀라운 기적을 경험하게 됩니다. 하나님의 말씀을 통해 병을 고쳐주시고 위험한 지경에서 건져주셨습니다(20절). 이를 통해 하나님의 말씀이 얼마나 중요한지 다시 한번 발견합니다. 올바른 말씀 선포가 얼마나 중요한지 새삼 깨닫습니다. 하나님의 말씀을 듣지 못하면 병이 듭니다. 죽어갑니다. 위험에 처합니다. 그러므로 다시 살아난 여러분과 저는 우리 인생에게 행하신 우리를 건져주시는 하나님의 놀라운 기적을 맛보았기에 언제나 하나님께 감사해야 합니다. 하나님을 찬양해야 합니다(21절).

4) 아무것도 할 수 없는 무기력한 모습이었기 때문입니다(23~32절)

인생을 망망대해에 떠 있는 한 척의 배 같다고 말합니다. 넓고 넓은 바다의 작은 배 한 척, 이것이 우리의 인생살이입니다. 이 작은 배 한 척이 이런저런 잔물결과 광풍을 끊임없이 맞이합니다. 때로는 하늘로 솟구쳤다가 깊은 곳으로 내려가는 위험을 감수합니다. 그래서 가슴이 덜컹 내려앉은 적이 한두 번이 아닙니다. 이리저리 휘둘리며 갈피를 잡지 못해 비틀거립니다. 삶이 혼란스럽고 절망스러우며 희망이 보이지 않습니다(23~27절).

그렇게 보면 삶이란 보잘것없어 보입니다. 미약한 존재의 몸부림처럼 느껴집니다. 이러한 모습은 마음대로 할 수 있는 것이 없어 갈등하는 인간의 모습과 같습니다. 왜냐하면 끊임없이 풍랑이 일어나 잠시도 조용할 날이 없기 때문입니다. 세파에 항상 시달려야 하고 원하지 않는 일들이 자주 발생하여 어려움을 겪기 때문입니다. 인생을 지배할 능력이 없기에 비틀거리고 헤매며 시간이 지나면 지날수록 혼란스러워 어쩔 줄 몰라 하기 때문입니다. 참으로 딱하고, 안타깝고, 무기력할 뿐입니다.

이런 삶 속에서 어느 날 너무 고통스러워 하나님께 부르짖었더니 하나님께서 문제를 해결해 주시는 놀라운 기적을 경험합니다. 하나님은 광풍을 고요하게 하시고 물결도 잔잔하게 하십니다(29절). 평온함을 주시고 기쁨을 허락하십니다(30절 상). 소원을 들어주십니다(30절 하). 그러므로 여러분과 저는 우리가 과거에 대책 없고 무기력하여 아무것도 할 수 없었던 상태였음을 기억해야 합니다. 더불어 하나님이 우리 인생에게 행하신 우리를 건져주시는 놀라운 기적을 잊지 말아야 합니다. 따라서 이 모든 것들을 종합해 볼 때 나를 건져주신 하나님께 항상 감사해야 합니다. 하나님을 찬양해야 합니다(31~32절).

나가는 말

결론적으로 우리는 우리의 과거의 인생살이가 너무나 한심했음을 알게 되었습니다. 본문은 절망에 빠져있는 나그네의 모습을 보여 줍니다. 가능성이 전혀 보이지 않는 죄인의 모습을 보여 줍니다. 병들어 죽어가고 있는 안타까운 모습을 보여줍니다. 아무 것도 할 수 없는 무기력한 모습을 보여줍니다. 그럼에도 불구하고 하나님의 놀라운 기적은 어느 시대에나 있었습니다. 시대적인 상황 속에서 건지시고, 구원하시고, 인도하시는 하나님의 은혜는 항상 있었음을 알아야 합니다. 그러므로 구원받은 그리스도인이라면 하나님께 때마다 일마다 감사하고, 때마다 일마다 찬양해야 합니다. 그러기 위해 그리스도인은 지혜로워야 합니다. 인생살이에 대해 깊게 생각해야 합니다. 하나님과 영원한 세계에 대해 관심을 기울여야 합니다. 묻고 싶습니다. 여러분들은 여러분들을 건져주시는 놀라운 기적을 경험하셨습니까?

묵상을 위한 질문

1) 그리스도인이 되기 전과 그리스도인이 된 후에 달라진 행동은 무엇입니까?
2) 하나님이 죄인인 나를 구원하셨다면 마땅히 해야 할 일은 무엇입니까?
3) 우리를 건져주신 하나님의 놀라운 기적을 무엇으로 실감하십니까?

18. 고난을 이겨내는 사람

마태복음 7장 24-25절

조삼열

들어가는 말

2020년 1월 저는 세미나 참석차 미국 텍사스(Texas)의 포트 워스(Fort Worth)에 방문했습니다. 세미나를 마치고 인천공항에 도착하는 그날 텔레비전에서는 한 바이러스에 대한 뉴스가 전해지고 있었고 그때까지 저는 여느 바이러스와 같이 이번 사태도 쉽게 지나갈 것이라 생각했습니다. 그러나 얼마 지나지 않아 이 바이러스는 전 세계를 감염시켰으며, 2020년 1월 11일 처음 중국에서 보고된 이 바이러스는 3년이 지난 지금 이 순간에도 사라지지 않고 있습니다. 우리는 이 바이러스를 코로나19 바이러스(COVID-19)라고 부르고 있습니다.

이 바이러스는 우리의 삶의 형태를 완전히 변화시켰습니다. 사회적 거리두기가 시행되었으며 한동안 사교모임을 비롯한 여행과 콘퍼런스, 영화관람, 외식, 스포츠 행사의 관람 등이 일체 중단되었으며 사람들의 마스크 착용이 의무화되었습니다. 시간이 지나감에 따라 사회적 거리두기는 완화되었지만 이에 따른 부작용은 지금까지도 이어지고 있습니다.

저에게는 하나님께서 허락하신 귀한 두 딸이 있습니다. 그중 첫째 딸은 또래와 비교하여 말을 시작하는 시기가 늦었습니다. 저희 부부는 처음에는 별것 아니라고 생각하며 '시간이 지나면 점점 좋아지겠지'라고 생각했지만, 시간이 지나도 말이 늘지 않아 점점 걱정이 커지게 되었습니다.

결국 아이와 함께 병원을 찾게 되었고 아이는 '언어 지연'이라는 진단을 받게 되었습니다. 그런데 언어 지연을 겪고 있는 가정은 저희 가정뿐이 아니었습니다. 코로나 시대를 통해 사람들이 마스크를 쓰게 되면서 말하는 입 모양을 보지 못해 언어 지연을 겪는 아이들이 늘어나고 있다는 것입니다.

최근 한 연구기관의 조사를 보면 코로나19 유행이 3년째 이어지면서 실제로 아이들의 언어 발달에 부정적 영향을 미쳤고 코로나19 첫해 탄생한 어린이의 약 20% 정도가 언어 지연이 의심된다고 합니다. 그뿐 아니라 20-30대의 성인들 또한 코로나19로 인한 사회적 고립으로 인해 고립감과 분노 반응 행동이 높아지고 있다고 합니다. 사람들은 이 코로나19 시대를 고립으로 인한 고통과 고난의 시대라 평가합니다. 이러한 현시대를 바라보며 저는 '그리스도인으로서 우리는 어떤 자세로 이 고난과 환란의 시대를 살아가야 할까?' 하는 질문을 가지게 되었습니다. 그리고 마태복음 7장 24-25절 말씀을 묵상함으로 이 질문에 답이 될 만한 진리를 발견하게 되었습니다.

1) 구원받은 그리스도인에게도 고난과 환란이 있습니다

오늘 본문 말씀을 통해 예수님께서는 자신의 말을 듣고 행하는 자는 그 집을 반석 위에 지은 자라 말씀하십니다(마 7:24-25). 그러나 예수님께서는 "반석 위에 집을 지은 사람에게는 비가 내리지 않고 창수가 나지 않으며 바람이 불지 않을 것이다"라고 말하지 않으셨습니다. 반석 위에 집을 지은 사람에게도 "비가 내리고 창수가 나며 바람이 불어 그 집에 부딪친다"고 말씀하십니다. 더 나아가 예수님께서는 "세상에서 너희가 환란을 당한다"(요 16:33)고 말씀하십니다. 즉 구원받은 그리스도인이라 할지라도 세상을 살아가는 가운데 환란은 존재하는 것입니다.

성경의 인물 중에도 환란과 고난 가운데 우울 증상을 나타낸 기록을 볼 수 있습니다. 대표적인 경우가 엘리야입니다. 엘리야는 아합왕과 바알 선지자들과의 영적 싸움에서 승리하였지만, 그럼에도 불구하고 회개하지 않고 오히려 엘리야를 죽이려는 이세벨을 피해 브엘세바로 도망을 갔습니다. 이후 그는 광야 가운데 들어가 한 로뎀 나무 아래에 앉아서 하나님께 "하나님 이제 넉넉하오니 제 생명을 거두어 주세요!"라고 말합니다. 또한 욥의 경우나(욥 6:2-3; 6:14; 7:11), 시편 기자의 복합적인 감정을 통해서도(42:1-3; 42:9; 88:1-18) 모두 고통과 환란의 때에 신자가 겪는 마음을 간접적으로 경험할 수 있습니다.

이러한 신자의 환란과 고난은 성경뿐만 아니라 교회사에서도 찾아볼 수 있습니다. 찰스 스펄전은 19세기 영국의 위대한 설교자이자 열정적인 사역자였습니다. 그는 설교를 통해 수많은 사람을 회심시켰으며 교회를 부흥시켰습니다. 그러나 그의 삶은 고난과 환란의 연속이었습니다.

그의 아내 수잔나는 건강이 좋지 않아 그의 사역 기간 중 27년 동안 예배에 거의 참석할 수 없었습니다. 스펄전 또한 통풍과 관절염, 신장염 같은 신체적 질병에 의해 일평생 극심한 고통 가운데 살아야 했습니다. 특히 1856년 있었던 서레이 가든 음악당(Surrey Garden Music Hall)의 참사는 스펄전에게 씻을 수 없는 아픈 상처로 남았습니다. 스펄전의 탁월한 목회를 통해 많은 사람이 전도되었고 결국 그와 그의 성도들은 새로 건축된 서레이 가든 음악당을 빌려 예배 장소로 활용했습니다.

그러던 중 1856년 10월 19일 사건은 일어났습니다. 당시 22세의 목사였던 스펄전의 설교를 듣기 위해 약 1만 2천 명의 사람들이 모여 예배를 드리고 있었습니다. 그때 "불이야!"라고 외치는 함성이 터져 나오고 급속도로 혼란에 빠진 군중이 몰려다니다가 7명의 사망자가 발생하는 참사가 일어났습니다. 스펄전은 이 비극적인 사고로 인해 일생에서 가장 큰 충격과 좌절을 당해 밤낮으로 깊은 슬픔에 잠겼으며 이후 평생 동안 우울증과 고통 속에서 살게 됩니다. 그는 한 설교 가운데 "저는 아주 심각한 우울증에 시달리고 있습니다. 여러분 중 어느 누구도 이런 극도의 비참한 고통을 겪지 않기를 바랍니다"라고 고백하며 자신의 고통을 호소했습니다. 이처럼 그리스도인에게도 환란과 고난은 있습니다.

2) 우리는 그리스도와 동행함으로 고난 가운데 승리할 수 있습니다

그럼에도 불구하고 우리가 고난 가운데 승리할 수 있는 것은 그리스도께서 우리와 함께하시기 때문입니다. 우리는 고난의 인생길에서 그 고난의 상황 자체를 바라보기보다 그 고난의 길 가운데 누구와 함께하는지에 집중해야 합니다. 성경은 우리가 환란을 당하나 승리의 그리스도께서 함께하시니 두려워 말라 말씀하십니다. "이것을 너희에게 이르는 것은 너희로 내 안에서 평안을 누리게 하려 함이라 세상에서는 너희가 환난을 당하나 담대하라 내가 세상을 이기었노라"(요 16:33). 누구와 함께 걸어가느냐는 동일한 상황 속에서 다른 결과를 만들어 냅니다.

저는 과거 이탈리아의 밀라노에서 유학 생활을 했습니다. 6년의 시간 동안 좋은 추억과 많은 인연이 생겼지만, 학업의 스트레스와 성과에 대한 두려움, 항상 혼자라는 생각에 고통과 외로움이 함께했습니다. 이후 유학 생활을 마치고 한국으로 귀국한 뒤

몇 년의 시간이 지나 지금의 아내를 만나게 되어 하나님의 인도하심으로 결혼하게 되었고 신혼여행을 이탈리아로 가게 되었습니다. 아내와 함께한 여행은 새로운 경험이었습니다. 유학 생활 중 학업의 압박감 속에서 매일 걸었던 길인데 아내와 함께 걸을 때 '참 다르구나. 참 좋다'고 느꼈습니다. 여유 없이 바라보던 하늘과 같은 하늘이지만 더 아름답게 느껴졌고, 같은 길이지만 더 활기차게 느껴졌습니다.

우리의 인생도 마찬가지입니다. 같은 고난의 인생길이라 할지라도 누구와 함께 동행하는가에 따라 인생의 길은 달라질 것입니다. 성경은 오직 그리스도 안에 거할 때 영생이 있으며 우리가 그리스도 안에 거할 때 무엇이든 이룰 수 있다고 말합니다(요 15:5-8). 바울은 이를 다음과 같이 고백했습니다. "내게 능력 주시는 자 안에서 내가 모든 것을 할 수 있느니라"(빌 4:13). 그러므로 우리는 이 고난의 인생길을 그리스도와 함께 동행해야 합니다.

3) 우리는 그리스도와 동행하기 위해 훈련이 필요합니다

그리스도와 동행하기 위해 필요한 것은 무엇일까요? 그것은 예수님의 인도를 따라 사는 훈련을 하는 것입니다. 오늘 본문 말씀을 통해서 예수님께서는 "내 말을 듣고 행하는 자는 어떤 환란이 와도 그 집이 무너지지 않는다"라고 말씀하십니다. 우리는 하나님의 말씀을 듣고 행할 수 있어야 합니다. 말씀을 듣지 않고 행하지 않는다면 우리는 무너질 수밖에 없습니다. "예수님이 우리 안에 계신다면 이미 예수님과 동행하는 것 아닌가요?" 이렇게 질문할 수 있습니다. 그러나 만약 "예수님이 내 마음에 있다"고 말하면서도 내 마음대로 생각하고, 말하며 행동하고 죄 가운데 거한다면 그것은 예수님과 동행한다 말할 수 없을 것입니다. 입으로는 "하나님이 있다"고 말하면서 행동으로는 "하나님이 없다"라고 말하는 자와 같이 행하는 자는 무신론자와 같습니다. 그것은 우리 안에 거하시는 예수님을 근심하게 하는 것뿐입니다.

그러므로 예수님 안에 거하며 세상 속에서 흔들리지 않고 세상을 이겨내는 훈련이 필요합니다. 우리의 육체는 배가 고프면 밥을 먹고 다리가 아프면 앉아서 쉬게 됩니다. 예수님의 인도함을 따라 사는 것도 그와 같습니다. 우리는 배가 고픈 것을 알아야 하며, 세상 속에서 쉼을 얻을 곳을 찾아야 합니다. 하나님의 말씀은 영원한 생명의 양식이며, 기도는 우리의 호흡이자 안식처가 됩니다(요 6:34-35; 살전 5:17; 마 11:28). 우리의 완전한 양식이 말씀임을 깨닫고 영적 배고픔에 말씀을 취함으로 배 불리고 세상의 고통 속에서 기도함으로 쉼을 얻어야 합니다. 즉 기도와 말씀의 훈련이 필요한 것입니다.

우리는 오직 그리스도와 동행함으로 고난과 환란을 이겨낼 수 있습니다. 이것이 세상 사람과 그리스도인의 차이점입니다. 세상의 사람은 고난이 주어지는 상황에 집중합니다. 그래서 그 상황이 사라지기를 바랍니다. 그러나 그리스도인은 그 상황에 집중하지 않습니다. 그 상황을 주관하시는 하나님을 바라보며 하나님께서 허락하시는 말씀을 통해 그 환란과 고난을 이겨나갑니다.

존 파이퍼 목사는 "우리가 핍박 가운데 기뻐할 수 있는 이유는, 이 땅에서 받는 고난으로 말미암아 천국에서 우리가 받을 상의 가치가 우리가 잃는 모든 것보다 훨씬 크기 때문입니다. 그러므로 기쁘게 고난을 받는 것은 우리의 보화가 땅이 아닌 하늘에 있으며, 또 이 보화는 세상이 주는 그 무엇보다도 더 위대함을 세상에 증명해줍니다. 하나님의 최고성은 그 백성이 하나님의 이름을 위해 기쁘게 견디는 고난을 통해 찬란히 빛납니다"라고 말합니다. 그리스도와 동행함으로 그리스도께서 우리의 능력이 되십니다. 그리고 고난 가운데서도 승리하며 기뻐하게 하십니다.

나가는 말

우리는 현재 코로나19 바이러스로 고통받고 있습니다. 하지만 인류는 수많은 재앙과 고통을 이기며 살아왔습니다. 약 백 년 전인 1918년 스페인 독감은 전 세계에서 2,500만~5,000만 명의 목숨을 앗아갔습니다. 그 이전 중세 시대 흑사병은 유럽에서 약 7,500만~2억 명의 희생자를 남겼습니다. 오늘날도 마찬가지입니다. 러시아는 우크라이나를 상대로 전쟁을 벌였으며, 새로운 패권국들에 의해 냉전 시대가 새로이 열렸다는 평가가 들립니다.

우리의 물가가 안정되지 않으며 출산율과 실업률은 좋아질 기미가 보이지 않습니다. 그러나 하나님께서는 우리가 현재의 고난 가운데 머물러 주저앉는 것을 원치 않으십니다.

신학자 C.S.루이스는 고난에 대해 "고난은 하나님의 메가폰"이라고 표현했습니다. 즉 고난을 하나님의 확성기로 표현한 것입니다. 하나님께서는 고난을 통해 우리에게 말씀하십니다. 우리는 하나님의 세미한 음성에 귀를 기울여야 합니다.

하나님께서는 우리가 넘어져도 다시 일어나는 사람, 고난을 이겨내는 사람, 하나님께서 주신 소망을 가지고 본향을 향해 담대히 나아가는 사람이 되기를 원하십니다. 우리의 인생은 본향을 향하는 나그네의 길입니다(히 11:13-14). 죄 많은 이 세상, 나그네의 길을 살아갈 때 그리스도와 동행함으로 영원한 생명의 진리를 배경으로 살아갑시다. 그리고 고난을 통해 온전히 하나님을 바라보며 그리스도와 동행함을 통해 승리하는 모두가 되길 축복합니다.

묵상을 위한 질문

1) 환란의 때에도 무너지지 않는 반석 위에 지은 집 같은 사람은 어떤 사람이라고 생각하십니까?
2) 예수님과 동행한다는 말이 무슨 의미라고 생각하십니까?
3) 혹시 앞날에 어떤 어려움이 닥친다면 어떻게 하실 작정이십니까?

19. 그리스도의 사람

로마서 8장 1-17절

주재경

들어가는 말

사랑하는 성도 여러분, 여러분은 자신을 누구라고 생각하십니까? 관계에 따라 여러 호칭으로 불릴 것입니다. 아버지나 어머니로부터 시작하여 아들, 딸, 아저씨, 아주머니 등등 가족관계에서의 호칭도 있고, 부장님, 과장님, 팀장님, 사장님 등등 일터에서의 호칭과 장로님, 집사님 등 교회에서의 호칭도 있습니다. 우리를 부르는 호칭은 우리가 어떤 존재이며 무엇을 위해 사는 사람인지, 그리고 나아가 어떻게 살아야 하는지를 말해줍니다. 우리는 호칭에 따른 본분을 다하고자 하는 성품을 자기 정체성이라고 말합니다.

성경은 우리를 뭐라고 부를까요? 오늘 본문은 9절에 보면 우리를 "그리스도의 사람"이라고 부릅니다. 이것이 우리의 정체성이며, 우리가 우리 자신을 가꾸고 세우고 지키고 발전시켜야 하는 특성입니다. 팬데믹 상황에서 우리는 우리의 정체성을 많이 잃어버렸습니다. 이제는 우리가 누구인지, 어떤 사람이어야 하는지 정체성을 회복할 때입니다. 오늘 본문 말씀을 중심으로 "그리스도의 사람"으로서의 특성을 상고하며 우리의 정체성을 확립하기 바랍니다. 본문이 말하는 그리스도의 사람은 어떤 특성을 갖고 있을까요?

1) 생명의 성령의 법에 의해 정죄함에서 해방되었습니다

가장 먼저 성경은 1절에서 그리스도 예수 안에 있는 자, 즉 그리스도의 사람에게는 정죄함이 없다고 선언합니다. 그것도 "결코" 없다고 강조하여 말씀합니다. "정죄함이 없다"고 할 때 사용된 '정죄'는 원어로 '카타크리마'인데, 이 말은 단순히 죄를 묻는 차원이 아니라 재판의 결과에 따라 내려지는 형벌 또는 심판을 의미합니다. 형의 확정뿐만 아니라 집행도 포함되는 것입니다. 그러므로 "정죄함이 없다"는 말은 이미 내려진 사형 언도와 더불어 곧 다가올 사형집행까지도 멈추게 하는 완벽한 자유와 해방을 선언하는 말입니다. 죄와 사망의 법에 의해 우리에게 내려졌던 사형 선고가 생명의 성령의 법을 통해 무효화 되고 사형집행을 기다리고 있던 우리가 해방되어 더 이상 죄와 아무런 상관이 없는 자유자가 되었다는 말입니다.

사도 바울은 로마서의 앞부분에서 인간의 죄인 됨에 대해 많은 설명을 했습니다. 그 핵심은 아담의 범죄로 인하여 모든 사람이 죄인이 되었고, 율법 앞에 죄인으로 규정되었다는 것입니다. 그리고 율법은 인간의 죄를 드러나게 하고 죄에 대한 심판을 내리기 때문에 율법을 지킴으로 죄의 심판으로부터 벗어날 수 있는 사람은 아무도 없음을 증거하였습니다. 로마서 3장 20절 말씀이 대표적입니다. "율법의 행위로 그의 앞에 의롭다 하심을 얻을 육체가 없나니 율법으로는 죄를 깨달음이니라." 바울은 율법이 결과적으로 죄와 사망의 법이 되어 인간을 죄인으로 규정하고 죄의 심판을 받게 이끌어가고 결국 영원한 멸망에 이르도록 한다고 설명합니다.

그런데 유대인들은 어리석게도 율법을 붙잡고 율법을 지킴으로 의롭다 함을 얻기 위해 헛된 노력을 기울이고 있었습니다. 오늘날에도 이처럼 윤리 도덕적 교훈과 인간적인 열심과 종교적인 행습을 통해 죄 문제를 극복해 보려고 애쓰는 사람들이 많습니다. 하지만 그 결국은 사망일 뿐입니다.

인간이 죄를 해결할 유일한 방도는 복음입니다. 복음은 하나님의 아들 예수님께서 인간의 모습으로 오시어 인간의 죄를 대신 담당하시고 십자가에 죽으시고 부활하셨기에, 누구든지 예수님을 믿으면 죄 사함을 얻고 새 생명을 얻는다는 하나님의 약속입니다. 본문 3절이 이 사실을 잘 증거합니다. 현대인의 성경으로 보겠습니다. "우리의 타락한 성품 때문에 율법이 연약하여 할 수 없는 그것을 하나님은 하셨습니다. 하나님께서는 죄의 문제를 해결하시기 위해 자기 아들을 죄 많은 인간의 모양으로 보내시고 우리의 죄값을 그에게 담당시키신 것입니다." 아멘!

인간을 향하신 하나님의 궁극적인 뜻은 구원을 받아 영생하는 것입니다. 한국침례교단이 있기까지 이 땅에서 평생을 헌신하신 말콤 C. 펜윅 선교사님은 1886년 23세의 나이에 토론토의 어느 길가 모퉁이에서 주 예수님을 만나는 감격을 누렸습니다. 죄 사함과 구원의 문제로 영혼의 깊은 씨름을 하던 그는 "너는 자격이 없지만, 내게는 있노라. 나는 너를 살리기 위해서 죽었다"라는 주님의 음성을 듣고 구원의 확신과 자신이 그리스도 안에서 새 생명을 얻은 새로운 피조물이 되었다는 확신을 갖게 되었습니다.

예수님께서 우리 죄를 대신 지시고 죽으시고 부활하심으로 죄의 결과인 사망의 형벌까지도 완전히 해결해 주셨고, 이 복음을 믿는 자에게 새 생명을 주셨습니다. 이것이 우리에게 이루어진 구원입니다. 그리스도의 사람에게는 이러한 죄 사함의 확신, 구원받았다는 분명한 확신이 있어야 합니다. 우리는 사망의 법이 아니라 생명의 법으로, 율법이 아니라 성령의 법으로 구원을 얻었습니다. 죄와 죄의 형벌에서 완전히 영원히 해방되었습니다. 우리는 그리스도의 사람으로서 생명의 성령의 법에 의해 정죄함에서 해방되었습니다.

2) 성령의 인도함을 받아 영의 일을 생각하고 실천합니다

우리가 회개하고 예수님을 믿고 영접할 때 '그리스도의 영'이 우리에게 임하십니다. 본문 9설이 증거합니다. "만일 너희 속에 하나님의 영이 거하시면 너희가 육신에 있지 아니하고 영에 있나니 누구든지 그리스도의 영이 없으면 그리스도의 사람이 아니라." 우리는 예수님을 믿고 구원받아 그리스도의 사람이 되었습니다. 그리스도 안에 있는 그리스도의 사람에게는 하나님의 영, 그리스도의 영, 성령이 임하십니다. 그리스도 안에 있는 자에게 임한 성령님은 떠나지 아니하시고 그 사람을 인도해주십니다.

본문 14-15절에서 말씀합니다. "무릇 하나님의 영으로 인도함을 받는 사람은 곧 하나님의 아들이라 너희는 다시 무서워하는 종의 영을 받지 아니하고 양자의 영을 받았으므로 우리가 아빠 아버지라고 부르짖느니라." 우리는 하나님을 아버지라 부르는 하나님의 자녀가 되었습니다. 성경은 우리가 하나님의 자녀가 된 것에 대해 "양자의 영"을 받았다고 말씀합니다.

로마시대에 양자는 특이한 제도입니다. 혈연적으로 아무 상관이 없지만 아버지에 의해 택해져서 자녀라고 선언되면 그때부터 자녀로서의 모든 권한과 혜택을 얻고 누리게 됩니다. "너는 내 아들이다"라는 선언은 양자가 되는 사람을 송두리째 바꾸어 버립니다. 양자는 아무런 차별 없이 자녀로서의 특권을 누리게 되며, 동시에 자녀로서의 책임을 다하게 됩니다. 하나님의 자녀인 우리는 아버지를 닮아가면서 아버지의 뜻을 잘 헤아리고 순종해야 합니다.

본문 5절을 현대인의 성경으로 봅니다. "육신을 따라 사는 사람은 육신의 일을 생각하지만 성령님을 따라 사는 사람은 성령님의 일을 생각합니다." 그리스도의 사람은 육신을 따르는 육신의 일을 생각하지 않습니다. 육신의 생각은 하나님과 원수가 될 뿐입니다. 육신의 생각은 하나님을 기쁘시게 할 수 없습니다. 그리스도의 사람은 반대로 영의 일을 생각하고 하나님의 법을 따라 삶으로써 하나님을 기쁘시게 해드립니다. 육신의 생각을 죽이고 영의 생각을 이루기 위해서 성령님의 인도를 받아야 합니다.

본문 13절은 그리스도의 사람에게 권고합니다. "여러분이 육신을 따라 살면, 죽을 것입니다. 그러나 여러분이 성령으로 몸의 행실을 죽이면, 살 것입니다"(새번역). 그리스도의 사람은 옛 사람의 육신을 따라 살면 안 됩니다. 오직 성령님의 감동과 인도를 따라 옛 사람의 육신적인 행실을 죽이고 거룩한 행실을 이루어야 합니다. 코로나 팬데믹으로 인하여 우리는 여러 면에서 육체를 따라 행했습니다. 그러나 이제부터는 성령을 따라 우리의 행실을 살려야 합니다. 우리 모두 그리스도의 사람으로서 성령의 인도함을 받아 영의 일을 생각하고 실천합시다.

3) 그리스도와 함께 영광을 받기 위해 고난도 받습니다

그런데, 그리스도의 사람이 된다는 것은 항상 좋기만 한 것은 아닙니다. 물론 믿음의 관점에서는 좋은 일일 것입니다. 그러나 어려운 것은 사실입니다. 본문 17절을 보십시오. "자녀이면 또한 상속자 곧 하나님의 상속자요 그리스도와 함께 한 상속자니 우리가 그와 함께 영광을 받기 위하여 고난도 함께 받아야 할 것이니라." 여기 '고난'이라는 단어가 등장합니다. 고난이란 어려움, 힘듦, 갈등, 대가 지불 등의 의미가 내포된 말입니다.

내적인 고난은 로마서 7장에서 기술한 대로 그리스도의 사람이 겪는 선한 마음과 악한 마음 사이의 갈등과 다툼에서 비롯되는 고통이라고 할 수 있습니다. 동시에 외적 고난은 믿음으로 살고자 할 때 세상과의 부딪힘에 의해 발생하는 박해나 핍박 그리고 믿음을 지키기 위해 벌어지는 투쟁에서 비롯되는 피해일 수도 있습니다. 성경은 "무릇 그리스도 예수 안에서 경건하게 살고자 하는 자는 박해를 받으리라"(딤후 3:12)고 말씀합니다. 그리스도의 사람이 고난을 받는다는 것은 어떤 면에서는 그가 그리스도의 사람으로서 분명한 정체성을 나타내고 있다는 방증일 수 있습니다. 그래서 우리는 고난을 받을 때 그 고난이 그리스도의 고난에 참여하는 것이 되기 때문에 오히려 기뻐할 수 있습니다. 베드로전서 4장 13절입니다. "오히려 너희가 그리스도의 고난에 참여하는 것으로 즐거워하라 이는 그의 영광을 나타내실 때에 너희로 즐거워하고 기뻐하게 하려 함이라."

우리는 그리스도의 사람으로서 예수 그리스도와 함께 영광을 받습니다. 또한 동시에 그리스도와 함께 고난도 받습니다. 고난 없는 영광은 없습니다. 예수님께서도 영광을 위하여 고난을 받으셨습니다. 우리에게 혹시 그리스도의 사람으로서 당하게 되는 고난이 있다면 머지않아 우리에게 다가올 영광을 기대하면서 기쁨으로 받아야 합니다.

우리가 고난을 받을 때 꼭 기억해야 할 것은 우리가 홀로 고난을 받는 것이 아니라는 사실입니다. 성경은 강조합니다. "우리가 그와 함께 영광을 받기 위하여." 영광도 그리스도와 함께 받습니다. "고난도 함께 받아야 할 것이니라." 고난도 그리스도와 함께 받습니다. 예수님은 그리스도의 사람인 우리를 결코 고아와 같이 내버려 두지 않으십니다. 우리가 예수님을 우리의 구세주와 주님으로 믿고 영접한 이래 한순간도 우리를 떠나지 아니하시고 우리와 함께하신다고 약속하셨습니다. 우리가 건강할 때만이 아니라 아플 때도 함께 하십니다. 잘될 때는 물론 잘 안될 때도 함께 하고 계십니다. 일이 잘 풀릴 때만 아니라 안 풀릴 때도 함께 하고 계심을 잊지 마십시오. 영광을 받을 때만 아니라 고난받을 때도 함께 하십니다. 그러므로 그리스도의 사람은 그리스도와 함께 영광을 받기 위하여 고난도 받아야 합니다.

나가는 말

우리는 그리스도의 사람입니다. 생명의 성령의 법으로 죄와 사망의 법에서 해방되었기 때문에 정죄함이 없습니다. 우리 안에 그리스도의 영이 거하심으로 성령님의 감동과 인도하심 가운데 육의 일을 내버리고 영의 일을 생각하며 거룩한 행실을 이루어갑니다. 그리고 그리스도와 함께 영광을 받기 위하여 고난도 기꺼이 받습니다.

사랑하는 그리스도의 사람이신 성도 여러분. 우리는 구원받은 하나님의 자녀입니다. 성령님의 감동하심으로 구원받은 확신을 확고하게 가집시다. 죄의 심판에서 완전히 해방되었음을 결코 잊지 맙시다. 그리스도 예수 안에서 성령의 인도하심을 받아 거룩한 행실을 이룹시다. 그리스도의 사람으로서 그리스도와 함께 고난도 기꺼이 받는 성숙한 성도가 됩시다.

묵상을 위한 질문

1) 당신은 죄와 사망의 법에서 완전히 해방되었습니까?
2) 당신이 죽여야 할 육체의 일은 무엇입니까? 그리고 좀 더 힘써야 할 영의 일은 무엇입니까?
3) 그리스도의 사람으로서 당신이 받아야 할 고난이 있다면 어떤 것일까요?

20. God's Will and Suffering

고난과 하나님의 뜻 / Romans 8:18-28

엄용희

We are living in the new normal life. We cannot go back to normal rather we are going to the new normal because Coronavirus has changed the world a lot. It has changed a lot economically in this world. It still affects the world the most. During this pandemic situation, all people have experienced suffering and hardship such as mental, physical, emotional and spiritual issues in their life.

During the global pandemic, some people have suffered because of car accidents. Some people have suffered because of disease. Suddenly people found cancer in their life. It affects to their life more than normal due to the global pandemic.

In Romans 8:22 in today's passage, "we know that the whole creation has been groaning as in the pains of childbirth right up to the present time." We all have suffered and groaned in the present time due to many different reasons in this world.

Some people may have suffered because of sins by wrong decisions. One man who I have known went to jail because of wrong doing, sins. Some people have suffered due to broken relationship, anxiety, financial issue, visa issues to enter or remain in Australia, and children issues etc. Some people may have suffered because of the global pandemic such as physical, mental, emotional issues. One day it happened to them suddenly without reasons. Like Job in the OT, they realized that one day they found suffering like disease.

Even many Christians ask God, "Why has God allowed us to suffer in this world even though we are children of God?" Some people may say, "Where is God in this suffering?" "God is alive?" "Why is God not rescuing from this suffering?" Many people may ask questions like these. However I put simply, we have to know that God is not the creator of suffering.

As we know, we suffer for many reasons such as sudden disease, and sins, and wrong decisions etc. There will be other reasons such as just car accidents and suddenly trauma comes to us after the global pandemic.

If so, what do we learn from suffering? What is God's will in the suffering? What is the relation between God's will and suffering in our life while living in the new normal life today?

1) We learn that the Holy Spirit helps us in suffering to overcome our weakness for God's will.

Let's read Romans 8:26-27, "In the same way, the Spirit helps us in our weakness. We do not know what we ought to pray for, but the Spirit himself intercedes for us through wordless groans. And he who searches our hearts knows the mind of the Spirit, because the Spirit intercedes for God's people in accordance with the will of God."

When we do the will of God, we will suffer spiritual conflicts from evil powers. We may suffer under power of temptation. We may have mental conflicts with doubts, fears, and perplexities. We may have physical temptations even though we try to follow his will. But simply I say to you. This temptation, spiritual conflicts, anxious life, mental, emotional conflicts with fears are not God's will definitely. It is one of God's mysteries when we think of suffering.

But we have to know that out of this temptation and conflicts, the Holy Spirit helps us to overcome these kinds of hardship and suffering. He will pray for us when we trust the Holy Spirit.

That's why we pray that God would teach us to overcome all kinds of hardship for his will through the Holy Spirit.

2) We can find hope in Jesus through suffering patiently

It is God's will for us. Let's read 8:24-25, "For in this hope we were saved. But hope that is seen is no hope at all. Who hopes for what they already have? But if we hope for what we do not yet have, we wait for it patiently."

Before Paul met Jesus, he was a teacher of Jewish law. He persecuted Christians. He brought them to jail. After he met Jesus, he found hope through the meaning of suffering (cross) for God's will.

He was hit so many times by Jewish people and leaders because he preaches the good news. God's will for Paul is to help people to believe in Jesus. It brings him suffering because Jews hated the teaching of Jesus as the messiah. Nonetheless, Paul found hope in Jesus through suffering patiently.

When you read the early church history in the New Testament, it is the story of suffering. It is the story of persecution. Many believers had suffered because they believe in Jesus as the messiah. But they found hope in Jesus through suffering. They believe in Jesus more at that time through suffering and found the meaning of suffering just like Jesus suffered for rescuing people from sins. They grow spiritually and become more disciples of Jesus by experiencing suffering in their life just as Jesus did.

Paul says in Romans 5:3-4, "We also glory in our sufferings, because we know that suffering produces perseverance; perseverance, character; and character, hope." Paul knows that we know God's will and glory to God through suffering. Paul knows that suffering makes him persevere, perseverance makes character and character makes the hope of Jesus in him.

After my two brothers died, big suffering started to my family. My family could not eat properly for six months. I remember when my brother had the motorbike accident and died. I shouted to God, "where is God? Are you alive? If you are living God, how did it happen to my brother?" I couldn't believe it. I shouted and cried on that day. But God has plan for me and my family. Through this suffering, our whole family believed in Jesus. Through this suffering, I knew what Jesus has done for me by dying on the cross. Through this suffering, I knew and emphasized that many people have suffered. Through this suffering, I knew that I must preach the good news about Jesus who gives us salvation. Finally I found hope in Jesus through suffering patiently.

Let's talk about Nick Vujicic. When he was born, he had no arms and no feet. He said that he had only a drum stick. His parents are a pastor and his wife. They were also surprised at this. They were depressed at the beginning of knowing this. They cried out and finally God gave them peace.

But Nick tried to kill himself because he could not understand why he has no arms and no feet. His parents started to encourage him to find hope in Jesus who had suffered for Nick Vujicic on the cross. One day Nick made a decision to carry hope for other people who have suffered like him by sharing his life. He realized that God called him to share his life with others to give them hope through suffering. Nick has suffered a lot due to his disabled body. But God uses him to give hope to others through his learning from suffering. Especially God uses him to give hope for people who have no hope. God will use us to give hope with others who have no hope. God uses our suffering to refine us in victory.

3) God has plan for you through suffering.

Paul says in Acts 20:24. "However, I consider my life worth nothing to me; my only aim is to finish the race and complete the task the Lord Jesus has given me—the task of testifying to the good news of God's grace." Paul found God's plan for him. It is to be witness of Good news. So his plan for the rest of life is to preach the good news to others and evangelize others. I do not know why suffering happens to us but what I know is that there is definitely God's will.

I am not saying that God always gives us his will through suffering. We can know much of God's will without suffering by reading his words. But in this new normal life, we have to understand the meaning of suffering. Jesus has suffered on the Cross. There was God's will. He had to take the Cross for God's will which is to save us from sins. Without suffering on the Cross, there is no salvation.

Similarly, even though we may suffer much, such as physical, mental, financial, relational issues without reasons or with reasons, there is God's plan through your suffering. We need to find his plan for us through any suffering patiently, prayerfully and with discerning heart.

Dear Brothers and sisters. We do not know sometimes why God allows us to suffer. But what we know is that we cannot compare present suffering with the future glory, the Holy Spirit helps us in suffering to overcome all issues for God's will, we find hope in Jesus through our suffering, God uses our suffering to give others hope, and God has a plan for us even in our suffering situation. Trust the Lord who gives our suffering for his glory.

Amen.

묵상을 위한 질문

1) 당신은 그리스도인에게 고난이 주어지는 이유가 무엇이라고 생각하십니까?
2) 당신이 지금 고난으로 느끼는 것이 무엇이며, 당신은 그 고난을 통해 어떤 교훈을 얻어야 할까요?
3) 당신이 고난 중에도 믿음을 가질 수 있는 근거는 무엇입니까?

AFTER

PANDEMIC

21. 팬데믹 이후 교회와 목회 전망

이명희

들어가는 말

온 세상은 지금 코로나19 팬데믹을 지나 '포스트 코로나' 또는 '위드 코로나' 시대로 접어들어 엔데믹 상황으로 나가고 있다. 『뉴욕 타임스』 칼럼니스트인 토머스 프리드먼은 세계는 이제 코로나 이전인 BC(Before Corona)와 코로나 이후인 AC(After Corona)로 구분될 것이라고 썼다. 일부에선 코로나 대신 질병(Disease)을 붙여 코로나 이후를 아예 AD(After Disease)로 부르기도 한다.[1] 사람들은 코로나 팬데믹이 시작되면서 뉴노멀(New Normal) 시대에 접어들었음을 인식하였다. 우스갯말이기도 하지만 '뭉치면 죽고, 흩어지면 산다'는 구호가 모든 것을 대변해 주었다.

팬데믹 발생 3년째다. 터널의 끝이 언제일지 아무도 모른다. 인

---

1) [온라인 자료], https://www.hani.co.kr/arti/opinion/column/935840.html. 2022년 11월 24일 접속.

류는 코로나19 바이러스와 영원히 함께 살게 될지도 모른다. 이를 계기로 재난이 일상화되는 건 아닌가 하는 불안감마저 든다. 한 가지 확실한 것은 세상이 상식 밖으로 불확실해졌다는 점이다. 모두 이 바이러스가 세상을 엄청나게 바꿀 것이라고 이야기한다. 인류는 이미 14세기 유럽 흑사병, 1918년 스페인 독감 이후로 세계 문명이 대전환되는 것을 경험했다.[2] 코로나19가 한국 사회를 어떻게 변화시킬 것인가? 이 글은 코로나 이후 교회와 목회의 회복을 전망하는 데 그 목적이 있다.

1. 모이는 교회의 본질 재확인

교회는 사람들에게 돌아오라고 말하지만 성도는 자신이 교회를 떠난 적이 없다고 말한다. 사람들은 코로나 팬데믹을 겪으면서 교회에 대한 이해 자체를 달리하고 있는 것 같다. 많은 교회가 인터넷을 통해 교회의 제반 활동을 지속했다. 그러는 가운데 기존의 교회상에 대한 변화가 초래되었다. 하지만 인터넷상에서 모인 익명의 신앙 모임을 실재하는 참된 교회라고 할 수 있는지에 대한 근원적인 질문이 제기되고 있다.

온라인상의 교회가 교회로서 합당성을 갖는가? 성경적인 교회는 하나님께 부름받은 하나님의 백성들의 모임인 '에클레시아'

---

2) [온라인 자료], https://n.news.naver.com/mnews/article/082/0001059857?sid=110. 2022년 9월 12일 접속.

로서의 교회이다. 에클레시아는 헬라어 구약성경인 70인역에서 히브리어 '카할'을 번역한 말로서, 하나님의 선택에 의해 부름을 받아 구원받은 하나님의 백성 된 신자들의 공동체이다. 클로우니(Edmund P. Clowney)는 congregation과 assembly를 구별하여 설명했는데, '회중'(congregation, עֵדָה 'edah)은 하나님의 백성으로 회집되어 있을 수도 있고 그렇지 않을 수도 있는 특정 대상 집단을 뜻하며, '회합'(assembly, קָהָל qahal)은 특정한 시간과 장소에 실제로 회집되어 모여 있는 무리를 의미한다고 했다.[3] 이에 대한 실제 상황이 사사기 20장 1-2절에 잘 나타나 있다. "그 회중(에다)"이 여호와 앞에 "모였으니(카할)"(1절), 하나님 백성의 "총회(카할)"(2절). 성경에서 교회를 뜻하는 에클레시아와 카할은 관념적인 사람들의 모임이 아니라 실제로 모여 있는 회합, 즉 회집된 무리를 뜻한다.

예수님은 신약성경에서 처음으로 예수님을 믿고 따르는 제자들에게 에클레시아를 적용하셨고(마 16:18; 18:17), 초대교회는 성도들이 예배하기 위해 일정한 장소에 모인 신자들의 모임을 에클레시아로 불렀다(행 5:11; 11:26; 고전 11:18; 14:19, 28, 35). 따라서 실제로 모인 신자들의 공동체인 에클레시아, 즉 교회라는 용어를 온라인 플랫폼에 비대면으로 접속한 모임에 적용하는 것이 합당하냐는 의문이 따른다.

미국 조지아주 로렌스빌(Lawrenceville)에 자리한 12 Stone

---

3) Edmund P. Clowney, 『교회』, 황영철 역 (서울: IVP, 1998), 30-1.

Church의 댄 레일랜드(Dan Reiland) 목사는 자신의 블로그를 통해 '교회로 돌아와야 하는 다섯 가지 이유'를 다음과 같이 제시해주었다. (1) 관계없이 표류하는 문제가 생길 수 있다. 사람들은 공동체에 속하도록 디자인되어 있기 때문이다. (2) 세계관은 우리가 살아가는 방식을 정립하는 데 도움을 주기 때문이다. 다른 사람들과의 의도적인 대화를 통해 우리는 자신의 삶의 방식을 세우는 데 도움을 얻는다. (3) 활기찬 영적 삶을 살 수 있는 코칭이 필요하기 때문이다. (4) 교회는 실질적으로 소금과 빛이 될 수 있는 기회를 확대시켜주기 때문이다. (5) 건강한 영적 습관이 안정을 가져다주기 때문이다.[4]

교회는 성도들이 전인격적으로 만나고 교제하는 유기체이다. 그런 면에서 온라인 교회에서 전인격적인 성도의 교제가 이루어질까를 묻지 않을 수 없다. 영육 간의 전인적인 만남이 있어야 교회의 진정한 교제라고 할 수 있기 때문에 온라인 교회는 한계를 지니게 된다. 그러므로 오프라인 교회는 그대로 가고, 필요한 경우 오프라인 교회의 부족한 부분을 보충하는 차원에서 온라인 교회를 병행하는 것이 바람직하다.[5]

온라인 교회에서의 설교사역을 생각하지 않을 수 없다. 온라인 교회를 확충하는 이유로 모이기 어려워하는 사람들에게 설교

---

4) [온라인 자료], http://www.christiantoday.us/27629. 2022년 11월 7일 접속.

5) 김광열, "확장되는 '온라인 교회,' 공예배 중요성 약화시키면 안된다," 『기독신문』, 2020년 11월 17일, [온라인 자료], https://www.kidok.com/news/articleView.html?idxno=208927. 2022년 3월 22일 접속.

사역을 더 다가가기 쉽게 할 수 있다는 점을 꼽는다. 물론 기독교 진리는 전달되어야 한다. 성경 메시지의 전달방식은 가변적이라 할 수 있다. 기독교 메시지의 전달방식이 반드시 구두적이어야 하는지에 대해서 여러 견해가 있을 수 있다. 구두적 메시지 전달방식이 절대적인 하나님의 방법이라고 보아야 할지, 아니면 성경 기록 당시에 최선책이었기 때문에 채택된 것인지 양자택일하기는 어렵다.

하지만 성경의 배경은 구두적 방식을 강조하는 것으로 보인다. 그래서 조심스럽게 결론을 내자면 구두적 메시지 전달 방식을 기본으로 하면서, 영상 등의 전달 방식을 보조장치로 삼는 것이 좋겠다고 본다.[6] 그러므로 비대면 온라인 설교사역을 비롯한 여타의 온라인 비대면 사역은 보조적인 수단이거나, 비대면으로 펼칠 수밖에 없는 특수한 상황에서 그나마 하지 않는 것보다 낫기에 차선책으로 취하는 방도일 뿐 표준이 될 수 없음을 알아야 한다.

2. 기독교 목회에서 목양적 관심 증대

교회는 예배와 거룩한 의식(침례와 주님의 만찬)을 집행하고 복음을 전파하며 교육훈련과 친교와 봉사 그리고 치유를 하기 위한 거룩한 도구이다. 기독교 목회는 기독교를 기독교답게 하고, 기독교회를 교회답게 하며, 기독교인을 성도답게 하는 과정이

---

6) 침례교신학연구소 편, 『신학입문』(대전: 침례신학대학교출판부, 2015), 482.

다.[7] 기독교 목회의 전형은 메시아로 오신 예수님에게서 발견된다. 예수님은 선한 목자로서 잃은 양을 찾아 생명을 주시고 풍성한 삶을 살도록 인도하시기 위해 오셨다(요 10:10). 예수님은 이를 위하여 하나님 나라 복음을 선포하시고 하늘의 진리를 가르치시며 약한 자를 고치셨다(마 4:23, 9:35). 예수님은 무리를 가르치셨을 뿐만 아니라 특별히 제자를 부르시어 거룩한 권세를 주시고 복음의 증인이 되어 예수님께서 분부하신 모든 교훈을 온 세상 모든 족속에게 가르쳐 지키게 하라고 분부하시고, 사도로 파송하셨다(마 28:19-20). 사도들과 제자들은 곳곳마다 복음을 전파하여 교회를 세우고 기독교 목회의 거점으로 삼았다.

기독교 목회의 목적은 복음을 전하여 신자를 얻고, 침례를 베풀어 교인이 되게 하며, 모든 교인을 예수 그리스도의 제자로 세우고, 성숙한 제자를 은사에 따라 교회의 일꾼으로 삼아 기독교 목회의 동역자가 되게 하는 데 있다.[8] 교회 목회는 교회가 어떤 상황을 만나더라도 그것에 대처할 준비가 되어있어야 한다. 코로나19로 인해 그동안 교회에 형식적으로 왔다 갔다 하다가 떨어지는 교인도 있을 것이고, 반대로 건성으로 교회 다니다가 오히려 긴장하고 하나님께로 더 가까이 오는 성도들도 있을 것이다. 환난이라는 키질이 쭉정이는 버려지고 알곡은 모으는 기회가 될 것이다.

---

7) Ibid., 438-9.
8) 이명희, 『현대목회론』(대전: 엘도론, 2017), 13-9.

코로나 상황은 교회의 목회적 활동을 상당 부분 위축시켰으나 교인 개개인을 좀 더 깊이 있게 돌보는 목양적 관심을 증대시켰다. 코로나 이후에서는 목회적 돌봄이 강화되어야 한다. 목회적 돌봄이란 인간 삶에서 고통을 겪을 때 그것을 해결하기 위한 목회적 도움을 제공하는 사역이다. 목회가 구조적이고 집단 지향적이며 과업 중심적이라면 목양은 상황적이고 관계 중심적이라고 할 수 있다. 목회는 어떤 과업을 성취하기 위해 사람들을 동원하고 전체적으로 이끌고 나가며 개개인의 형편과 처지를 생각하기보다는 사람들을 도구화시키는 경향을 보인다.

그러나 목양은 사람 자체에 대한 관심이 크다. 사람의 마음, 그가 처한 상황, 겪고 있는 삶의 무게, 씨름하고 있는 버거운 과제 등에 주목한다. 목회가 사람들을 통해 무엇을 할 것인가에 초점이 있다면, 목양은 사람을 어떻게 돕고 지원하여 온전히 세울 것인가에 초점이 있다고 볼 수 있다. 목회는 사람들을 교회를 위하여 존재하도록 하는 것이라면, 목양은 교회가 사람을 위해 존재하게 하는 데 더 강조점을 둔다.[9]

유재성은 그 어느 때보다도 역기능적인 상황에 노출된 현대인들에게 목양이 더욱 절실하다고 분석하면서, 여러 학자의 견해를 종합하여 목양의 다섯 가지 내역을 정리하였다. (1) 치유(healing): 교회에 어떤 곤경에 처한 사람이 있을 때 그를 온전함

---

9) 이명희 박사 정년퇴임기념논문집 발간위원회 편, 『현대교회 목양과 리더십』(대전: 침례신학대학교출판부, 2017), 19-20.

의 상태로 회복시키어 영적인 통찰과 안녕의 새로운 차원으로 나아가게 하는 사역. (2) 유지(sustaining): 상처받은 사람으로 하여금 이전 상태로의 회복이나 곤경에서 벗어나는 것이 불가능하거나 개선이 어려울 때 그 상황을 견디거나 지나갈 수 있도록 돕는 사역. (3) 안내(guiding): 혼란 가운데 있는 사람으로 하여금 그의 현재와 미래에 영향을 줄 수 있는 여러 가지 생각과 행동의 가능성들 중에서 확신 있는 선택을 하도록 돕는 사역. (4) 화해(reconciling): 사람과 사람, 사람과 하나님 사이의 깨어진 관계를 회복하도록 돕는 사역. (5) 양육(nuturing): 사람들이 살아가면서 겪게 되는 인생의 굴곡과 어려움 그리고 일상의 경험과 사건을 통하여 하나님께서 부여해주신 잠재력과 가능성을 찾아 발전시키고 강화시키는 사역.[10)

교회에서 목양을 담당하는 목사는 목양의 상황에서 하나님을 대표하는(represent) 역할을 한다. 목사는 하나님의 대표자로서 성령님의 도구가 되어 참된 목자이신 하나님을 생각나게 해주는 존재이다. 하지만 '하나님을 데려오는' 사람은 아니다.[11) 케이와 위버(William K. Kay and Paul C. Weaver)는 목양의 목적에 대하여 에베소서 4장의 말씀을 근거로 제시하면서 목양이 하나님의 백성을 온전케 하여 그들로 하여금 선한 일을 하기에 충분한 존재가 되도록 준비시키는 것임을 강조하였다. 즉 회복

---

10) 유재성, 『현대목회상담학개론』, (대전: 침례신학대학교출판부, 2006), 20-3.
11) John Patton, 『영혼돌봄의 목회』, 윤덕규 옮김 (서울: 기독교문서선교회, 2011), 43.

에 목적이 있는 것이 아니라, 회복은 과정이고 지향점은 하나님의 사람에게 능력을 부여하고(empower) 역량을 갖추게 하여(enable) 그리스도께서 부여해 주신 사역을 온전히 성취하도록 준비시키는 데(equipping) 있다는 것이다.[12]

현대의 목회학이 심리학과 정신분석과학, 정신의학, 임상심리학 등의 자원을 수용하였는데, 그 결과 목회는 영적 돌봄을 제공함에 있어 '기분 전환'이나 '감정 조절' 등 심리치료에 초점을 맞추게 되었다. 각종 세속 심리학에 기초한 조사 방법에 따른 통계적 자료들을 근거로 하여 바람직한 문제해결 방식을 제시하는 이러한 시도는 성경적 토대가 없거나 빈약함을 생각할 때 오히려 문제를 더 악화시킬 수 있음을 알아야 한다. 그래서 세속 원리를 그대로 따르기보다는 성경적이고 신학적인 인간 이해의 바탕 위에 심리학과 사회학적인 데이터를 활용할 필요가 있다. 코로나 팬데믹 이후의 목회에서는 성경적이고 복음적 기반을 바탕으로 하여 목양적 견지에서 목회적 돌봄이 더욱 강화되어야 한다.

3. 올라인(all-line) 교회로의 전환

교회는 죄로 인한 심판과 세상으로부터 불러냄을 입은 사람들의 모임이다. 전통적으로 교회는 '모이는' 것을 근본으로 여겼다.

---

12) William K. Kay and Paul C. Weaver, Pastoral Care and Counselling, A Manual (Cumbria, CA: Paternoster, 1997), 39.

"모이기를 폐하는 것"(히 10:25)을 불경건의 대표적 증상으로 알았고, 모이기에 힘쓰는 것을 신앙생활의 중요 지표로 삼았다. 그러나 코로나 팬데믹은 모이는 것 자체를 어렵게 만들었고, 많은 교회가 직접 대면으로 모이기보다는 비대면으로 교회 활동을 유지하였다. 그에 따라 교회 모임은 약화되어 '모이는 교회'로서의 위기를 겪었다.

한국목회자협의회와 한국기독교언론포럼이 전국 만 18세 이상 개신교인 1,000명을 대상으로 벌인 "코로나19의 한국교회 영향도 조사"에 따르면, 2020년 3월 29일 주일 기준으로 "본인이 출석하는 교회가 주일예배를 어떻게 했는지"를 질문한 결과, 61.1%의 교회가 예배를 온라인 예배로 대체했고, 현장 예배를 그대로 유지한 교회는 8.6%, 현장 예배와 온라인 예배를 동시에 드린 경우는 15.6%로 나타났는데, 전체적으로 현장 예배를 드린 교회는 24.2%로 조사됐다.[13]

코로나19가 장기화하면서 비대면 예배에 대한 찬반논쟁도 일어났다. 교회도 사회의 일원으로서 공동선을 추구하는 책임이 있으므로 비대면 예배를 계속 진행해야 한다는 주장도 있었고, 일본 제국주의 치하에서나 한국전쟁 중에도 포기하지 않았던 주일성수를 포기한 것에 대한 비판의 목소리도 높았다. 비대면 예배가 교인들의 신앙에 부정적 영향을 미치므로 현장 예배로 돌아가

---

13) 전체 조사 내용은 지앤컴리서치, "코로나19로 인한 한국교회 영향도 조사 보고서"(2020), [온라인 자료], http://mhdata.or.kr/mailing/Numbers42th_200410_Full.pdf에서 볼 수 있다.

야 한다는 주장도 컸다.

최근 목회데이터연구소가 실시한 조사에 의하면 "주일예배를 반드시 교회에서 드려야 한다"라고 대답한 응답자는 34.1%인 반면, 61.1%의 응답자는 주일예배를 온라인 예배나 가정예배로 대체할 수 있다고 답했다.[14] 이러한 신자들을 통칭 '플로팅 크리스천'(Floating Christian)이라고 부르는데, 교회를 떠도는 크리스천, 붕 떠 있는 이들이 코로나19 이후 새로 등장한 한국교회의 대표 트렌드 중 하나로 꼽는다. 이들은 출석교회 주일예배에 참석하면서도 다른 교회 온라인 예배에 접속해 본다든지 아니면 출석 교회 주일 현장 예배엔 가지 않고 다른 교회에 접속해 온라인으로만 예배를 드리는데, 기존의 한국 기독교 문화나 고정된 신앙적 전통이나 가치 그리고 특정한 교리를 따르지 않고 자유롭게 신앙생활을 하는 보다 자유로워진 신자들이 이들이다.[15] 팬데믹을 지나면서 기존 교회는 과연 이런 신자들을 다시 수용할 수 있을까? 만약 그들을 잃어버리지 않고 적절하게 수용하려면 어떤 대비가 필요할까?

온라인 활동이 대세인 시대의 온라인 교회상은 코로나 팬데믹 이후 뉴노멀 시대에 새로운 형태의 교회로 제시될 수 있다. 온라인은 현대인들이 비즈니스를 하고, 쇼핑하고, 교육을 받는 등 일상생활의 공간이 되었다. 특히, 젊은 세대들은 디지털 세대로서

---

14) 목회데이터연구소, 『한국교회 트렌드 2023』 (서울: 규장, 2022), 30.
15) Ibid., 32.

온라인이 훨씬 편하고 익숙하다. 예배당에서 회집하여 예배할 수 없게 된 교회는 모임의 장소를 "기존의 예배 장소(place)에서 디지털 장비가 제공하는 공간(space)으로 전환"하게 되었다.[16]

그러나 온라인 교회는 성경적으로 또 신학적으로 그리고 목회 실천적으로도 여러 문제와 한계를 갖는다. 온라인 교회는 하나님의 '에클레시아'인 성경적 교회와 차이가 있고, 참된 교회의 3대 표지인 말씀과 성례와 권징을 합당하게 집행하지 못하는 신학적인 문제와 한계를 가지며, 공동체 안에서의 전인적인 신앙을 형성하고 책임감을 강화하는데 부족하고, 직분자와 교회의 회의 제도를 세우는 일에도 한계를 갖고, 중세 교회처럼 성직자 중심의 교회로 치우칠 우려가 있기 때문에 온라인 교회를 '교회'로 수용하기 어려운 것도 사실이다.[17]

물론 온라인 교회가 실용적인 관점에서 유익한 점도 있다는 사실을 부인할 수 없다. 비록 디지털 시대와 전염병 비대면 상황에서 인터넷을 통한 예배와 전도, 성경공부, 상담 등이 가능했지만 온라인 교회는 오프라인 교회를 대신할 수 없다. 하지만 이제 코로나19 전염병이 종식된다고 하더라도, 다시 오프라인 교회만의 목회로 돌아가는 시대는 오지 않을 것으로 전망된다. 그러므로 교회는 디지털 친화적인 비대면 온라인 목회와 대면 오프라인 목

---

16) 주종훈, "디지털 예배의 목회신학적 고찰과 실천방향," 『복음과 실천신학』 60권 (2021): 51.
17) 윤영민, "온라인 교회의 합당성에 관한 연구," 『복음과 실천신학』 63권 (2022): 173-4.

회를 병행하는 목회로 진행할 필요가 있다.[18]

라흐만(Fazlul Rahman)은 온라인 교회의 개척자들에 관하여 아래와 같은 의미 있는 연구를 했다. 2004년에 젠킨스(Simon Jenkins)를 비롯한 12명(영국에서 6명, 미국에서 4명, 캐나다에서 2명)이 자신의 컴퓨터로 온라인 공간에 설정된 'The Ark(방주)'에 자신들의 온라인 분신인 아바타로 접속하여 활동하는 사이트를 운영했는데, 주일에는 방주의 거실을 예배당으로 변환시켜 3명을 설교, 성경 봉독, 기도와 같은 예배 의식 담당자로 임명하여 행동하도록 하였다. 그들은 이 경험을 바탕으로 온라인 교회를 만들어야겠다는 영감을 얻어 Church of Fools(바보들의 교회)를 세웠다.

그들은 가상공간이었지만 고딕 양식의 그럴듯한 예배당도 꾸미고 일반 교회처럼 십자가가 걸려있는 강단과 설교단도 비치하고 넓은 예배당에는 회중이 앉을 장의자를, 또한 편하게 교제하고 쉴 수 있는 꽤 넓은 지하실을 만들었다. 방문자들에게는 온라인 분신인 아바타를 선택해, 걷기, 앉기, 기도할 때 무릎 꿇기나 손들기와 같은 열두 개의 동작을 할 수 있게 했으며, 채팅을 통해 서로 대화도 할 수 있게 했다. 하지만 이들은 무슨 이유에선지 이 프로젝트를 중단하고 말았다.[19] 이러한 시도는 교회라는 이름이

---

18) Ibid., 141.

19) Fazlul Rahman, "Cyberising God: A Theo-Phenomenological Investigation of Religion Online and Online Religion," Academic Journal of Religion Studies 1 (2016): 302-6. 윤성민, "온라인 교회의 합당성에 관한 연구," 『복음과 실천신학』 63권 (2022): 140-80에서 재인용.

붙여지긴 했지만 전적으로 가상공간에서 이루어지고, 인격적인 참여 없이 아바타로 참여한다는 면에서 비인격적인 교회가 되어 버려서 진정한 교회로 생각할 수는 없다.

우리나라의 경우 김병삼 목사님이 자신이 시무하는 만나교회 안에서도 예배와 소그룹에 참여하지 못해 가나안 성도와 다를 바 없는 소외된 성도들이 존재함을 발견하고, 2019년에는 그들을 위한 온라인 교구인 '미디어 동산'을 만들고, 이들을 목양하는 '미디어 교구팀'을 두어 관리하도록 했다. 만나교회는 전통적으로 교회당을 찾아오는 성도들뿐 아니라 그리고 교회에 소속하기는 했지만 찾아와 예배할 수 없는 사람들에게도 기꺼이 다가가 예배하도록 돕는 선교적 교회를 성취하기 원했다. 그래서 '미디어교회'라는 이름으로 독립적인 사역을 시작했고, 성도들이 예배만이 아니라 목양적 돌봄까지도 받을 수 있도록 시스템을 구축했다.[20]

그러다가 만나교회와 미디어교회가 협력하는 '만나-미디어교회'가 시작됐다. 즉, 미디어 교회를 교회 밖의 소외된 성도들뿐 아니라 교회 안에서도 목회의 사각지대에 있던 소외된 기존 성도도 참여하는 온라인 목양 시스템으로 확장한 것이다. 여기서 한걸음 더 나아가, 2022년 현재 만나교회는 코로나19로 인해 성도들이 모일 수 없는 상황 속에서 교회 밖의 가나안 성도들, 그리고 교회 안에 소외된 성도만이 아닌 교회의 모든 성도를 대상으로

---

20) 김병삼, 『올라인 교회』 (서울: 두란노서원, 2021), 68.

예배, 중보기도, 목양, 교육, 훈련, 선교, 나눔, 구제 등 교회가 하고 있던 모든 사역을 온라인으로 전환했다.

다시 말하면, 오프라인 교회인 만나교회가 인터넷상에 개설한 만나-미디어 교회는 이제 가나인 성도만이 아닌 만나교회의 모든 교인이 교회 현장의 오프라인으로 신앙생활할 뿐만 아니라 온라인으로도 참여하는 올라인(All Line) 교회로 운영되고 있다. 이렇게 만나교회는 코로나19 팬데믹 전부터 온라인 교회를 시작하였고, 이제 온라인과 오프라인을 함께 운영하는 올라인 교회상을 한국교회에 선구적으로 제시하고 있다. 만나교회는 올라인 교회를 "교회의 본질적인 기능인 예배, 선교, 교육, 봉사, 친교 등의 활동 전부 또는 일부를 온라인을 통해 수행하는 교회다."라고 정의하면서,[21] "결국 플랫폼이라는 포장지는 중요하지 않다는 생각이 든다. 중요한 것은 포장 안에 무엇을 담을 것인가 하는 목회의 본질 부분"이라고 결론을 내렸다.[22]

4. 정답과 함께 해답을 제시하는 메시지

기독교는 진리를 주창한다. 목회는 사람들을 진리 앞에 세우고 진리를 붙잡고 살도록 안내하는 과업이다. 기독교 메시지도 사람들에게 진리를 제시하는 것이어야 한다. 그런데 너무 정답 제시

---

21) Ibid., 69-70.
22) Ibid., 314.

에만 기울이면 사람들은 곧바로 반응할 것이다. "그래서 어쩌란 말인가요?" 사람들은 정답을 듣기 바라면서도, 현실적으로는 해답을 요구한다. 그래서 설교자는 정답과 함께 해답을 제시하도록 노력해야 한다. 현실성 없는 공허한 정답이나 현실 문제와 아무런 관련성이 없는 정답보다는 사람들이 봉착해 있는 문제의 해결책을 제시해 주는 해답이 더 유익할 것이다.

코로나 팬데믹은 사람들을 지치고 피곤하게 만들었다. 인간 삶의 전 영역에서 고단함이 깊게 배어들었다. 그렇기 때문에 무엇보다도 격려와 권면의 메시지가 필요하다. 이를 위하여 교회는 사람들에게 구원의 확신과 영원한 생명의 확신, 소망과 위로, 진정한 안식과 평안, 치유와 능력 등이 담긴 메시지를 선포해야 한다.

'예배 회복을 위한 자유시민연대'(예자연)는 서울시장을 상대로 대면 예배 금지 처분 취소소송을 진행했고 승소 판결을 받았는데, 재판부는 "대면 예배 금지 처분은 교회가 음식점 등과는 달리 생산 필수시설이 아니라는 점에 근거해 집합을 금지한 것으로 보인다. 그러나 교회는 교인들의 심적 위안뿐만 아니라 자신과 타인에 대한 증오를 극복할 수 있는 정신적 해결책을 제시해 주는 등 안정된 정신건강을 지원하는 순기능이 있다"며 "장기간 시행된 거리 두기 등 코로나19 방역 조치로 우울증 증세를 호소하는 사람이 증가하는 상황에서 교회가 제공할 수 있는 기능이 생산 필수시설에 비해 열등하거나 중요도가 덜하다고 볼 타당한 이유는 없다"고 판결했다. 재판부는 또 감염 예방 법률에 근거를 두고 있다지만, 이를 통해 종교의 자유를 침해하고 비례의 원칙이나 평등원칙에 반해 재량권을 일탈 남용했다고 결론을 내렸다. 재판부의 판결로 그동안 교회가 예배에 있어서 불이익 받았음을 인정받은 것이다.[23]

하나님께 예배하는 것은 성도와 교회의 가장 중요하고 우선적인 책무이다.[24] 예배할 때 사람들은 하나님과 만나는 은혜의 시간을 가지며, 말씀을 통해 회복되고 영적인 치유와 결단의 기회를 부여받는다. 비대면 예배인 온라인 예배가 활성화되어 있지만 여전히 우리는 대면 예배, 현장 예배의 중요성을 간과하면 안 된다.

코로나 상황을 지나면서 사람들의 생각이 바뀌고 있다. 이재창은 현대 청중의 특성에 관해 한 젊은이와의 인터뷰를 적고 있다. "왜 요즈음 젊은이들이 모임에 관심이 적은가?"에 대한 질문에 대한 답이다. "기독교 냄새가 나잖아요. 기독교는 일단 절대화된 진리를 말하는 데 요즈음 아이들은 그런 절대 진리를 지독히 싫어하거든요. 너도 옳고 나도 옳을 수 있고, 모두가 옳을 수 있는 다원주의를 신봉하죠. 젊은이들에게 다원주의는 이제 신앙인걸요."[25]

설교자는 설교를 작성하면서 청중은 누구나 신앙 정도에 관계없이 설교가 자신의 삶의 문제에 답변을 주고 성공적인 삶을 안

---

23) [온라인 자료], http://www.baptistnews.co.kr/news/article.html?no=15181, 2022년 9월 30일 접속.

24) 이명희, 『현대예배론』 (대전: 침례신학대학교출판부, 2016), 28.

25) 이재창, 『하나님께서 감동하시는 설교』 (서울: 요단, 2019), 16.

내해주길 기대한다는 것을 잊지 말아야 한다.[26] 설교는 신학 강좌나 지식 전달을 위한 강연이 아니다. 사람들의 삶의 실제적 문제를 다루는 것이다. 설교자는 설교 본문이 말하는 바 청중의 문제에 관한 답변을 논리적으로 제시해 준다. 청중에 대한 배려가 없는 설교는 청중으로부터 외면받고 말 것이다.[27]

설교는 사람들의 필요를 채우시려는 하나님께서 설교자를 통해 주시는 경건한 메시지이다. 심리학자 매슬로우가 말하는 인간의 욕구 사다리는 유명하다. 육체적 욕구, 안정감의 욕구, 소속감의 욕구, 존중감의 욕구, 자아실현의 욕구가 그것이다. 여기에 영적인 욕구를 더해야 한다. 설교는 인간의 영과 혼과 몸의 필요를 향한 하나님의 말씀이다. 그럴 때 적합성 있는 설교가 된다. 설교의 적합성은 사람들이 씨름하고 있는 문제와 성경의 메시지를 연결해서 제시할 때 확보된다. 설교자는 청중이 궁금해하는 문제나 아파하고 있는 문제를 이해하고 설교의 주제를 그에 맞출 필요가 있다.

켈러(Timothy Keller)는 고난을 이해하는 데는 은혜라는 관점이 중요하다고 하면서, 극심한 고통을 겪는 가운데 하나님의 은혜를 누리는 행복을 경험하며 올바르게 대처하면 고난은 성도를 하나님의 사랑과 평안, 영적인 능력 속으로 더욱 깊이 들어가

---

26) Ibid., 210.
27) 장두만, 『청중이 귀를 기울이는 설교』 (서울: 요단, 2009), 13.

게 해준다고 했다.[28] 그리고 파이퍼(John Piper)는 코로나 팬데믹 시기를 "혹독한 역사적 섭리"의 때라고 규정하면서, "바이러스를 멈출 능력이 있지만 그렇게 하지 않으시는 주권자께서 이런 와중에도 영혼을 지탱해 주고 계신다는 것"을 아는 것이 신앙이라고 했다.[29] 그리고 코로나 사태를 통하여 선포해야 할 메시지를 제시하면서 인생을 의지하지 말고, 끔직한 도덕적 현실을 보면서 우리 자신을 살피고, 그리스도의 재림을 깨어 대비함으로 우리의 삶을 재정렬하고, 위기의 흑암 속에서 빛을 비춤으로써 선교의 기회로 삼을 것을 역설하였다.[30] 고난 중에 하나님의 은혜를 얻기 위해서는 하나님의 주권과 섭리를 받아들여야만 한다. 그럴 때 비로소 정답을 넘어서는 해답이 되는 메시지를 붙잡게 될 것이다.

위기의 시기일수록 사람들은 좋은 말씀을 들으려고 모인다. 불안이 가득할수록 사람들은 절박한 심정으로 희망을 구하기 때문이다. 그리스도인들은 비록 모이지 못한다고 하더라도 좋은 설교를 듣기 원한다. 매번 듣는 말씀임에도 불구하고 새로운 것을 반쯤 기대하며 인터넷을 검색하고 유튜브를 헤맨다. 비록 그 말씀이 감당하기 어렵고 부인하고 싶은 내용이 담겨 있을지라도 사람들은 한편 두려워하면서도 또 더 큰 기대감으로 설교를 소망

---

28) Timothy Keller, 『고통에 답하다』, 최종훈 역 (서울: 두란노, 2020), 52-3.
29) John Piper, 『코로나 바이러스와 그리스도』, 조계광 옮김 (서울: 개혁된실천사, 2020), 25.
30) Ibid., 72-119.

한다.[31] 그러므로 정답을 제시하는 설교를 해야 함과 동시에 엔데믹 상황에서는 해답을 제시해 주는 메시지를 선포할 필요가 매우 크다.

5. 교회의 공적 기능 증진

현대를, 비판받는 기독교 시대 또는 후기 기독교 시대라고 한다. 더욱이 코로나 팬데믹 시기를 지나면서 기독교에 대한 반감을 노골적으로 나타내는 반(反)기독교적(anti-Christian)인 정서를 가진 사람들이 많아지고 있다. 사람들이 반기독교적인 정서를 가지는 이유가 무엇일까? 그들이 기독교를 비판하는 내용으로 안희환은 다음과 같은 11가지를 들었다. 기독교인에게 상처를 받은 경험, 기독교 지도자들의 부도덕, 중대형 교회의 세습에 대한 비판, 목회자들이 소득세 미납부, 권력과 밀착한 기독교 행태, 기독교의 친일 행적, 단군상 파괴와 샤머니즘 타파 등에 대한 민족주의적 반감, 타종교에 대한 배타적인 태도, 모두가 죄인이라고 하는 교리, 구약의 잔인한 살인 명령과 교회 역사에 나타난 기독교의 죄악상, 삼위일체 교리 등 하나님에 대한 터무니없는 주장.[32]

기독교가 비판받고 있는 진정한 이유는 무엇일까? 기독교의 교

---

31) Walter Brueggemann, 『텍스트가 설교하게 하라』, 홍병룡 역 (서울: 한국성서유니온선교회, 2013), 22-4.
32) 안희환, "기독교를 비판하는 11가지 이유," 『목회와 신학』, 2008년 1월, 65-7.

리가 문제인가 아니면 기독교인의 행위가 문제인가? 태도가 문제인가? 아마도 큰 이유는 기독교가 비판이 필요한 만큼 커졌기 때문은 아닐까 한다. 역설적으로 말하자면 비판할 이유가 기독교 내부에도 있지만 기독교 외부에도 있다는 것이다. 웨스트민스터 신학대학원대학교 선교학 교수인 김광건은 기독교의 본질이 비주류성(minority)에 있다는 것을 기억할 필요가 있다고 주장했다. 기독교는 죄인을 위한, 소외된 사람들, 사회적 약자들, 압제받고 눌린 사람들, 병자들과, 정치 경제 사회적 주변인인 마이너리티를 향한 운동이었다. 그런데 비주류성을 내려놓고 주류성을 가지려 할 때 기독교는 반기독교적 정서에 접하게 된다. 기독교 복음은 변두리에 있으면서 핍박받으며 세상을 바꾸는 것이다. 그러니 정치력을 갖고 사회적 주류 행세를 하려는 유혹에서 벗어나 비주류 속에 머물러야 한다. 기독교가 비주류 속의 주류가 될 때 생명력이 보존될 것이다.[33]

반기독교 정서가 형성된 이유는 무엇일까? 1960년대 한국교회의 근본주의 성향의 신앙관은 교회 자체적 부흥은 일으켰으나 젊은이들의 정의감과 윤리의식에 많은 실망과 냉소적 분위기를 가져다준 요인이 되었다. 또 수많은 이단들의 영향도 기독교가 현실과 유리된 광신적인 종교라는 부정적 견해를 심어주었다. 한국교회의 분열상과 비윤리적 성향도 비난을 받는데 한몫을 한 것으로 여겨진다.

---

33) 김광건, "반기독교적 언론을 어떻게 볼 것인가," 『목회와 신학』, 2008년 1월, 92.

기독교에 대한 신뢰도도 갈수록 낮아지고 있다. 2009년에 실시된 한국교회의 사회적 신뢰도 여론조사 결과에 따르면 한국교회를 신뢰하지 않는 이유는 교회 지도자와 교인들의 언행 불일치가 32.2%로 가장 높고, 교회지도자의 무분별한 선교활동이 10%, 타종교 비방이 9%, 교회의 기업화 현상이 7.4%, 교인의 비도덕적 행동이 3.7%, 설교내용의 불신이 4.8%, 등으로 나타났다.[34]

그리고 향후 개신교회가 신뢰를 받기 위하여 바뀌어야 할 점에 대해서 물었는데 '교회 지도자들'이 30.9%, '교인들'의 삶이 23.7%, '교회의 운영'이 21.1%, '교회의 사회활동'이 13%, '교회의 전도활동'이 11.3% 등으로 나타났다. 그리고 향후 개신교회가 신뢰받기 위한 중요한 사회적 활동이 무엇인가라는 질문에 대하여 '봉사와 사회봉사 활동'이 60.3%, '윤리와 도덕실천 운동'이 19.9%, '환경, 인권 등 사회운동'이 12.2%로 나타났다.[35] 이와 같이 교회의 사회적 역할에 대한 소극적 태도는 반기독교적 정서 형성에 큰 요인이 되고 있음을 알 수 있다.

그런데 코로나 팬데믹을 지나는 동안 한국교회의 신뢰도가 더욱 급락한 것으로 조사됐다. 2020년 기윤실 조사에서 신뢰도는 31.8%였고, 이듬해 2021년 목회데이터연구소 조사에서는 20.9%를 기록했다. 2년이 지나는 동안 30%대에서 20%대로 그

---

34) 기독교윤리실천운동본부, 『2009년 한국교회의 사회적 신뢰도 여론조사 결과』 (서울: 기독교윤리실천운동, 2009), 15.

35) Ibid., 27-8.

리고 다시 10%대로 낮아진 것이다.[36) 대부분의 교단이 대략 20-30%대의 교인 감소 현상을 나타냈다. 그리고 2020년 개신교계 8개 언론사가 코로나19의 종교 영향도 인식조사 보고서를 발표했는데, 코로나19 이전과 이후 종교별 신뢰도를 묻는 항목에서 기독교에 대한 신뢰가 더 나빠졌다는 응답이 63.3%였고, 더 좋아졌다는 응답은 1.9%였다. 특히 기독교 신자 가운데 24%가, 다른 종교인과 무종교인은 70%가 '더 나빠졌다'고 응답했다. 어려운 시기에 기독교계가 사람들에게 위로와 소망을 주지 못하고 오히려 실망스러운 모습을 보였다고 생각하는 것이다. 전문가들은 코로나19가 기독교계의 위기를 앞당겼다고 분석한다. 내재되어 있던 문제점들이 팬데믹 상황에서 확연히 드러난 것이다.[37)

국민일보와 사귐과 섬김 부설 코디연구소가 여론조사기관 지앤컴 리서치에 의뢰해 2022년 3월 31일부터 4월 4일 전국 성인 남녀 1,000명을 대상으로 실시한 "기독교에 대한 대국민 이미지 조사" 결과, 일반 국민 중 기독교(개신교)를 신뢰한다고 응답한 비율은 18.1%였는데, 기독교인 중 기독교를 신뢰한다는 비율은 63.5%였고, 비기독교인 중 기독교를 신뢰한다고 답한 비율은 8.8%였다. 기독교에 대한 호감도는 25.3%로 3대 종교 중 가장 낮았다(천주교는 65.4%, 불교는 66.3%). 기독교에 대한 이

---

36) [온라인 자료], http://www.kidok.com/news/articleView.html?idxno=215625, 2022년 11월 28일 접속.

37) [온라인 자료], http://www.dailytw.kr/news/articleView.html?idxno=22508, 2022년 11월 27일 접속.

미지 형성에는 주변 사람(56.3%), 언론 보도(53.6%), 자기 경험(49.8%) 등이 골고루 영향을 미쳤다.

"한국교회 신뢰도 회복을 위해 필요한 것이 무엇인가?"를 묻는 질문에는 '교회 지도자들의 윤리적인 삶이 필요하다'(50.2%)는 응답이 가장 많았다. '배타적이고 독선적인 언행 자제'(34.0%)가 그 뒤를 이었다. '재정 투명성 제고'(28.9%), '교인들의 윤리적인 삶'(26.2%)에 대한 응답률은 비슷했다. 기독교에 대한 신뢰도와 호감도가 낮은 원인은 삶으로 증명되지 않는 신앙과 배타적인 이미지로 유추할 수 있다.[38]

팬데믹 상황에서 기독교는 백성을 이끌어 주는 제대로 된 메시지를 내지 못했다. 이렇게 신앙의 초점을 사회 전반보다는 개인에게 맞추는 현상은 한국 보수교회의 반사회적 태도의 특징이다. 이것은 근본주의적인 세계관과 독선적인 신앙관에 기인하는 것으로 평가된다. 교회의 관심은 오로지 개인적 신앙 영역에만 머물렀고, 교회는 사회문제에 대해서 침묵했다. 인권 문제, 정치적 이슈, 사회 문제 등에 대해 침묵했을 때 교회가 비록 양적으로는 성장했을지라도 윤리적으로 사회의 가치관 형성과 윤리의식 함양에 기여하지 못했다고 인식됨으로 인해 사회적 지도력을 행사하지 못하게 되었다. 결과적으로 기독교에 대한 인상은 배타적이고 폐쇄적이며 자기중심적으로 인식되었다.

---

38) [온라인 자료], http://www.kscoramdeo.com/news/articleView.html?idxno=22895, 2022년 11월 27일 접속.

새세대교회윤리연구소의 이상훈은 반기독교 정서를 타개하기 위해서 공공신학적 접근이 필요함을 제안하였다.[39] 공공신학이란 사회의 여러 영역인 문화, 예술, 과학기술, 경제, 정치 등에 관련된 제반 문제들을 실천적 과제로 다루는 신학적 시도를 말한다. 이것은 기독교인 개인과 교회 공동체가 자신이 속해 있는 사회적 맥락에서 관계를 이해하려는 신앙이다. 공공신학은 기독교의 사명을 사회적 공동선 추구에 맞추고 사회의 모든 영역들의 다양한 이슈들을 신학적 테마로 삼는다. 신앙의 사사화(privitization)에 몰두하지 말고 공적인 책임을 인식하는 소명감과 청지기 정신으로 나아가 교회가 빛과 소금의 역할을 제대로 담당하는 것을 지표로 삼는다.

마샬(Ellen Ott Marshall)은 신앙의 사회적 역할에 대하여 신앙은 세상과 정치라는 영역과 연관이 없을 수 없다고 하면서 세상으로 나갈 때 신앙을 따로 떼어 집이나 교회에 두고 갈 수는 없다고 하고 신앙이야말로 세상을 이해하는 방식과 세상에 대한 책임과 긴밀하게 연관되어 있음을 알아야 한다고 했다.[40] 그런데 교회는 이러한 세상의 요청에 적절히 응답하고 있지 않은 것 같다. 그 결과 사회가 기독교를 향해 내리는 현실적 평가는 냉정하기만 하며 교회 내에서도 사회적 문제에 대해 말하기가 어려워지고, 교회를 향한 사회의 부정적 평가에 대해서 이렇다 할 반박

---

39) 이상훈, "반기독교 정서와 공공신학,"『목회와 신학』, 2008년 1월, 100-5.
40) Ellen Ott Marshall,『광장에 선 그리스도인』, 대장간 편집실 역 (대전: 대장간, 2010), 22.

도 못 하는 것 같다. 교회는 양적 성장과 외형적 성장에 몰두하다가 한국교회는 총체적으로 반감을 가진 반기독교 정서로 팽배한 시대에 직면하게 되었다. 기독교에 대한 사회적 정서가 부정적인 분위기로 인해 다음 세대로의 신앙 전수에 적신호가 켜진 상태이다. 기독교는 반기독교 정서에 대한 심도 있는 분석과 대응책을 마련해야 한다.

한국교회가 시작되던 초창기에는 개인적인 영성과 사회적인 영성 사이에 구분이 없었다. 한국교회 초기 역사에는 교회의 교육, 의료, 문화, 정치 등 사회 전반에 걸친 적극적인 참여와 기여가 있었다. 하지만 박해의 시기가 도래하자 교회는 사회적 이슈를 외면하고 개인적인 영성만을 강조하게 되었다. 한국교회는 내면적이고 개인적이며 신비적인 신앙관을 특성으로 갖게 되었다. 그래서 기독교 신앙은 개인적인 영성을 강조하고 사회 현장에서 사회 정의와 사회적인 이슈를 실천하는 것을 경시하였다. 사회에 대한 관심 소홀은 자연히 사회로부터의 외면을 초래하였고 그것이 반기독교 정서 형성에 직접적인 토양이 된 것이다.

공적신학은 인류사회에 하나님의 통치가 이루어지기를 기대하며 그리스도인과 교회가 공적 책임을 담당하는 것을 목적으로 한다. 공적신학은 공적 이슈들에 대한 신학적 성찰을 추구한다. 공적신학은 교회, 대학, 국가, 사회구성원, 정치, 경제, 문화, 등을 "신학의 청중"(publics of theology)으로 삼아 공적인 논쟁과 문제를 다루며 비기독교 전통들과 더불어 비판적인 대화를

시도한다.[41]

이 주제에 대하여 장신근은 더 구체적으로 공적신학의 과제를 공적인 삶을 위한 사회구조적 변형, 공공의 선을 위한 가치관 형성, 공공의 선을 추구하기 위한 기독교 신학과 다른 학문 또는 전통 사이의 간학문적 대화 등으로 보았다.[42] 이렇게 볼 때 공적신학이란 기독교 신앙과 실천의 개인주의화 현상에 직면하여 그리스도인 개인들의 공적신앙 함양과 공적 공동체로서의 교회상 수립을 통하여 공적 삶을 변형시켜 나가는 것을 목표로 하여 확고한 기독교 정체성을 가지면서도 여러 차원의 공적 삶에 기독교적 관점에서의 윤리적 가치관을 추구하는데 기여하는 신학이다.

공적신학의 취지를 가진 사람들은 예수 그리스도를 통한 구원과 자유를 경험하고 하나님 나라에 대한 희망을 소유하게 된 그리스도인들이 개인의 확실한 기독교적 정체성을 가지는 것뿐만 아니라 사회적 공적 영역에서 복음의 능력과 실천을 증언하고 행하도록 해야 한다. 그러므로 성도와 교회는 사회 전반에 걸쳐 하나님 나라 복음적인 관점에서 접근하여 공동의 선을 성취하기 위한 사회적 책임감을 가져야 한다.

현대 교회는 공적 신앙에 대한 인식을 가지고 사회문제에 대한 기독교적 답변을 제시하면서 그 중심에 복음 진리가 있음을 증거해야 한다. 반교회적 정서의 뿌리는 사회에 대한 무관심이다. 기

---

41) 이형기, 『하나님의 나라와 공적신학』 (경기: 한국학술정보, 2009), 28.
42) 장신근, 『공적실천신학과 세계화 시대의 기독교교육』 (서울: 장로회신학교출판부, 2007), 56.

독교 메시지는 사회문제를 적절하게 짚어주는 것이 되어야 한다. 하나님 나라의 가치관을 개인적인 차원을 넘어서서 공적 영역으로 확대하고, 예수 그리스도를 믿는 신앙 안에서 신앙의 역동성과 사회적, 역사적 역할을 담당해야 함을 강조해야 한다. 개인적인 영성과 내면의 성숙을 주제로 하는 설교와 함께 교회 공동체의 윤리적 실천으로서의 사회 참여를 촉구하며, 기독교의 가르침이 사적인 영역만이 아니라 지역사회, 단체, 기업, 학교, 직장, 사회, 국가 등 다양하게 확장된 영역에서 실천되어야 함을 선포해야 한다. 교회는 신자가 윤리적 행동을 구체적으로 실천하고 그 삶이 공적이고 사회 참여적인 삶으로 변화되도록 실천적인 방안을 제시해 주어야 한다. 그렇게 할 때 복음은 개인을 변화시키고 복음으로 변화 받은 사람을 통하여 그가 속한 공적 자리가 변화될 수 있을 것이다.

6. 대안 공동체로서의 교회 위상 제시

1세기의 기독교회는 당시 사회에서 대안 공동체로서의 위상을 훌륭하게 실천하였다. 사람들이 소망을 발견하고 자신을 의탁할 수 있는 신뢰할 만한 대상으로서 교회를 중요하게 여겼다는 말이다. 그러나 21세기 세상에서 교회는 사람들의 대안 공동체가 되어주지 못했다. 사람들은 코로나 상황의 피난처로 교회를 적절한 곳으로 여기지 않았다. 오히려 코로나 감염의 주요 통로로 지적하였다.

정부는 코로나의 대유행을 막기 위해 특정한 양식의 행동 지침을 가져야 한다고 말했다. 그리고 그런 유형의 행동 양식을 가진 사람들만이 사회적으로 용인되고 다양한 활동을 보장받는다고 주장했다. 그것을 지킬 수 없거나 기준을 충족시키지 못하는 사람이나 단체들의 의견은 종종 무시되었다. 그리고 종교단체, 그 중에서도 특히 기독교회를 본보기로 삼았다. 정부와 언론은 코로나 유행의 주범 혹은 잠재적 요인이 종교단체라고 여기기까지 했다. 코로나가 다시 유행할 조짐을 보이면 정부는 종교모임을 규제하는 등 제재의 강도를 높였다.

그러나 기독교는 세상의 위기 때마다 대안적 존재로서 그 기능과 능력을 발휘해 왔다. 이제 모든 것이 불투명해진 21세기 팬데믹 이후의 엔데믹 상황에서 기독교회는 세계 만민에게 대안적 공동체의 역할을 할 수 있을 것인가? 이것이 우리의 사명이다. 현대 목회를 실천하고자 하는 모든 목회자와 교회는 자신의 목회지에서 세상에 있으나 세상에 속하지는 않는 '대안 공동체'가 되기 위해 실천적인 목회 사역을 펼쳐야 한다.

설교는 세상의 빛과 소금이 되어야 한다. 즉 불의한 세상을 이길 대안과 방향을 제시해야 한다. 복음서에 나오는 예수의 비유는 당시 이스라엘을 지배했던 권력과 억압을 벗어나기 위한 비전과 대안이 담긴 설교였다. 십자가와 부활로 압축할 수 있는 예수의 삶은 죽음으로 대변되는 악한 세상을 이기는 본보기였다. 예

수의 비폭력 저항은 세상의 권력과 힘을 포기함으로써 그것을 무능한 것으로 맞바꾼 것이었다.[43]

대안적인 설교는 성경이 증언하는 예수 그리스도의 삶과 가르침을 담도록 회복되어야 한다. 예수님이 전하신 하나님 나라를 교회 공동체와 세상을 향해 선포해야 한다. 교회는 세상과 조화를 이루는 공동체도, 억압과 폭력에 굴복하는 공동체도 아니다. 비록 외형적으로는 하나의 사회에 속하고 그 안에서 상호작용하고 있는 것처럼 보여도 사회가 작동하는 체계에 순응하지만은 않는다. 세상의 통치 논리가 작동하는 사회의 맹점을 밝히면서 그리스도의 비폭력적인 저항과 하나님 나라라는 대안을 선포해야 한다.[44] 하나님 나라의 대안을 선포할 때 교회는 세상에 있으나 세상에 속하지는 않는 공동체로서의 정체성을 확립하고, 세상에 대해 소망과 평안을 제시해 줄 수 있다.

나가는 말

Columbia Theological Seminary에서 구약을 가르치는 브루그만(Walter Brueggemann)은 코로나 상황을 겪으면서 예레미야 설교집 『다시 춤추기 시작할 때까지』를 발표했는데, 그는

---

43) Charles L. Campbell, 『실천과 저항의 설교학: 설교의 윤리』, 김운용 역 (서울: 예배와 설교 아카데미, 2014), 262-7.
44) Charles L. Campbell, 『프리칭 예수』, 이승진 역 (서울: 기독교문서선교회, 2001), 336-44.

조심스럽게 말한다. "하나님이 코로나19를 일으키신 분이라고는 상상할 수 없지만, 복음의 하나님이 그 바이러스로 말미암은 위기 안에, 그와 함께, 그 아래 계심을 신뢰할 수는 있다. 종종 그러시듯이, 하나님은 인간의 교만을 멈추고 오만을 억제하는 어려운 작업을 위해 감추어진 방법으로 이 위기의 한가운데 계실 것이다. 바이러스 한가운데서 우리는 이제까지 우리가 만들어 왔고 우리 중 어떤 이들은 적극적으로 즐겼던 세상, 곧 전 세계적으로 자기 충족을 위해 무관심하게 착취를 일삼는 세상에 대해 울리는 경보음을 듣고 있다."[45] 그리고 제안한다. "황무지와 재앙과 황폐함의 장소에서 또다시 축제를 기념하며 즐거운 소리가 들릴 것을 기대한다. 사회적 모임들이 활발하게 열리면 삶은 다시 시작될 것이다. 많은 사람의 기뻐하는 소리 가운데, 회복시켜 주시고 새 생명을 주시는 하나님께 감사의 제물을 바치는 이들의 찬양 소리도 들릴 것이다."[46]

한국 사회는 코로나 19의 종식을 선언했다. 이제 교회는 팬데믹 이후를 확실하게 준비해야 한다. 우리는 코로나로부터의 회복을 기대한다. 야곱의 회복 이야기에서 회복을 위한 중요한 주제를 발견하면서, 팬데믹 이후 한국교회 목회와 사역의 전망을 상고해 보았다. 아무쪼록 진일보한 모습으로 계속해서 백성에게 소망을 주고 삶의 에너지를 공급하는 기독교회가 되기를 기대한다.

---

45) Walter Brueggemann, 『다시 춤추기 시작할 때까지』, 신지철 옮김 (서울: IVP, 2020), 125.
46) Ibid., 76.

22. 팬데믹 이후의 예배 사역 증진 방안

정춘오

들어가는 말

'팬데믹'은 전염병 혹은 감염병이 세계적으로 유행하는 상태를 말하는 것으로, 세계보건기구(WHO)의 전염병 경보 단계 중 최고 위험 등급을 뜻한다. 팬데믹이 끝나는 것을 엔데믹이라고 하는데, 엔데믹의 엔은 '~의 안에서'라는 뜻이고 데믹은 사람들을 뜻한다. 이는 일반적인 독감 인플루엔자 바이러스처럼 특정 지역에 자리를 잡고 계절이 돌아오면 유행하는 형태의 질병을 말하는 것으로 종식이 되지 않고 주기적으로 발생하는 풍토병이라고 여기는 것이다. 코로나가 발생한 후에 여러 백신이나 치료약이 연구되고 계속해서 나오고 있고, 처음보다는 대책이 빠르고 잘 대응을 하고 있는데, 이처럼 발병이 예상되고 발병 지역이 좁아지면 엔데믹으로 여기는 것이다. '엔데믹'이라는 것은 팬데믹보다 덜 위험해졌다는 뜻이 아니고 상대적으로 안정적이고 예측이 가

능해 졌다라는 뜻이다.[1]

엔데믹 상황에서 목회데이터연구소는 2022년 8월 17일부터 23일까지 주)지앤컴리서치를 통해 한국교회 목회자의 2023년도 목회 전망에 관하여 조사를 시행하였다. 현 주일 예배 방식에 대해 물은 결과, '현장예배와 온라인 실시간 예배를 동시에 드린다'가 교회 10곳 중 6곳 이상(63%)으로 나타났고, 다음으로 '현장예배만 드린다' 27%, '현장예배를 드리고 나중에 설교 영상만 올린다' 9% 등의 순이었다. 50명 이하 소형교회의 경우 아직까지 절반 가까이는 현장예배만 드리고 있는 것으로 나타났다. 지난 4월 조사 결과와 비교하면, 현장예배만 드리는 비율은 다소 감소하고, 온오프라인 병행 예배 형식이 다소 증가한 것으로 나타났다. 따라서 이러한 하이브리드 형식의 예배가 점점 정착화되는 것으로 보인다.

그리고 팬데믹 이후의 목회에 관한 조사에서 교회가 온라인으로 할 수 있는 사역으로 '온라인 예배'를 꼽기보다는 '온라인 성경공부'(42%), '온라인 콘텐츠 제작'(38%), '온라인 소그룹'(37%) 등을 강화하겠다는 응답이 높았다. 한편, 목회자들은 2023년 목회 계획에서 가장 중점을 두고자 하는 목회 분야로 '현장예배 강화'(40%)와 '소그룹 강화'(36%), '성인 성도들에 대한 교육 훈련 강화'(29%), '전도와 선교 강화'(29%) 등을 꼽았다.[2]

---

1) "엔데믹," [온라인 자료], https://3.songmis99tistory.com/8, 2022년 11월 17일 접속.
2) 목회데이터연구소, "한국교회 목회자의 2023년도 목회 전망," 『넘버즈』 169호 (2022): 5.

팬데믹을 지나 엔데믹으로 접어드는 상황에서 목회 현장은 예배 사역의 강화방안을 필요로 하고 있다. 예배자로 부름을 받은 성도와 교회는 어떤 상황 속에서도 하나님을 높여 경배하며 섬기며 예배하는 자세를 잃지 않아야 한다. 이 글을 통해 코로나 엔데믹 상황에서의 예배 사역 증진방안을 살펴본다.

1. 예배의 중요성을 회복하라

예배가 왜 중요할까? 예배를 통해 하나님을 만나고, 반응하게 되며, 하나님을 온전히 섬기는 일을 실천하고, 예배자로서의 바른 삶을 추구하게 하며, 부활하신 주님을 기쁨으로 경축하고, 하나님을 놀라운 은혜를 체험하고 경험함으로 성숙한 성도로 성장해 가기 때문이다. 예배의 중요성을 성도들에게 알려주는 것이 중요한 이유는 예배에 대한 가치를 부여함으로 목양이 실제로 가능해지기 때문이다. 기독교인들이 신앙 공동체의 교리나 삶의 지침은 물론이고 감정의 치유나 회복 등을 정규적이면서 포괄적으로 그리고 효과적으로 경험할 수 있는 장이 바로 예배다.[3] 또한 하나님은 예배를 통해 예배자의 찬미를 받으시고 동시에 그 예배자의 전인을 치유하신다.[4]

예배는 신앙 공동체가 교리를 정규적으로 효과적으로 배우고

---

3) 김순환, "예배, 타나토스를 넘어선 승리의 아남네시스," 『신학과 실천』 16호 (2008): 100.
4) Ibid., 109.

익힐 수 있는 기회를 제공하며, 어떻게 살아가는 것이 주님을 기쁘시게 하는 것인가를 알게 해준다. 예배를 통해 상한 감정의 치유나 회복을 실제적으로 경험할 수 있다. 목양적 관점에서 본다면 전인의 치유가 지속적으로 이루어지기 때문에 예배는 목양의 실제적인 장으로 매우 중요하다고 할 수 있다. 예배는 하나님을 높일 뿐 아니라 예배자들을 치유하고 회복시키는 사역이기에 매우 중요하다.

예배를 교회의 다른 사역에 부과된 보조적인 것으로 생각해서는 안 된다. 예배는 교회의 모든 생활이 지향해 나가는 정점이자 모든 사역을 펼치기 위한 원천이 된다. 예배는 교회의 가장 중요한 행위이다. 예배는 교회의 가르침을 확인해 주고, 세계를 향한 복음적 선교의 사명을 일으키고, 교회가 사회적 책임을 감당하도록 격려한다. 예배를 통해 그리스도의 지체로서 참된 교제를 실현하고, 예배에 참여하는 자는 실제적 치유를 경험한다.

예배를 통하여 실제적인 치유가 일어나고, 참된 교제가 실현되고, 예배자들이 빛과 소금으로 그 역할을 감당할 수 있도록 사회적인 책임을 제시하고, 하나님의 말씀을 배우고, 선교의 사명을 감당할 수 있도록 열정을 다시 일으키기 때문에 예배는 너무도 중요하다. 예배가 생동감이 넘칠 때 공동체가 생동감이 넘치고 성도들의 삶에 생동감이 넘치게 된다. 예배를 통한 목양은 실제적으로 가능한 사역이다.

예배는 하나님의 과업을 성취하는 것이다. 하나님의 백성은 하나님을 섬기기 위해 존재한다. 하나님을 섬기며 예배하는 것이 가장 큰 섬김이고 교회의 궁극적인 목표이다. 성도들에게 예배가 얼마나 가치 있고 중요한지를 가르쳐서 바른 예배자가 되도록 인도해야 한다. 하나님은 예배에 성공한 사람을 찾으신다. 예배의 성공은 취향의 문제가 아니라 성도가 죽고 사는 문제이다.

예배가 이토록 중요한데, 성도들은 팬데믹 상황 속에서 대한민국의 시민으로서 정부의 방역 조치에 적극적으로 따라야 하는 '실존적인 시민의 의무'를 지키는 일과 하나님의 백성으로서 하나님께 예배하는 일 사이의 간극을 경험하였다. 예배하러 모이는 시간에 방역 문제와 충돌이 되어 움츠러들기도 하고, 믿음을 고수할 것인가 아니면 덕을 세울 것인가에 대한 둘 사이에서의 갈등을 경험하였다. 목회데이터연구소의 "한국교회 코로나 추적조사 결과(3)"에서 주목해 볼 만한 내용이 있다. 주일 예배 실시간 온라인 중계 비율인데, 거리두기 해제 전 54%가 코로나 종식 후에는 47%로 7%가 줄었다는 점이다. 온라인 예배를 병행하면서도 현장예배에 더 집중하겠다는 의미이다.

교인 수(장년기준) 500명 이상의 대형 교회의 경우 98%가 현장예배와 실시간 온라인 중계를 계획하고 있는 반면, 29명 이하 소형 교회의 경우 현장예배와 온라인을 동시 중계하겠다는 응답률이 27%에 그쳤다. 반면, 현장예배만 드리겠다는 의향은 29명 이하 소형 교회의 경우 59%까지 올라가고 있다. 향후 교회(목회)의 중점을 어디에 두어야 할지를 묻는 질문에 대해 목회자와 성도 두 그룹 모두 '주일 현장예배'를 가장 많이 꼽았다. 목회자와 개신교인 모두 주일 현장예배, 즉 말씀에 중점을 둬야 한다는 것에는 이견이 없었으나, 목회자들의 경우 교회의 본질(공동체성, 친교, 전도 등)에 집중하는 경향을 보였고, 성도들은 교회의 공적 역할과 온라인에 대해 상대적으로 더 큰 중요성을 느끼고 있었다.[5] 엔데믹 상황에 예배의 중요성을 재확인하고 강조하는 교육을 실시함으로 성도를 예배자로 세워나가야 한다.

2. 세대통합 예배를 시도하라

팬데믹을 경험하고 난 후 교회가 전통적이라고 여겨 왔던 가치들의 해체가 가속화 되고 있는 실정이다. 다원주의화 되고 상대주의화 되어가는 오늘날에 있어서 기존의 모든 가치 체계의 절대성이 흔들리고 그 가치 속에 담긴 역사적인 의미마저 퇴색이 되어 각자가 추구하는 가치가 최우선이 되어버렸다. 예배의 현장에 있어서도 모여서 함께 예배하면서 전통이라는 이름으로 가슴 깊숙하게 감동을 전해주기가 어렵게 되었다.

전통적 예배(Traditional Worship)를 강조하는 사람들은 이러한 현재의 상황 속에서 예배의 의미를 강조함으로 그런 고민을 해결해 보고자 노력을 해왔다. 이와는 반대로 현대적인 예배

---

5) 목회데이터연구소, "한국교회 코로나 추적조사 결과(3) 목회자조사," 기독교 통계(148호), 2022년 6월 14일.

(Contemporary Worship)를 추구하는 경향의 그룹이 있다. 전통적인 예배가 현대인들에게 적절하지 않은 예배 형태라는 전제 하에 모든 연령층에 가장 적합한 최상의 예배를 회복하고자 하는 움직임이다.

현대적 예배는 예배에 참여하는 회중들 각자의 경험의 중요성을 강조한다. 각자의 경험이 중요하기 때문에 예배를 통한 경험을 중요시하고, 각 개인에게 경험을 가져다줄 수 없는 비효과적인 예배는 예배로서의 의미를 상실한 것과 다름이 없다는 입장이다. 현대적 예배를 강조하는 사람들은 전통적인 예배가 오늘날의 회중들에게 온전히 경험하고 감동할 수 있는 예배 현장을 제공하지 못한다고 여긴다.

한국교회의 예배는 온 가족이 함께하기보다는 가족이 분리되어 예배하는 경우가 많다. 주일학교, 학생회, 청년회 등 기관별로 드리는 예배가 대부분이다. 한국교회 안에서 이루어지는 예배는 가족 구성원들을 격리시키는 역할을 하기도 한다. 온 가족이 흩어져 따로 예배를 드리기 때문에 신앙의 동질성을 회복하기가 쉽지 않다. 예배 경험이 다르기 때문에 가정에서 드리는 가족 예배 정착이 자연스럽지 못한 경향을 보인다.

김봉성은 한국 교회가 어떤 방법으로 부모와 자녀, 앞 세대와 뒷 세대의 신앙의 연속성 회복에 기여할 것인가에 대한 접근을 하면서 한국교회가 갖는 예배 형태의 약점을 지적하였다. 그는 한국교회의 예배 제도는 나이에 따라 예배 형식이 채택이 되었고, 이해하기 적당한 설교가 주어졌는데 이 모든 것이 실용주의적인 사고의 영향이 크다고 분석하였다.[6] 연령별로 구분하지 않고 세대통합으로 예배하는 것은 인간적인 편리성 때문이 아니다. 세대 간의 단절을 예방하기 위한 것이다. 가족들이 함께 예배하면서 실제로 함께 시간을 보내고 하나님에 대한 동일한 믿음을 공유하고 동일한 예배를 통해 서로의 나눔을 통해 대화와 교제의 장을 열어 줄 수 있다는 점이 세대통합 예배의 장점이라고 할 수 있다.

설은주는 교회가 세대를 통합하는 큰 가정으로서 기능을 회복하게 될 때 생기는 유익을 제시하였다. 첫째, 가족 구성원들이 함께 더불어 성장하고, 서로에 대한 책임을 감당하고, 공통의 비전을 개발하고, 그 비전을 따라 살 수 있게 한다. 둘째, 앞서간 믿음의 선각자들의 지혜를 활용할 수 있게 한다. 가족 구성원들의 삶의 경험을 배울 수 있다는 점이다. 셋째, 보다 많은 사람들에게 실제적인 삶의 지침을 얻을 수 있는 가정 속에서 자신들의 은사를 사용할 수 있게 된다. 넷째, 가족이 없는 사람들에게 가족을 제공한다. 다섯째, 새신자들과 초신자들이 성도로서 잘 성장해 갈 수 있도록 이끌어 주는 수단을 제공한다.[7]

웨스터호프(John H. Westerhoff)는 신앙을 다음 세대에 전달한다고 하는 것은 다음 세대를 공동체의 모든 예배 의식에 참여

---

6) 김봉성, 『뿌리내리는 공동체』 (서울: 사랑방, 1994), 56.
7) 설은주, 『가정 사역론』 (서울: 예영 커뮤니케이션, 1997), 228-33.

하는 자로 받아들이며 끌어들이는 일이라고 주장했다.[8] 한국교회는 세대별로 분리해서 예배를 드림으로 공동체성의 약화를 초래한 면이 있다. 세대통합 예배는 가족공동체, 신앙공동체, 민족공동체적 사건으로 가득 찬 성경의 사건들을 예배자들이 함께 표현해내는 자리로 삼는 것이다. 세대통합 예배는 교회가 공동체 상호 간의 작용을 원활하게 하기 위한 예배가 되어야 한다. 그러므로 한국교회는 학교의 구조를 따라 연령별로 나누어 교육하는 것이야 그렇다 치더라도 예배는 분리하지 말고 함께 교류하며 공유하는 세대 통합 예배의 회복을 서둘러야 한다.

물론 세대통합 예배가 가져오는 소란스러움, 갈등, 불편함, 번거로움이 있다. 하지만 도리어 예배자들은 질서와 안정, 타협과 양보, 수용과 배려를 배우게 된다. 편리함이나 형통함의 추구가 신앙생활의 목표가 아니라 어려움 속에서 균형이 잡히고 성숙함을 이루는 것이 목표인데 이것이 세대통합 예배 상황 속에서 이루어질 수 있다. 세대 간의 차이를 인정하고 극복해 가는 공동체의 모습 속에서 신앙의 유산을 함께 만들어 가는 긍정적인 효과를 기대할 수 있기 때문이다. 세대 간의 대화와 문화가 단절되는 이때 세대통합 예배를 통하여 세대 간의 대화의 장을 만들고 신앙의 유산을 함께 만들어 가며 신앙의 유산을 전수하고 보존하기 위하여 세대통합의 예배는 절실하게 필요하다.

---

8) John H. Westerhoff III, 『교회의 신앙교육』, 정웅섭 역 (서울: 대한기독교교육협회, 2006), 98.

3. 예배의 다양성을 추구하라

앞서 말한 세대통합 예배를 실천함에 있어서 전통적인 예배와 현대적인 예배의 통합이 이루어져야 한다. 먼저 예배의 형식을 갱신해야 하는데, 그러기 위해서는 예배의 구조와 예배에 꼭 필요한 요소가 무엇인지를 살펴야 한다.

하루가 다르게 변화하는 현대 사회에서 교회의 예배가 시대에 맞게 변화되어야 한다는 소리가 높아지고 있다. 기독교 예배의 역사는 시대마다 전통과 개혁의 변증법적 변형을 보여 왔다. 새로운 시대의 새로운 회중에게 전통적인 예진은 귀한 유산으로 평가되기도 하고 때로는 무의미한 형식으로 비판되어 왔다. 따라서 그것으로부터 자유하려는 개혁적 시도가 긴장 또는 갈등 구조를 유지하며 변천되어 왔다.

예배를 다양하게 시도하려면 추구하는 목적에 따른 예배 형태에 주목할 필요가 있다. 엘머 타운스(Elmer Towns)는 현재 행해지는 예배의 형태를 여섯 가지로 나누어 설명하였다. ① 잃어버린 영혼을 구령하는 것에 초점을 두는 복음 전도 중심의 예배 형태, ② 하나님의 말씀을 가르치는 것을 강조하는 성경 강해 중심의 예배 형태, ③ 성령님의 은사들을 표현하는 일에 관심을 두는 신앙부흥적인 예배 형태, ④ 교제와 관계와 소그룹에 초점을 둔 공동체성을 강조하는 예배 형태, ⑤ 전통적이며 전례적인 예배

형태, ⑥ 평범한 사람들의 비형식적인 예배 형태.[9]

복음 전도 중심의 예배는 복음 전도의 사역을 성취하기 위해서 드리는 예배로, 믿지 않는 사람들에게 복음이 필요하다는 관점에서 성령의 능력 안에서 복음을 선포하면서 예배의 목적과 사명을 예수님의 마지막 당부인 대 위임에서 찾는다. 설교에서는 복음 전도적인 측면이 더 강하다. 교육적인 설교보다는 케리그마 설교에 집중함으로 영혼 구원에 핵심 가치를 둔다. 복음 전도는 모든 교회의 사명이고 교회로 초대받아 온 사람들은 복음을 전해 듣고 회심하며 하나님의 백성으로 거듭나는 것에 가치를 둔다. 불신자를 교회로 인도하는 과정을 포함한 복음 전도적 예배의 실천은 교회가 매주는 아닐지라도 월별 혹은 분기별로 꼭 실천해야 할 예배라고 할 수 있다.

성경 강해 중심 예배는 성도들을 성숙시키며 무장시키기 위한 목적으로 드리는 예배로서, 성경 강해 설교를 강조한다. 지성적 영성을 가진 사람에게 더 적합한 예배 형태이고, 목회자에게 가르치는 은사의 탁월함을 필요로 한다. 체계적인 성경 가르침에 강력한 비중을 두며, 책별 강해, 주제별 강해, 교리 강해 등 다양한 방식으로 실행된다.

신앙부흥적인 예배에서 목회자의 초점은 대부분 성령 안에서 격려하는 권면에 있다. 권면을 통해 그리스도인의 삶과 사역에서 다른 사람들에게 동기를 부여하고자 한다. 삶과 사역에서 구체적

---

9) Elmer Towns, 『성장하는 교회는 무엇이 다른가?』, 김홍기 역 (서울: 요단, 1993), 206-7.

인 목적들을 성취하기 위한 방법들을 다른 사람들에게 조언하고, 하나님 안에서 믿음의 반석 위에서 서도록 다른 사람들을 격려하는 것이다. 나아가 일부 치유 은사 체험을 추구하기도 한다. 열정적인 영성을 가진 성도들에게 적합한 예배이다.

교제 중심 예배에 참석하는 사람들은 다른 사람들과 서로 영향을 주고받을 것을 기대하는데, 이러한 예배는 다른 사람들의 삶에 동참하며 서로서로 섬김을 성취할 수 있는 상황을 제공한다. 이런 예배 형태에 참여하는 사람들은 위로하는 사역에 은사를 보이는 경향이 있으며, 소그룹 사역에서 형성된 소속감과 친밀감을 예배에서도 경험하도록 한다.

전통적인 예배는 세 가지 측면의 사역을 강조한다. 성례전을 강조하고 전통적인 음악을 사용하며, 교회력에 충실하고자 한다. 예배의 수직관계를 강조하여 하나님을 섬기는 것에 비중을 둔다.

회중 중심의 예배는 다른 예배 형태들에 비해 예배 회중 규모가 작은 경향의 예배로서, 가정예배와 같은 느낌을 갖는다. 이것은 평신도가 활동적으로 참여하는 영역에 있어서 의미가 크다.

다양한 형태의 예배 실천을 어떻게 해야 할 것인가 하는 것이 목회 현장의 가장 큰 고민 중의 하나이다. 천편일률적이고 반고정적인 예배를 매주 시행하는 것으로부터 변화를 어떻게 이끌어낼 것인가 하는 과제를 해결해야 할 책임이 목회자에게 있다. 필자가 사역하고 있는 목원교회는 매달 첫째 주는 주의 만찬을 강조하는 의식적인 예배, 둘째 주는 성경 강해 중심의 예배, 셋째 주는 복음 전도 중심의 예배, 넷째 주는 회중 중심의 예배를 실천하고 있다. 다섯째 주가 있는 달에는 은사 중심의 예배를 계획하고 실천하고 있다. 아울러 회중 중심의 예배는 기능적인 목장(기도, 전도, 양육, 심방, 봉사)의 리더를 중심으로 평신도 사역자가 말씀 선포 사역을 제외하고 예배 사역의 전반적인 부분을 매달 한 번씩 인도하고 있다.

4. 예배자의 참여를 확대하라

예배의 방법을 새롭게 적용하여 매 주일 예배를 새롭게 시행하면서 회중의 참여를 극대화하는 것은 교회가 해결해야 할 과제이다. 팬데믹을 지나는 동안 교회는 영상 예배를 통하여 위기의 상황을 극복해 보고자 하였다. 방송 장비를 갖추고 예배를 송출하는 일은 일상적인 일이 되었다. 방송 장비를 갖추지 못한 작은 교회들은 밴드, 카톡을 이용하여 영상을 송출하였고, 유튜브를 통하여 예배를 실시하였다.

그레이스 교회의 담임 목사인 존 맥아더는 비대면 예배를 전면 거부하였는데, 히브리서 10장 25절을 인용하여 예배 금지 조치에 반대하는 설교를 통하여 교회가 문을 열어야 하는 임무를 강조하였다.[10] 정부 당국과 교회 간의 갈등 상황 속에서 예배를 강

---

10) "비대면 예배의 문제점(4) 코로나 팬데믹 시대의 교회론," [온라인 자료], https://true-faith.kr/27, 2022년, 12월 29일 접속.

행하는 교회와 정부의 안을 수용하는 교회들이 나뉘면서, 당국의 방침을 수용하면서 성도들을 위해 비대면 예배를 실시하는 교회들이 많아지기 시작했다.

목회데이터 연구소에서 제시한 내용에 따르면 주일 예배를 어떻게 드렸는가라는 질문에 '출석하는 교회에 가서 현장에서 예배를 드렸다'는 답변이 미국 한인교회 성도가 88퍼센트, 한국교회 성도들이 69퍼센트였고, 출석하는 교회의 실시간 온라인 예배를 드렸다고 응답한 미국 한인 교회 성도가 8퍼센트, 한국 교회 성도가 25퍼센트였다.[11]

비대면 예배가 시행되고 있다면, 비대면 예배에 참여하는 성도들을 보다 더 적극적으로 예배에 참여할 수 있도록 교육하고 지도하는 일이 절대적으로 필요하다. 예배는 장소를 구별하여 일상적인 장소를 벗어나 하나님께서 허락하신 믿음의 공동체가 모이는 곳에서 함께 예배해야 한다. 예배는 시간이 구별되어야 하는데, 한 주간을 시작하는 첫날 주일 아침 믿음의 공동체가 약속한 시간에 마음을 다해 예배해야 한다. 예배는 의복의 구별이 이루어져 하나님을 예배하는 데 있어서 거리낌이 없는 복장으로 하나님께 예배를 드려야 한다. 예배는 물질의 구별이 이루어지는 시간으로 감사와 헌신의 고백을 담은 물질을 구별하여 하나님께 드려야 한다. 비대면 예배에 참여하는 성도는 예배의 순서와 예

---

11) 목회데이터연구소, "미국 한인교회 교인 의식조사," 기독교 통계(176호), 2023년 1월 18일.

배의 요소에 적극적으로 참여하여 눈으로 보는 예배가 아닌, 귀로 듣는 예배가 아닌, 적극적으로 참여하는 예배를 드려야 한다.

팬데믹 시대의 예배에는 많은 제약이 있었다. 팬데믹을 지나고 엔데믹 시대에는 회중의 참여를 극대화 하는 예배로의 회복이 필수적이다. 회중들이 자발적으로 예배에 참여하고, 열정적으로 참여하는 예배가 되어야 한다. 팬데믹으로 인한 무너진 교회의 예배를 새롭게 하는 길은 예배의 다양성을 추구하고 회중의 참여를 극대화하는 것이다. 참여적 예배를 통하여 예배의 다양성을 추구하고 성도로 하여금 예배에 자발적으로, 적극적으로 열정적으로 참여하도록 해야 한다. 덕(Ruth C. Duck)은 참여의 개념을 확장하여 신앙공동체가 성령의 역사 안에서 예배를 기획하고 인도하고 경험하는 일에 관여하는 것까지를 포함해야 한다고 제안했다.[12] 그러기 위해서 예배를 계획하고 인도하는 사역자는 예배의 회중으로 하여금 예배 행위에 적극적으로 참여하도록 촉구할 필요가 있다.

예배에 있어서 목회자 중심의 예배가 아닌 성도가 예배의 한 축임을 인정하고 성도의 참여를 극대화해야 한다. 성도가 '예배에 참관하는 구경꾼'이 아니고 '예배를 직접 만들어 가는 한 주체'라는 것, 성도에게 예배의 의미가 무엇이고, 예배 각 요소에 어떻게 참여하는지 등을 교육해야 한다. 이런 교육과 훈련을 통해 성도에게 적극적으로 예배에 참여하여 온전한 예배를 드릴 수 있도록

---

12) Ruth C. Duck, 『21세기 예배학 개론』, 김명실 역 (서울: 대한기독교서회, 2013), 74.

기회를 부여해야 한다.

교회의 목회자와 성도는 서로 다른 존재 양식과 서로 다른 임무를 가지고 동일한 목표를 지향하고 있기 때문에 교회 내에서 소통은 반드시 이루어져야 한다. 목회자를 성직의 개념이 아닌 기능적인 것, 즉 하나님으로부터 교회 안에서 주어진 역할에 대한 개념으로 여겨야 한다. 예배를 계획하고 준비하면서 예배 메시지의 선정, 예배에 사용할 찬양 선곡, 예배 인도자 및 각 순서 담당자 선정, 지원팀 역할 확인, 이벤트(특별 순서), 멀티미디어, 주보 및 예배 큐시트 제작을 하면서 성도의 역할을 염두에 둔 참여 문제를 신경을 써야 한다.

예배 인도자는 예배하면서 성도들이 예배하도록 돕는 자라는 입장을 가져야 한다. 교회는 복수의 예배 인도자 그룹을 준비하여 목사가 고정적인 예배 인도자가 되지 않도록 배려해야 한다. 사이베르트(Siewert)는 인도하는 자리에 있는 것과 인도받는 자리의 비율이 2대1 정도 되는 것이 건강한 상태라고 하였다.[13]

예배를 기획할 때 성도의 참여를 증진하기 위해서 다음과 같은 방법을 사용할 수 있다. 첫째, 회중에게 꼭 부르고 싶은 찬양을 적어서 제출하라고 하여 찬송을 선곡하는 데 참여하게 만드는 방법이다. 둘째, 기도의 제목을 제출하게 하는 것도 방법이다. 셋째, 꼭 듣고 싶은 말씀에 대해 제안하게 하는 방법이다. 넷째, 예

---

13) Alison, Siewert 외, 『최고의 예배를 디자인 하라』, 임금선 역 (서울: 다윗의 노래, 2007), 87.

배 활동에 참여할 자원자를 모집하는 것도 예배 계획에 회중을 참여시키는 방법이다. 다섯째, 교회력의 활용이다. 여섯째, 예배에 회중이 적극적으로 참여토록 예배의 각 요소들의 의미와 방법을 제대로 이해하도록 교육하는 일은 필수이다.

예배 말씀에 성도가 참여할 수 있는 부분은 교독문 낭독, 설교 본문 봉독, 그리고 설교 부분이다. 교독문 낭독과 설교 본문 부분은 성도가 직접 참여하여 말씀을 낭독하게 되는 경우이고, 설교는 성도가 말씀을 들으면서 참여할 수 있는 부분이다. 결국은 예배에서 말씀의 요소는 성도가 어떻게 낭독을 하느냐 하는 방법을 습득하게 하여 참여하게 하는 방법이고, 설교에 있어서 성도의 참여를 높이기 위해서는 의사소통을 하고 말씀을 잘 듣게 훈련해야 한다. 성도의 참여를 높이기 위한 설교 본문 낭독의 다양성을 계발해야 한다. 지글러는 말씀을 낭독하는 방법에 관하여 다음과 같이 제안하였다. 첫째, 존경하는 마음으로 성경을 다루라. 이것은 하나님의 말씀이라는 느낌을 전하라. 둘째, 성경 구절을 현명하게 확실하게 알리라. 셋째, 성경 구절을 해석적으로 읽으라. 넷째, 이해될 만큼 똑똑하게 확실하게 읽으라. 다섯째, 중단하거나 설명하지 말고 그대로 평범하게 읽으라.[14]

예배에 있어서 봉헌은 예배의 요소 중 헌신을 외적으로 드러내는 표현이다. 헌금은 시행하는 시간에 따라 의미가 조금 달라질 수 있다. 설교 전에 드리는 헌금은 하나님이 지난주에 주신 은혜

---

14) Franklin M. Segler, 『예배학원론』, 정진황 역 (서울: 요단, 1979), 148-9.

에 감사의 의미가 강하다. 오늘 예배를 통하여 주실 은혜를 생각하면서 감사의 제목을 적고 헌금을 드려야 한다. 설교 후에는 봉헌의 의미가 더 강조된다. 예배자의 헌신의 외적인 표시로 드리는 봉헌 시간에는 예배 인도자가 성경 구절이나 헌금에 관한 간단한 말을 나누고 예배자들이 헌금하는 시간을 가져 보다 적극적으로 봉헌의 의미를 강조해야 한다. 대면으로 예배하는 성도나 비대면으로 예배하는 성도에게 동일하게 감사와 헌신의 의미가 강조되어야 한다. 성도들이 헌금에 적극적으로 참여할 수 있도록 훈련하고 권면해야 한다.

5. 예배 표현을 다양하게 하라

표현이라는 말은 "사상이나 감정 따위를 말이나 행동으로 드러내어 나타냄"을 이르는 말이다.[15] 예배 표현이란 예배를 드리면서 말이나 행동으로 예배자의 감정이나 예배자가 가지고 있는 믿음을 겉으로 드러내는 것을 말한다. 예배자들이 예배의 개념을 잘 이해하고 예배에서 자신의 역할과 자신의 예배 내용과 감정을 잘 표현할 때 그 예배는 역동적인 예배가 되는 것이다. 예배의 정신은 적당하고 경건하게 그리고 자연스러운 형태로 표현이 되어야 한다. 예배에 참여하는 회중들은 경외감, 희생의 정신, 하나님

---

15) "표현," 『다음 국어사전』, [온라인 자료], http://dic.daum.net/word/view.do?wordid, 2022년 12월 28일 접속.

을 가까이 만나려는 태도, 복종의 정신, 내용 있는 감정, 경축의 태도, 자기반성, 자기 교화, 재헌신의 태도, 마음의 예배라는 태도를 가지고 표현을 해야 한다.[16] 김순환은 "기독교인들이 신앙 공동체의 교리나 삶의 지침은 물론이고 감정의 치유나 회복 등을 정규적이면서 포괄적으로 그리고 효과적으로 경험할 수 있는 장이 바로 예배"라고 하였다.[17]

어느 시대건 예배는 유산으로 물려받은 예전적이고 전통적인 것을 고수하면서도, 현시대의 문화에 대하여 융통성과 개방성을 가져야 한다.[18] 예배자의 언어와 행동 그리고 사상체계로 표현되는 예배자의 문화를 따라 다양한 표현 양태를 가지게 됨으로 복음적인 한도 내에서 이해심과 포용력을 가져야 한다. 예배는 문화적으로 열려있는 예배가 되어야 한다. 게릿 구스타프슨(Gerrit Gusttafson)은 "다양한 표현으로 예배하라"고 강조하면서 예배에서 노래와 관련하여 시(Psalm), 찬송(Hymm), 신령한 노래(Spiritual Song)를 부르라고 했다.[19]

이처럼 예배 가운데 문화적인 요소들을 적극 활용하는 것이 중요하다. 그러나 주의를 기울여야 할 것은 토저(A. W. Tozer)가 "예배가 연예 오락화되는 것을 조심하라"[20]고 한 부분이다.

---

16) 박은규, 『예배의 재발견』 (서울: 대한기독교출판사, 1993), 183.

17) 김순환, "예배, 타나토스를 넘어선 승리의 아남네시스," 100.

18) 김연택, 『건강한 교회와 예배』 (서울: 프리셉트, 2000), 83.

19) Gerrit Gusttafson, 『멈출 수 없는 예배의 열정』, 김동규 역 (서울: 예수전도단, 2006), 223-5.

20) A. W. Tozer, 『예배인가 쇼인가』, 130. 이명희, 『현대 예배론』, 154에서 재인용.

이명희는 예배 표현의 대표적인 내용으로 침묵, 음악, 몸짓, 춤, 드라마가 있는데, 침묵이나 음악은 이전 세대들에게 친숙한 부분일 수 있고, 몸짓과, 춤, 그리고 드라마는 다음 세대들에게 익숙한 부분일 수 있으니, 예배 표현의 다양성을 위해서 편견을 버려야 하고, 예배자들의 상황을 이해해야 하며, 다양한 표현 형태를 개발해야 하고, 예배자들의 참여를 극대화해야 하며, 예배 인도자를 훈련해야 한다고 하였다.[21] 엔데믹 시대의 진정한 고민은 예배를 회복하는 데 있다. 신령과 진정으로 예배를 드리면서, 다양성과 예배의 표현을 극대화하여 성도들의 참여를 높여 하나님을 기쁘시게 하는 예배를 실천해야 한다.

나가는 말

한국교회는 코로나 팬데믹을 겪으며 예배 현장의 혼란과 예배 실천의 한계를 경험하면서 예배 회복의 시급함을 인식하게 되었다. 이스라엘 백성들이 포로기를 경험하면서 하나님의 말씀으로 돌아가고 하나님을 온전히 예배하는 예배 회복 운동을 일으킨 것을 교훈으로 삼아야 한다. 예배를 새롭게 하는 일은 어느 시대나 존재했던 일이었다.

우리 세대는 코로나 팬데믹이라는 암초를 만나 가장 근본적인 문제를 다시 되짚어 보게 되었는데 이는 믿음의 문제와 우리의

---

21) 이명희, 『현대 예배론』, 198-211.

믿음을 표현해 내는 예배에 관한 것이었다. 엔데믹 시대의 예배를 어떻게 실천해야 할 것인가? 예배에 관한 교육과 양육을 다시 시작해야 한다. 예배에 관한 정의, 예배의 중요성, 예배의 근본적인 요소, 예배의 표현, 예배 경험, 예배 순서에 관한 양육과 교육을 실시해야 한다. 세대 간의 구분된 예배가 아닌 세대 통합 예배를 통하여 모든 세대, 모든 가족들이 함께 예배하는 예배의 회복이 이루어져야 한다.

고정적이고 틀에 박힌 예배가 아니라 살아 움직이는 역동적인 예배를 구성하고 진행해야 한다. 예배의 다양한 형태를 도입하여 고착되지 않는 예배를 시도해야 한다. 죽어 있는 예배가 되지 않도록 예배 표현을 적절하게, 다양하게 찾아내서 예배를 실천해야 한다. 성도의 참여를 극대화하기 위한 방안을 제시하고, 목회자의 예배가 아닌, 나의 예배가 아닌 우리의 예배를 만들어 하나님께 올려 드려야 한다.

예배는 장소, 시간, 물질, 의복의 구별이 이루어지고, 하나님과의 만남이 이루어지는 시간인 만큼 어느 형편에 놓이더라도 미리 준비하여 살아계신 하나님을 높여 예배하는 예배자가 되어야 한다. 예배는 살아계신 하나님의 계시에 대한 피조물의 반응인 만큼 예배에 있어서 죽은 듯이 있는 존재가 아닌 역동적인 존재로 하나님을 예배해야 한다.

23. 중독의 이해와 치료

김상백

들어가는 말

우리는 중독사회에서 살고 있다. 2021년 보건복지부의 조사에 의하면 주요 정신질환(우울장애, 불안장애, 니코틴 사용 장애, 알코올 사용 장애, 자살사고, 자살계획 및 자살 시도 등을 포함)에 대한 우리나라 성인의 평생 유병율이 27.8%(남자, 32.7%, 여자 22.9%)로 성인 4명 중 1명이 평생 한 번 이상 정신건강 문제를 경험하고 있는 것으로 밝혀졌다.[1]

과거 충격적인 부산 여중생 살해사건이 성중독자인 김길태의

---

1) 2021년 보건복지부, "정신건강실태조사결과발표," [온라인자료], https://www.043w. or.kr/www/selectBbsNttView.do?key=150&bbsNo=21&nttNo=44585&- searchCtgry=&searchCnd=all&searchKrwd=&pageIndex=1&integrDeptCode=, 2022년 9월 30일 접속. 보건복지부(장관 권덕철)는 정신장애의 유병률 및 정신건강서비스 이용현황을 파악하기 위해 「2021년 정신건강실태조사」를 실시하고, 그 결과를 발표하였다. 본 조사는 정신건강복지법 제10조에 근거하여 2001년 이후 5년 주기로 실시하고 있으며, 이번이 다섯 번째 조사이다. 이번 조사는 전국 만 18세 이상 만 79세 이하 성인 5,511명(가구당 1인)을 대상으로, 국립정신건강센터 주관하에 서울대학교(함봉진 교수)와 한국갤럽조사연구소가 약 3개월간 실시하였다.

계획적인 범행의 결과[2]로 드러나자 학교 앞은 등하교 시간이 되면 딸을 둔 부모님들의 차량으로 북새통을 이루었다. 도대체 얼마나 많은 성중독자들이 은밀하게 우리 자녀들 주변을 배회하고 있을까? 성중독뿐인가? 얼마 전에는 인터넷게임 중독에 빠진 아들이 이를 나무라는 어머니를 살해하는 어처구니없는 일도 있었고, 이렇게 인터넷 게임중독에 빠져 아이를 돌보지 않던 철없는 부모는 세달 된 딸을 굶어죽게 했다. 이 뿐 아니라 도박중독, 알코올중독, 쇼핑중독, 일중독, 마약중독 등 지금 우리 사회를 보면 많은 사람이 중독의 수렁에 빠져 허우적거리는 것 같다.

중독의 사전적인 정의는 "술이나 마약 따위를 계속적으로 지나치게 복용하여 그것이 없이는 생활이나 활동을 하지 못하는 상태"라고 한다.[3] 한마디로 어떤 약물이나 음식이나 행동의 노예가 되어버리는 것이다. 필자는 중독을 우상숭배라고 믿는다. 중독은 개인의 영혼뿐 아니라 가정과 교회와 사회를 파괴하는 사탄의 도구이다. 교회는 영혼의 우상숭배인 중독을 치유하는 치유 공동체(Healing Community)가 되어야 한다. 필자는 자신도 모르게 중독사회를 살아가는 현대인들을 치유하는 교회가 되기 위해 중독에 대한 일반적, 성경적, 신학적 이해, 중독의 원인, 중독의 뿌리와 중독 사이클, 중독을 치유하기 위한 AA 12단계 프로그램과

---

2) 2010년 2월 부산에서 성폭력 전과자 김길태가 여중생을 납치해 성폭행하고 살해·유기한 사건이다.

3) [온라인 자료], https://dic.daum.net/word/view.do?wordid=kkw000238292&-supid=kku000304675, 2022년 9월 30일 접속.

영성 훈련 등에 대해 살펴보려고 한다.

1. 중독에 대한 이해

중독의 영적 심리적 사회적 심각성을 깨닫고 치유하기 위해서
는 먼저 중독에 대한 정확한 정의와 이해가 필요하다. 필자는 먼
저 중독에 대한 정의를 포함한 학자들의 일반적 이해, 성경적 이
해, 신학적 이해를 살펴본 후 중독의 원인에 대해 살펴볼 것이다.

1) 중독의 일반적 이해

중독은 사전적으로 "습관적으로 열중하거나 몰두하는 것"이라
고 할 수 있다. 그런데 여기에는 부정적인 활동뿐 아니라 좋은 활
동도 포함된다. 중독의 라틴어 어원은 addicene인데, 이것은
'동의하는 것, 양도하거나 굴복하는 것'을 말한다. 어원적으로 중
독은 우리가 습관적으로 동의하여 몰두하는 행동이나 우리를 굴
복시켜 노예화하는 힘을 가진 행동을 말한다.[4]

쉐프(Anne Wilson Schaef)는 "중독은 우리를 무력하게 하
는 어떤 과정이다. 중독은 우리를 통제하고, 우리 스스로 개인적
가치들과 모순되는 일을 생각하고 행하게 하는 원인이 되며, 우
리를 더욱 충동적이고, 강박적이 되도록 한다"고 정의했다. 그

---

4) Archibald D. Hart, 『숨겨진 중독』, 윤귀남 역 (서울: 참미디어, 1997), 25.

는 중독의 확실한 증상으로 거짓말, 부인, 덮어버리는 것(cover up)과 같이 자신과 다른 사람들을 속이는 것을 들었다. 또한 메이(Gerald G. May)는 "중독이란 어떤 강박관념에 사로잡힌 것이며, 인간 욕망의 자유를 제한하는 습관적인 행위"라고 정의하고, 특정 대상들에 대한 집착과 고정이 중독의 원인이라고 했다.

결론적으로 중독은 우리를 무력화시키고 굴복시켜서 우리의 자유를 제한하는 모든 습관적 행동을 말한다. 중독은 어느 정도 쾌락을 주며, 강박적이며, 금단현상을 일으키며, 결국 우리를 노예화한다. 중독은 아담과 하와를 범죄케 하여 타락시킨 뱀이 건넨 선악과와 같은 달콤한 유혹이다. 그런데 밖으로 드러나서 일반적으로 알고 있는 중독의 형태보다 더 무서운 것은 숨겨진 중독이다. 하트(Archibald D. Hart)는 잘 드러나지는 않지만 숨겨진 무서운 중독의 형태를 다음 페이지의 표와 같이 정리했다.

2) 성경적 이해

성경에는 구체적으로 중독이라는 용어가 나오지 않지만, 중독의 의미와 중독에 대한 바른 태도를 분명히 교훈하고 있다. 그러면 중독에 대한 성경적 이해를 살펴보자.

<표> 숨겨진 중독의 형태[5]

숨겨진 중독의 형태	
논쟁하기	분노
수집하기	종교활동
경쟁	원망
먹기	모험하기(무모한 행동)
정서(우울증 같은)	자기징벌(메조키즘-자학)
낚시	섹스(환상, 자위)
도박	가게에서 훔치기(도둑질)
남의 소문 이야기하기	쇼핑
곤궁에 처한 사람 돕기(구제, 자선사업)	고독
	불끈 화내기
조깅(운동)	스릴 찾기/익스트림(extreme, 극한) 스포츠
거짓말하기	
강박적 사고	TV
사람(관계중독)	일(일중독)
완전주의	종교(종교중독)
외설적인 책	독서

(1) 창세기 2장-3장: 아담과 하와의 타락

아담과 하와가 자신들을 유혹한 뱀의 거짓말에 속아서 선악을 알게 하는 나무의 실과를 따먹은 것은 중독의 시작이라고 할 수

---

5) Ibid., 24.

있다. 하나님은 이들이 선악과를 따먹은 것에 만족하지 않을 것을 잘 아셨다.

> 뱀이 여자에게 이르되 너희가 결코 죽지 아니하리라 너희가 그것을 먹는 날에는 너희 눈이 밝아져 하나님과 같이 되어 선악을 알 줄 하나님이 아심이니라 여자가 그 나무를 본즉 먹음직도 하고 보암직도 하고 지혜롭게 할 만큼 탐스럽기도 한 나무인지라 여자가 그 열매를 따먹고 자기와 함께 있는 남편에게도 주매 그도 먹은지라(창 3:4-6).

위 본문에는 중독의 요소인 거짓, 절제하지 못함(금단현상), 그리고 전염성 등이 명확하게 나타난다. 그리고 그 중독의 밑에는 절대 만족하지 못하는 인간의 탐욕이 자리를 잡고 있다. 하나님은 이것을 알고 계셨다.

> 여호와 하나님이 이르시되 보라 이 사람이 선악을 아는 일에 우리 중 하나 같이 되었으니 그가 그의 손을 들어 생명나무 열매도 따먹고 영생할까 하노라 하시고(창 3:22).

하나님은 인간을 자유의지를 가진 인격적 존재로 창조하셨으므로, 인간은 자발적으로 하나님께 헌신함으로 응답해야 한다. 그러나 타락한 인간은 자신이 주인이 되어 하나님의 뜻 대신 자신의 뜻을 실현하려는 교만함을 가지고 있다. 그리고 그 교만은 항상 우리를 실패로 인도한다. 아담과 하와의 선악과와 타락 이 야기 속에는 자유, 고집, 욕망, 유혹, 집착 등과 같은 중독과 은혜 의 기본 요소들이 농축(濃縮)되어 있다.

(2) 신명기 5장-6장: 십계명

하나님은 유일한 신이시며, 우리의 주인이 되시길 원하신다. 그리고 하나님 외에 어떤 물질, 물체, 구조물이나 사람을 하나님 보다 앞세우는 우상숭배를 배격하신다.

나는 너를 애굽 땅, 종 되었던 집에서 인도하여 낸 네 하나님 여호와라 나 외에는 다른 신들을 네게 두지 말지니라 너는 자기를 위하여 새긴 우 상을 만들지 말고 위로 하늘에 있는 것이나 아래로 땅에 있는 것이나 땅 밑 물 속에 있는 것의 어떤 형상도 만들지 말며 그것들에게 절하지 말며 그것들을 섬기지 말라 나 네 하나님 여호와는 질투하는 하나님인즉 나 를 미워하는 자의 죄를 갚되 아버지로부터 아들에게로 삼사 대까지 이르 게 하거니와 나를 사랑하고 내 계명을 지키는 자에게는 천 대까지 은혜 를 베푸느니라(신 5:6-10).

중독은 하나님의 자리에 다른 물질이나 사람이 주인이 되어있 는 우상숭배이다. 왜냐하면 중독을 일으키는 것들이 중독된 사람 의 마음을 지배하고, 위로를 주고, 심지어 일시적인 쾌락을 주며 그는 그것들을 하나님 대신 강하게 의지하기 때문이다. 중독을 예방하고 이기기 위해서는 일상의 삶 가운데 더욱 하나님을 전인격적으로 의지하고 사랑해야 한다.

이스라엘아 들으라 우리 하나님 여호와는 오직 유일한 여호와이시니 너는 마음을 다하고 뜻을 다하고 힘을 다하여 네 하나님 여호와를 사랑하라(신 6:4-5).

(3) 누가복음 15장: 탕자의 비유

예수님은 누가복음 15장에 나오는 탕자의 비유를 말씀하셨다. 탕자는 현대의 중독자의 삶을 잘 보여주고 있다. 그는 아버지의 유산을 미리 달라고 해서 받았다. 하지만 그 돈을 잘 관리하지 못하고 흥청망청 썼다. 성경에서 그가 허랑방탕(虛浪放蕩)했다고 하는 것으로 보아 그가 흥청망청 돈을 썼을 때, 아마도 그는 여러 가지 것들에 중독되어 있었을 것이다. 그것은 알코올중독은 말할 것도 없고, 성중독 등을 비롯해 다양한 중독의 증상들로 나타났을 것이다.

하지만 중독된 생활은 그를 가난과 절망의 구렁텅이로 밀어 넣었다. 그는 가진 많은 돈을 다 탕진하고 끼니조차 제대로 때우기 힘들었다. 그는 이제 생계를 위해서 심지어는 돼지를 치는 일을 해야 했다. 돼지를 치는 일은 그 당시로서는 가장 천박한 일이요,

가장 더럽고 지저분한 일이었다. 탕자가 처한 절망적 환경은 돼지가 먹는 쥐엄 열매를 배고픔을 해결하기 위해 먹었다고 하는데서 잘 드러난다. 이 '쥐엄 열매'(kerativon)는 본래 '작은 뿔'이라는 뜻으로 짐승들의 먹이로 사용되었다. 돼지와 함께 쥐엄 열매를 먹었다는 것은 비참함의 극치를 보여 준다.[6] 중독의 결과도 이렇게 비참하다.

이 절망적 고난이 탕자가 회개하고 아버지께로 돌아가는 전환점이 되었고 중독 치유의 열쇠를 제공해 주었다. 탕자의 아버지는 회개하고 돌아온 탕자를 따뜻하게 맞이하고, 진심으로 용서하고, 아들의 신분을 회복시켜 주었다. 그의 중독은 따뜻한 아버지의 품에서 치유되었다. 결국 그를 중독의 올무에서 벗어나게 한 것은 '아버지께로 돌아가는 것'(회개)이다. 하나님 아버지와의 관계 회복이 중독치료의 핵심이다.

(4) 요한복음 4장: 수가성 우물가의 여인

성경의 요한복음 4장에 나오는 여인은 굉장히 곤고한 삶을 살았던 여인이다. 아마도 사랑받고자 하는 갈망으로 6명이나 되는 남자와 살았었으나 헤어졌고, 마지막 남자까지도 같이 살고는 있으나 정식으로 결혼한 남편은 아니었다. 메이 필드(May Field)는 누가복음 4장 18절 원문분석을 통해 남편이라는 단어를 분석

---

6) CANON주석, 누가복음, *Deluxe Bible Ondisc*[CD-ROM].

함으로써 이 본문은 여인이 도덕적으로 안 좋은 상태에 있음을 나타낸다고 하였다.[7]

이 여인은 다섯 명의 남자와 함께 산 기구한 운명을 보여 주며, 또한 성적 죄악의 모습도 나타내 준다. 이러한 여인의 생활은 그 무대가 사마리아 지방이라는 것을 감안해 볼 때, 종교 형식과 관련된 나쁜 도덕적 행실을 이 여인이 소유하였음을 알 수 있다. 그녀는 항상 목말랐고 갈증을 채워줄 누군가를 계속 갈구하였다. 보통 중독은 다중 중독으로 나타나는데 이 여인의 중독 형태는 관계중독 내지는 성중독의 형태로 나타나는 것 같다. 아마도 이 여인은 여러 남자를 만났지만 그 남자들이 자신의 깊은 필요를 채워줄 수 없다는 것을 절감했을 것이다. 다시 말하면 한계상황에 부닥쳤을 것이다.[8] 중독의 어둠에 빠져있는 여인을 예수님께서 찾아오셨고, 그를 직접 만나셨으며, 그에게 영원히 목마르지 않는 샘물을 주셔서 그의 중독의 목마름을 해갈해 주셨다. 예수님을 만나고 주님을 영접함으로 여인은 중독의 사슬에서 해방되어 참된 구원과 자유를 누렸다.

탕자와 우물가의 여인에게서 나타나는 중독치유의 공통점은 스스로 만족을 찾아보려고 했으나 실패한 사람들이 하나님의 은혜로 중독을 치유한 것이다. 탕자는 재물만 있으면 행복할 줄 알았던 것 같다. 여인은 어떤 남자가 자기를 만족시켜 줄 것인지,

---

7) CANON주석, 요한복음, *Deluxe Bible Ondisc*[CD-ROM].

8) 이선이, "우물가의 목마른 여인," [온라인 자료], http://www.christiantoday.co.kr, 2013년 12월 접속.

행복하게 해줄 것인지를 계속 찾아 헤매었던 것 같다. 그러나 성경에 나오듯이 둘 다 한계상황에 부딪혔다. 또한 이 한계상황으로 인해 마음이 겸손해지고 외부의 도움을 절실히 필요로 했다. 자신의 부족함을 깨닫고(죄인인 인간의 실존을 깨달음), 우리를 구원하시는 능력을 가진 절대적 존재인 하나님과의 만남(하나님 사랑의 재발견)과 은혜가 중독치유의 핵심인 것이다.

3) 신학적 이해

오츠(Wayne E. Oates)는 중독을 주 예수 그리스도가 아닌 어떤 것이나 어떤 사람에 대한 습관적이고 맹목적인 열심이라고 했다. 중독자들에게 있어서 도박, 알코올, 약물, 종교적 권위와 같은 강박적 중독이나 섹스 파트너와 같은 사람들은 생활에 중요한 의미가 있으며, 이러한 중독들이 예수 그리스도의 자리를 차지하고 있다. 결국 중독은 예수님보다 더 사랑하고 위로받고 의지하는 마음의 우상을 만드는 것이며, 영적으로 하나님을 배반하는 우상숭배이다.

메이(Gerald G. May)는 중독은 하나님을 향한 인간의 갈망을 방해하는 가장 강력한 심리적인 적이라고 하면서 중독의 영적 위험성을 강조했다. 중독은 우리를 노예로 삼고 우상숭배자로 만들며, 하나님과 다른 사람을 사랑하지 못하게 만든다. 그리고 우리의 진정한 자유의지와 존엄성을 좀먹는 인간 자유와 사랑의 대적자이다.

메이는 중독의 우상을 파괴하고 이기는 유일한 힘과 소망은 바로 은혜(grace)라고 강조했다. 은혜는 모든 중독을 이길 수 있는 세상에서 가장 강력한 힘이다. 은혜는 중독을 포함한 모든 인간 내면의 자유를 억압하는 어둠의 세력들을 능가하는 힘이 있다. 그래서 은혜가 인간의 희망이다.[9] 중독은 죄인으로서 우리의 연약한 실존을 깨닫게 하며, 또한 우리를 예수 그리스도 안에 있는 하나님의 은혜 가운데로 인도한다.

세계적인 목회상담학자인 하트(Archibald D. Hart)도 중독을 "영적 우상숭배"라고 분명히 선언했다.[10] 목회신학적으로 중독은 분명히 우상숭배이다. 왜냐하면 중독은 일시적이지만 만족과 쾌감을 가져오며, 다른 모든 일보다 우선순위를 차지하며, 통제할 수 없는 심리적 집착과 의존을 동반하기 때문이다. 중독자들의 마음 속 하나님 자리에는 이 우상이 자리 잡고 있다. 하나님이 주시는 만족과 행복을 섹스, 도박, 일, 알코올 등에서 얻는 것이다. 인간은 육체적, 정신적 존재일 뿐 아니라 하나님의 형상을 닮아 하나님과 교제할 수 있는 영적 존재요, 창조의 면류관을 받은 존재이다. 하나님과 교제하면서, 하나님이 창조하신 세계 만물을 지배하고 다스려야 할 창조의 축복을 받을 존재이다. 그런데 하나님과의 관계가 끊어지고 타락함으로 마땅히 다스리고 지

---

9) Gerald G. May, 『중독과 은혜』, 이지영 역 (서울: 한국기독학생회출판부, 2005), 14-5.
10) Archibald D. Hart, 『숨겨진 중독』, 272.

배해야 할 것들에 지배당하고, 노예가 된 것이다. 그러므로 중독 현상은 현대사회에 갑자기 나타난 것이 아니라 인간의 원초적인 타락과 깊은 관계성이 있다.

4) 중독의 원인

중독의 원인은 개인에게만 국한된 것이 아니다. 중독의 원인은 역기능 가정 안에 있고, 또한 급속한 도시화, 산업화로 인한 사회 병리적 현상 속에도 있다. 그 원인에 대해 살펴보자.

(1) 중독을 일으키는 가정

"나는 어떤 가정에서 성장했는가?" 우리 실존의 뿌리인 가정은 건강한 개인의 영적 정신적 건강에 지대한 영향을 미친다. 건강한 가정을 순기능 가정이라고 하고, 여러 가지 정서적 심리적 문제가 있는 가정을 역기능 가정이라고 한다. 순기능 가정(건강한 가정)의 6가지 특징을 살펴보자(Ways to Strengthen Families, 미 연방정부 가정생활부&로고스 리서치연구소).

① 가족 구성원들이 헌신적이고 이기적이지 않다.
② 함께 시간을 보내며 친밀감(intimacy)이 높다.
③ 감사를 표현한다. 감사는 파괴적 성향을 낮춘다.

④ 갈등 해소의 능력이 있다.

⑤ 신앙적 헌신이 있다. 신앙이 강한 가정이 더 행복하다.

⑥ 의사소통(communication)을 잘하는데, 대화 속에 관심, 수용, 애정, 따뜻함이 있다.

그러면 중독의 원인이 되는 역기능 가정(병든 가정)의 특징은 무엇일까? 간단히 정리하면 다음과 같다.

① 역기능 가정은 정서적으로 문제가 있는 가족에게 관심이 집중되어 있다. 정서적으로 결핍된 사람은 대게 중독적이며, 강박적 성격을 소유하고 있다. 알코올중독, 약물중독, 습관적 분노 폭발, 일중독, 섹스중독, 무절제한 식습관, 쇼핑중독, 도박중독, 종교중독 등의 중독의 원인은 이러한 정서적 결핍과 문제에 있다.

② 역기능 가정은 감정 표현을 제한한다. 정서적으로 불안정한 한 사람에게 과도하게 집중되어 있는 가정은 다른 가족들이 감정을 표현할 수 있는 여유를 주지 않는다. "나의 감정은 중요하지 않아. 나의 감정은 아무런 상관이 없다. 나는 고통을 느낄 권리조차 없다." 상한 감정을 치유하지 않으면, 그것이 중독의 뿌리가 된다.

③ 역기능 가정은 가정 내의 어린아이들에게 파괴적인 역할을 하게 한다. 어린이가 희생양(아이 어른), 영웅(가족의 명예를

위해 열심), 대리 배우자(문제 부모의 상담자), 말 없는 아이 (문제를 일으키지 않는 얌전한 아이)의 역할을 한다.

④ 역기능 가정은 어린이의 성장 발달에 필요한 적절한 양육을 제공하지 못한다. 어린이는 부모로부터 육체적 정서적 보살핌을 받아야 하는데, 오히려 정서가 불안한 성인을 돕는 위치에 있다. 보호자와 피보호자가 바뀐 가정이다.

⑤ 역기능 가정은 명백한 문제가 있음에도 불구하고 공개적인 대화를 피한다. 건강한 가정은 갈등이나 스트레스를 서로 말하면서 지혜롭게 해결하지만, 역기능 가정은 그러한 요소들을 알고 있으면서 누구도 그에 관해 이야기하려고 하지 않는다. 이것은 용서나 망각이 아니라 현실 부인이며 회피이다.

⑥ 역기능 가정은 외부 세계와 단절되어 있다. 역기능 가정은 종종 그들만의 비밀을 가지고 있다. 예를 들면, 알코올 중독 어머니, 교회 지도자이면서 폭력적인 아버지 등이다. 그들은 다른 사람이 집을 방문할 때, 종종 비밀을 감추기 위해 연극을 한다.

어린 시절 신앙과 정서가 형성이 되는 가정은 인간의 영적 정서적 모판(seedbed)이다. 역기능 가정은 가정 내 어린아이를 중독에 취약한 성인아이로 만든다. 그리고 역기능 가정의 특징은 큰 영적 가정인 병든 교회의 특징으로 나타난다.

(2) 중독의 원인이 되는 사회

급속한 사회의 도시화가 중독의 원인이 된다. 도시화의 어둠 중에 치열한 경쟁, 고독, 상대적 빈곤, 황금만능주의, 비행청소년 문제, 우울증, 자살 등을 일으키는 도시의 아노미(anomie)현상이 중독의 사회적 원인이 된다. 아노미(Anomie)란 무엇일까? 아노미는 원래 그리스어 아노미아(anomia)에서 유래된 용어로서 프랑스어로 '가치관의 혼란, 무질서'를 뜻한다. 사회학적으로는 '사회규범의 동요, 이완, 붕괴 등에 의해 일어나는 혼돈상태 또는 구성원의 욕구나 행위의 무규제 상태'를 말하는 것으로, 행위를 규제하는 공통의 가치나 도덕 기준이 없는 혼돈상태를 의미하며, 심리학적으로는 도시와 같이 특수화된 사회 구조 속에서 사람들이 느끼는 분리감이나 고립감 등을 일컫는 말이다.

이 용어는 프랑스 사회학자 뒤르켐(E. Durkheim)이 도시사회의 가치관의 혼란을 이해하는 사회학적 용어로 처음 사용했다.[11] 사회심리학자들은 아노미를 '인지적 와해' 상태라고 하면서, '인간의 삶의 동력이 되는 특정 대상에 대한 의미부여가 상실되어 가치가 사라진 상태'라고 했다. 이러한 아노미를 경험한 사람은 극단적으로 생물학적인 자기 파괴 혹은 사회학적으로는 자기 기

---

11) 이정춘, 『생각이 사라지는 사회』 (서울: 청림출판사, 2014), 57; "anomie," [온라인 자료], http://dic.naver.com/search.nhn?dicQuery=anomie&query=anomie&target=dic&ie=utf8&query_utf=&isOnlyViewEE=, 2017년 7월 18일 접속.

피 현상을 나타내는데 이것이 자살과 범죄로 이어진다.[12]

한국 사회를 바라보면 마치 중독의 늪에 빠진 사회와 같다. 한강의 기적으로 세계에서 그 유래를 찾기 힘든 빠른 산업화, 도시화, 정보화를 거치면서 한국인은 일중독에 빠져 있고, 이것이 스트레스, 음주, 섹스, 자살 등 심각한 후유증을 동반하고 있다. 사행산업통합감독위원회의 조사에 의하면 한국 국민의 도박중독 유병율이 7.2%로 다른 나라의 1.3-3.4%보다 2-3배 높게 나타났다고 한다. 여기에 알코올(술), 니코틴(담배), 약물(마약), 성형, 쇼핑 등 다양한 중독 현상이 한국 사회를 병들게 하고 있다.

중독은 쾌감과 황홀감을 얻기 위해 일상의 삶을 소홀히 하면서까지 몰입하고 빠져들어가는 현상을 말하는데, 중독은 현실의 고통, 죄책감, 수치심으로부터 중독자를 분리시켜주기 때문에 떨치기 힘들 정도로 매혹적이며 금단현상을 동반한다. 이러한 중독 현상은 또한 도시의 아노미 현상을 심화시켜 사회의 근본을 흔든다.[13]

그리고 아노미 현상은 도시를 더욱 중독사회로 만든다. 특히 사회 지도층이나 해외 유학파들을 중심으로 일어나는 환각 파티나 대마나 마약의 상습 복용은 사회적 큰 문제로 대두되고 있다. 이러한 사회 지도층의 일탈행위는 가치관의 혼란과 갈등으로 인

---

12) "심리학 사전-인지적 와해와 아노미," [온라인 자료], http://blog.naver.com/yars/220197050048, 2017년 7월 18일 접속.

13) 이정춘, 『생각이 사라지는 사회』, 55-56; Craig Nakken, 『중독의 심리학』, 오혜경 역 (서울: 웅진씽크빅, 2008), 22.

한 아노미 현상의 전형적인 예라고 할 수 있다. 그들은 가치관의 혼란과 갈등으로 인한 스트레스를 알코올이나 니코틴을 비롯하여 개인과 사회에 나쁜 영향을 주는 코카인, 헤로인, 마리화나 등의 향정신성 물질로 해결하려는 경향이 있는 것이다. 이러한 약물 중독은 일시적으로는 스트레스를 해결하고 마음의 기쁨을 주는 것 같지만 중독자들을 더 큰 스트레스와 고통 가운데로 인도하는 중독의 악순환의 고리 가운데로 인도하며, 결국 개인과 가정 그리고 사회를 철저히 파괴한다.

2. 중독의 뿌리와 중독 사이클에 대한 이해

역기능 가정과 병든 사회는 개인의 중독에 지대한 영향을 미친다. 그리고 개인에게 중독을 일으키는 뿌리의 원인자이자 자양분이다. 그러면 개인에게 중독을 일으키는 뿌리와 중독 사이클을 살펴보자.

1) 중독의 뿌리

(1) 죄책감(guilt): 외부와 내부로부터 오는 보복에 대한 공포, 후회, 회한 그리고 참회를 포함한 복합 정서. 죄책감의 핵심에는 일종의 불안이 있는데, 이 불안에는 '만약 내가 누군가를 다치게 하면, 결국 나도 다칠 거야'라는 생각이 포함되어

있다.

(2) 수치심(shame): 거부되고, 조롱당하고, 노출되고, 다른 사람으로부터 존중받지 못한다는 고통스러운 정서를 가리키는 용어로서, 여기에는 당혹스러움, 굴욕감, 치욕, 불명예 등이 포함된다. 수치심의 발생에는 초기에 누군가에게 보이고, 노출되고, 경멸받는 경험들이 중요한 역할을 한다.

(3) 두려움(fear): 두려움은 대상이 명확하지 않지만, 뭔지 모를 추상적인 불안한 감정이다. 늦은 시간 주변에 아무도 없고 혼자 집에 있을 때 내 안에서 올라오는 것은 무서움(외부적 대상 명확)이 아니라 바로 '두려움'이다. 역기능 가정에서 서로 믿지 못하는 상황과 불확실성이 또한 두려움을 만들어 낸다.

2) 중독의 사이클

죄책감, 수치심, 두려움에 뿌리를 두고 있는 중독은 각각 반복에 따라 심화되는 네 단계의 사이클을 통해 발전한다. 그 단계란 몰입(preoccupation), 의식화(ritualization), 강박적인 행동(compulsive behavior), 그리고 절망(despair)이다.[14]

---

14) Mark Laseer, 『아무도 말하지 않는 죄』 정성준 역 (서울: 도서출판 예수전도단, 2000), 72.

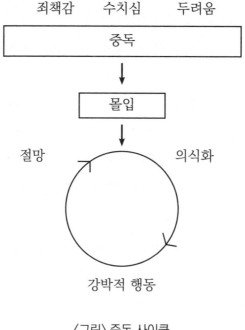

〈그림〉 중독 사이클

(1) 몰입

성중독자의 마음은 온통 성행위에 대한 생각과 공상에 몰두해 있기 때문에 스쳐 가는 모든 사람들이 성적 강박관념의 여과기에 걸러진다. 즉 중독자가 성적 자극을 병적으로 추구하기 위해 정신적으로 무아지경이 되었을 때 사람들은 성적 대상으로서 음미된다. 이때 중독자는 이러한 성적 강박관념에 사로잡혀 있는 것이다. 모든 지나가는 사람들이나 모든 대인 관계, 모든 만남의 상대들이 강박관념의 여과기를 통과하지 않을 수 없다. 사람들은 중독자가 음미하는 대상이 되는 것이다.

상가를 지나가다가도 이성의 눈에 띄기 위해 돈을 물 쓰듯 하여 물건을 왕창 사기도 한다. 서로에게 몰두해 있는 두 연인이 서로 하나가 되는 도취감에 빠졌을 때 주위를 아랑곳하지 않는 것과 같다. 중독자의 기분은 강박관념적인 무아지경에 빠져들 때에 전환된다. 생리학적 반응에 의해 아드레날린의 분비에 따른 자극이 신체의 기능을 상승시킨다. 중독자가 자신의 기분 전환을 위한 물건이나 행위에 몰두할 때 심장은 쿵쾅거린다. 위험, 모험, 폭력의 가능성은 당연히 상승한다. 몰입은 중독자의 고통과 후회와 죄책감에 의한 경계 의식을 무디게 한다. 중독자는 항상 행동을 하지 않아도 된다. 종종 지난 행위가 가져다주었던 안락함을 생각하기 때문이다.[15]

(2) 의식화(儀式化)

의식이란 행사를 치르는 일정한 법식 또는 정하여진 방식에 치르는 행사라고 사전에서는 제시하고 있다. 의식은 무아지경에 이르는 것을 돕는다. 의식 그 자체로 흥분이 몰아치는 것을 고양시킬 수 있다. 의식은 중독자를 성적 행동으로 이끌어 가는 중독자의 특별한 습관이다. 이 의식은 몰입을 강화하고, 흥분과 쾌감을

---

15) Grant Martin, 『좋은 것도 중독될 수 있다』 (서울: 생명의말씀사, 1994), 116.

더해 준다. 예를 들어 성중독자들은 오랜 시간 동안 포르노그래피를 보면서 지속적으로 성적 흥분을 높이고, 실제로는 일어나지 않을 누군가와의 성적 만남을 준비한다고 한다.[16)]

이것은 니코틴 중독자에게서도 동일하게 나타난다. 흡연자들은 담배를 담뱃갑에서 꺼내는 독특한 방법을 가지고 있다. 어떤 이들은 담배를 피우기 전에 항상 담배를 몇 번 두드린다. 어떤 흡연자들은 불을 붙이거나 담배 개비를 잡는 독특한 방법을 가지고 있다.[17)] 이처럼 의식에는 흥분을 야기 시키는 숙련된 행동의 신호가 포함된다. 몰입에 따른 몽상이나 영향력 있는 의식은 성적 접촉만큼이나 중요하고, 때로는 더 중요하다. 기대되는 의식은 모든 행동 절차를 보다 도취적으로 만든다. 사람이 언제나 오르가즘에 도달할 수는 없다. 따라서 중독자에게는 집중력과 정력을 한데 모으기 위한 탐색과 긴장이 필요하다. 배회하고, 바라보고, 기다리고, 준비하는 것 등이 기분 전환의 일부인 것이다.[18)]

(3) 강박적인 행동

중독이 계속되면서 의존의 증상이 나타나기 시작한다. 의존의 증상이 심화되면 이제 습관적으로 몰입한다. 이전의 인간관계,

---

16) William M. Struthers, 『포르노그래피로부터의 자유』, 황혜숙 역 (서울: 대성, 2013), 55.
17) Tim Sledge, 『가족치유 · 마음치유』 (서울: 요단출판사, 2011), 48.
18) Grant Martin, 『좋은 것도 중독될 수 있다』, 116-7.

취미 활동, 여가 생활을 잃어버리고 성중독인 경우 오락의 수단으로 성적 행동에 몰입한다. 이 단계에서는 내성이 생기게 되어 중독을 극복하기가 더욱 어려워진다.[19] 이것은 실제적 행위로서 몰입과 의식화의 목표이기도 하다. 이 시점에 이르면 중독자는 자신의 행동을 통제할 수 없다. 전에는 멈출 수 있는 방책이 있었지만 이 단계에 이르면 중독자는 무력해진다. 중독자는 자신의 성적인 사고와 행동에 대한 통제력을 상실한다.[20]

(4) 절망

중독자들이 자신의 행동과 무기력에 대해 극도의 절망감을 느끼는 것은 네 단계 사이클의 가장 마지막 단계이다. 중독자는 성욕을 주체하지 못할 때 이것을 느끼게 된다. 이러한 느낌은 중독자가 자신의 행동을 통제할 수 없음에 대한 무기력과 아울러 그 행동을 멈추는 방도를 지키지 못할 때에 갖게 된다. 중독자는 자기 연민, 자기 증오를 또한 체험하게 되고 그것이 지나치게 되면 자살을 기도하기도 한다.

중독의 뿌리인 역기능 가정에서 비롯된 수치심, 두려움, 죄책감에서 시작된 중독의 사이클은 그 자체로 반복된다. 왜냐하면 사이클의 맨 처음 단계인 몰입이 중독자를 마지막 단계인 절망

---

19) 김병오, 『중독을 치유하는 영성』, 42.
20) Grant Martin, 『좋은 것도 중독될 수 있다』, 117.

의 구렁텅이에서 끌어내는 데 사용될 수 있기 때문이다. 이러한 사실로 인해 사이클은 무제한으로 계속된다. 중독자는 사이클의 각 단계가 반복될 때마다 앞의 체험을 배가시키고 중독은 순환적 본질을 굳힌다. 이러한 갈등이 지속되기 때문에 중독자의 생활은 붕괴하기 시작하고 걷잡을 수 없게 된다. 이러한 중독적인 구조 속에서 중독 체험은 삶과 주요 인간관계의 목적이 된다. 의식 상태의 전환을 가져오는 그러한 행동의 양상은 정상적인 행동을 비교에 의해 무기력하게 만든다. 이러한 사이클은 중독에 있어서 강력한 힘이다.

3. 우상숭배인 중독의 치유

중독을 치유하는 것은 대단히 힘든 일이다. 왜냐하면 내성과 금단현상 그리고 강력한 중독 사이클과 싸워야 하기 때문이다. 중독을 이기기 위해서는 중독보다 더 큰 힘이 필요하다. 이것이 하나님의 은혜이며, 강력한 성령의 역사이다. 필자는 우상숭배인 중독을 치유하기 위한 AA 12단계 프로그램과 영성 훈련을 간단히 소개하고자 한다.

1) AA 12단계 프로그램 이해

(1) 역사적 배경

AA 프로그램의 가장 중요한 인물은 빌 윌슨과 밥 스미스이다. 빌은 10살 때 부모가 이혼했고, 조부모 댁에서 성장했으며, 1차 세계대전으로 대학을 마치지 못하고 군 복무를 하면서 술을 마시기 시작했다. 그 후 월 스트리트에서 일하고 결혼도 했지만, 사업에 실패하고 더욱 술을 의지하면서 알코올중독에 빠지게 되었다. 1921년 프랑크 부커만(Frank Buch-man)이 시작한 작은 소그룹 기독교 운동인 옥스퍼드 그룹 운동의 영향을 받아 깊은 회심을 체험했고 중독치료를 경험했으며 삶이 크게 변화했다.

1935년 5월에 그는 스미스 박사를 만나게 되었는데, 그 역시 알코올 중독자로서 여러 번 실직을 경험한 사람이었으나 빌의 회심 체험과 치료 경험을 듣고 충격을 받아 옥스퍼드 그룹의 AA(Alcoholics Anonymous, 알코올 중독자 익명 모임)에 참여했다. 이들을 통해 AA 중독치유프로그램은 크게 발전하게 되었다.[21] 이렇게 중독을 효과적으로 치유하고 있는 AA 12단계 치유 프로그램은 기독교 경건 운동에서 시작된 것이다.

---

21) 김병오, 『중독을 치유하는 영성』, 100-5.

(2) AA 12단계 내용

첫째, 알코올 앞에 무력함을 시인하라. 알코홀릭은 현재 상황에서 삶을 통제할 수 없으며 자신이 패배했음을 시인해야 한다.

둘째, 더 큰 힘이 알코홀릭을 회복시킬 것이라는 믿음을 가져라. 더 큰 힘에 의존하겠다고 시인하는 것은 알코홀릭이 삶 속에서 마음을 열고 큰 변화를 받아들일 준비를 하는 데 필수적이다.

셋째, 하나님의 보호에 대해 신뢰할 것을 약속하라. AA 회원들은 스스로 자신의 집단이 영적이라고 여기지만 직접적으로 특정 종교와 관련된 것은 아니라는 점을 명심해야 한다. 하나님의 존재를 인정하지만 하나님에 대한 정의는 사람마다 다르게 내릴 수 있다. 이것은 영적인 존재에 기대기 위한 하나의 일반적인 의무다.

넷째, 스스로 철저하고 두려움 없는 도덕률을 만들라. 철저하고 용기 있게 자기의 도덕적 생활을 검토해야 한다(직면, 고백의 단계).

다섯째, 일단 약점에 대한 목록이 만들어지면 알코홀릭은 이 잘못들을 신과 자기 자신, 타인 앞에서 시인하라.

여섯째, 알코홀릭은 반드시 '하나님이 성격적 약점들을 제거해주시도록 사전에 준비해야 한다.' 이것은 영적인 재성숙의 과정에서 어렵고도 중요한 단계다. 바뀐 태도와 변화에 대한 수용, 개방된 마음가짐을 갖추는 것이 필요하다.

일곱째, 겸손한 마음으로 우리의 약점을 제거해 주시도록 하나님에게 간구하라.

여덟째, 해를 끼친 모든 이의 목록을 만들고 그들에게 기꺼이 용서를 구할 준비를 하라.

아홉째, 가능한 어디서든 사람들에게 직접적으로 용서를 구하라. 단, 타인에게 상처를 주지 않는 한에서 실천하라.

열째, 개인적 삶을 목록화하고 빠른 시일 내에 잘못을 시인하고자 노력하라. AA에서 한 번 알코홀릭은 영원한 알코홀릭이며, AA 모임은 단순히 완치를 위한 치료가 아니라 하나의 삶의 방식임을 마음속 깊이 새겨 두어야 한다.

열한째, 하나님과의 접촉을 위해 기도하라.

열두째, 우리는 영적으로 각성되었고, 다른 알코홀릭에게 이 메시지를 전하도록 노력하라.[22]

2) 중독 치유를 위한 영성 훈련

중독을 치유하는 영성 훈련(Spiritual Training)은 근본적으로 중독을 일으키는 우상인 니코틴, 알코올, 섹스, 음식, 관계 등이 주인이 아니라, 철저히 예수 그리스도를 주인으로 인정하고 모시는 데 있다. 그리고 성령의 임재를 간절히 소원하고 의지해야 한다.

---

22) Ibid., 109-11.

(1) 명상기도를 통한 영성 훈련

명상기도(meditative prayer)는 심령 깊이 하나님을 찾는 기도이다. 명상기도를 통해 우리는 우리 속에 있는 중독을 치유할 수 있다.

첫째, 호흡을 통한 준비: 호흡조절을 통해 몸과 마음을 차분하게 한다. 마음은 몸 상태에 의해 영향을 받게 되므로 고요한 호흡을 하면서 마음을 고요하게 만드는 것이 우선이다. 호흡할 때는 몸을 편안하게 하되 가능하면 뒤로 기대지 않고 똑바로 한 후에 모든 의식을 자신의 호흡에만 집중한다. 의식이 흐트러질 때는 숫자를 세거나 호흡하는 자신의 몸에 집중하면 호흡 집중에 도움이 된다. 호흡에 집중하는 것은 명상기도 전체에 걸쳐서 진행한다. 그러나 분명한 것은 이 명상기도는 일반 종교의 명상과 다르다는 것이다. 명상기도는 우리 영혼의 하나님을 향한 갈망이다.

둘째, 하나님 앞에 나아감: 몸과 마음이 차분해진 상태가 되면 마음으로 하나님을 생각하면서 자신이 지금 기도를 통해 하나님과 일대일로 만나고 있다는 느낌을 가지고 하나님과 함께 편안히 머물러 있는다. 이때 어떤 특정한 이미지를 활용하여 하나님에 대한 이미지를 인위적으로 만들 필요는 없고 단지 자신의 믿음에 근거하여 하나님을 생각하면 된다. 어떤 기도의 제목을 의도적으로 구하지 않고 어떤 떠오르는 생각을 붙잡지도 않는다. 어느 관상적 영성기도가 추구하는 것처럼 하나님과 하나가 되려고 의도적으로 시도하지 않으며 하나님과 자신의 인격적인 일대일 관계에만 마음을 집중한다. 하나님의 나의 삶의 주인이심을 철저히 인정하는 태도가 중요하다.

셋째, 하나님 앞에 머무름: 계속적으로 편안하게 호흡하며 하나님 아버지 앞에 단지 자녀의 마음으로 계속 머무른다. 기도의 마음이 깊어지면 자신에 대한 하나님의 친밀함과 사랑이 자신을 깊이 감싸고 있음에 마음을 집중한다. 하나님이 자신에게 하시는 말씀을 의도적으로 들으려고 하지 말고 성령께서 마음에 감동을 주심을 믿음으로 받아들인다. 중요한 것은 자신을 비우고 성령의 임재를 간절히 소망하는 마음이다. 성령께서 중독의 뿌리를 치유하신다.

이러한 명상기도 시간을 기독교 영성의 기도 전통에 따라 하루에 두 번 정도, 그리고 한 번에 30분-1시간 이상 실천하면 좋다. 기도는 영적 성장을 위해 중요한 영성 훈련 중 하나이며, 중독의 치유는 전적인 하나님의 은혜임을 고백하자.[23]

(2) 중독치유를 위한 다섯 단계의 영성 훈련

① 절망의 밑바닥(emotional bottom)을 치는 경험: 영적 회복의 전주곡이다. 이제 주님 안에서 영적으로 올라갈 일만

---

23) 김옥천, "관계중심 명상기도가 중년 남성 성중독 성향에 미치는 영향에 대한 연구," 『신학과 실천』 62호 (2018. 11), 7-8.

남았다.

② 겸손: 치유를 위해서는 먼저 자신이 중독되었고, 치유가 필요함을 겸손히 인정해야 한다. 진정한 치유는 먼저 자신이 죄인이며, 중독자임을 인정하는 것에서 시작된다.

③ 자기 포기: 중독의 문제는 자기 의지로 해결할 수 없음을 인정하고 자기 포기에 이르러야 한다. 자기 포기는 중독을 치유하기 위한 영성의 핵심이다. 예수님을 주인으로 인정하자.

④ 회심 경험: 자기 포기와 회심 경험은 본질적으로 같다. 하나님을 만나고, 하나님 안에서 죄인은 자신의 실존을 깨닫는 회심 경험은 중독자의 내적 구조를 바꾸고, 중독의 사슬을 끊게 만드는 하나님의 위대한 능력을 경험하게 한다. 중독자의 무의식에서 일어나는 자기 포기와 회심 경험은 하나님의 능력 개입 없이는 불가능하다.

⑤ 은혜의 치유 능력: 중독자가 중독 물질(addictive substance)에 무기력하다는 것을 받아들이고 하나님의 능력 앞에 철저하게 항복하는 것은 중독이라는 육체적, 심리적, 영적 질병에 대한 깊은 영적 각성이 일어날 때이다. 그런데 이 영적 각성은 하나님이 주시는 은사, 곧 믿음을 통하여 가능하며, 이 믿음은 하나님의 은혜 안에 붙들렸을 때 가능하다. 만약 하나님의 은혜가 우리를 붙들지 않으면 우리 자신의 자기 포기도 효력이 없다.[24]

---

24) 김병오, 『중독을 치유하는 영성』, 196-218.

나가는 글

한국 사회도 이젠 마약 청정국이 아니다. 최근 5년 동안 국내 마약류 사범 검거 인원은 매해 평균 15,000명을 웃돌고 있다. 마약사범이 하루에 47명꼴로 잡힌다. 코로나 사태 이후에 이러한 마약사범이 더욱 늘어났고, 그 연령대도 낮아지고 있다고 한다.[25] 중독은 우리 사회와 가정 그리고 교회를 파괴하는 사탄의 도구이며, 영적인 우상숭배이다. 예수님의 몸인 교회는 적극적으로 현대판 우상숭배인 중독과 싸워야 하고, 중독사회를 치유해야 할 시대적 사명을 가지고 있다. 그러면 어떻게 교회가 날로 심각해지는 중독사회를 치유할 수 있을까?

첫째, 치유의 핵심은 먼저 하나님 앞에서 우리의 죄와 연약함을 인정하는 것이다. 우리가 하나님이 주시는 평안함과 만족 대신 알코올이나 마약, 그리고 도박과 같은 것에서 평안함과 만족을 찾은 것에 대한 우리의 무지함과 연약함을 인정하고 그 죄를 회개해야 한다. 우리의 우상숭배에 대한 진정한 회개에서부터 치유는 시작된다. 예수님은 스스로를 건강하고 의롭다고 생각하는 자를 부르러 오신 것이 아니라, 주님의 발 앞에서 자신이 병

---

25) "소리 없이 다가왔다... 파멸의 '백색가루'," 『국민일보』, 2022년 10월 4일, 유엔에 따르면 마약 청정국(Drug Free Country)은 인구 10만 명당 마약류 사범이 20명 미만에 해당한다. 지난해 기준으로 보면, 한국이 마약 청정국의 지위를 계속 유지하려면 마약류 사범이 1만 명 아래여야 한다. 그러나 한국은 2016년에 이 기준을 이미 넘어섰고, 코로나19 이후에 연간 12,000-16,000명 선이던 마약사범의 규모가 2020년에는 18,050명으로 증가했다. 이미 한국은 마약 청정국이 아니다.

든 자임과 죄인임을 고백하는 자를 부르시고 구원하러 오셨다(마 9:12-13). 애통한 마음으로 하나님 앞에 정직하게 자신의 중독을 인정할 때 주님의 놀라운 치유를 경험할 수 있다.

둘째, 예수님을 마음에 진정한 주인으로 모시고 성령의 충만함을 받는 것이다. 연약하여 예수님을 세 번씩이나 부인했던 겁쟁이 베드로를 용감한 전도자로 변화시키고, 악명 높은 교회의 박해자였던 사울을 예수님 이후 가장 위대한 그리스도인인 사도 바울로 변화시켰던 성령의 불은 오늘 우리의 인격까지 변화시키는 강한 능력이 있다. 이렇게 교회를 통한 진정한 회개 운동과 성령 운동이 중독사회에 강하게 일어날 때, 우리 사회 속에서 독버섯처럼 번지는 중독이 진정으로 치유될 것이다.

셋째, 우리 교회를 더욱 건강하고 능력 있는 치유공동체가 되게 해야 한다. 치유를 목회의 중요한 기능과 사명으로 인식하고 적극적으로 치유사역자를 양육하고, 중독사회를 치유하기 위한 사명감을 가지고 정부기관과 잘 연계해서 중독에 대응해야 한다. 그러면 교회가 치유공동체로서 이 중독사회의 희망이 될 것이다. 그 무엇보다도 목회자들이 성령의 능력으로 충만할 때, 우리 사회를 좀먹는 뿌리 깊은 중독의 힘을 이길 수 있다.

24. 참된 회개

들어가는 말

이 논문의 목적은 코로나19로 인한 한국교회 위기를 극복하기 위해 성경 말씀에 나타난 참된 회개를 통하여 그 해결 방안을 제시하는 것이다. 현재 우리 한국교회는 여전히 코로나19의 여파로 큰 타격을 받고 있다. 코로나바이러스가 확산되면서 예배를 대면으로 드리지 못하고 비대면으로 예배를 드리는 초유의 사태 때문에 위기가 닥친 것이다.[1] 즉 코로나19 팬데믹 상황으로 인해 한국교회에 큰 위기를 맞이하게 된 것이다.

이 위기 극복을 위해 신학자들은 코로나에 대한 기독교적 대안을 여러 방향으로 제시하고 있다.[2] 장세훈은 "한국교회의 위기를 향한 그리스도인의 올바른 반응은 공동체의 죄를 자신의 것

---

1) 정재영, "코로나 팬데믹 시대에 교회의 변화와 공공성," 『신학과 실천』 73호 (2021): 858-60.

2) 류길선, "전쟁과 전염병, 개혁교회가 대처한 역사적 사례: 원리와 적용," 『개혁논총』 58권 (2021): 199.

으로 여기는 자기 성찰의 태도이다"[3]라고 지적했다. 또한 안명준은 "하나님의 진노는 재난들을 발생시켜 인간의 교만을 자제시키려는 것이다"라고 주장한다.[4] 학자들의 주장은 하나님의 진노하심으로 말미암아 재난을 맞이할 수 있다는 것이다. 이런 맥락에서 코로나19는 인간의 죄로 말미암아 한국교회에 닥친 위기라고 볼 수 있다. 왜 이런 큰 위기가 일어났는지를 성경 속에서 찾아보고 그 해결 방안에 대해 성경에서 해답을 찾고자 한다.

성경에 나타난 해결 방안은 가장 먼저 죄를 자백하는 것이다. 자백으로 번역된 헬라어 '호몰로게오'(homologeo)는 '고백하다, 시인하다, 솔직히 말하다'는 뜻을 지닌 단어로 자신의 죄를 스스로 고백하는 것을 의미한다(요일 1:9). 죄를 자백하는 참된 회개에는 죄를 사하여 주시는 하나님의 은혜에 대한 찬양과 감사가 함께 있어야 함을 보여준다. 따라서 코로나19 이후의 현재 한국교회가 다시 회복할 수 있는 방안은 죄를 자백하고 용서받을 수 있는 참된 회개라고 본다.

1. 참된 회개의 필요성

코로나19가 전 세계의 기능을 멈추게 한 초유의 사태가 발생되었다. 이 위기에 대응하기 위해 2020년 3월 11일 세계보건기구

---

3) 장세훈, "코로나 세대 분열의 갈등을 넘어: 느 1:5-11에 나타난 '우리'의 '죄 동일시' 고백을 중심으로," 『성경과 신학』 95권 (2020): 3.
4) 안명준 외, 『전염병과 마주한 기독교』 (군포: 다함, 2020), 168.

(World Health Organization, WHO)가 코로나19에 대해 감염병 경보 등급 최고 수준인 팬데믹을 선언하였다.[5] 이 팬데믹으로 인해 한국교회도 큰 위기를 겪게 되었다. 각 교회마다 대면 예배를 드리다가 코로나 확진이 되어 비판을 받게 되자, 비대면 예배를 드리는 교회의 수가 늘어가는 어려움을 당하게 된다. 그러면 코로나19에 대처할 수 있는 방안은 무엇인가? 그 방법을 성경에서 찾아야 한다. 성경에는 질병이 하나님의 진노이고, 이 문제를 해결할 수 있는 방법은 참된 회개임을 증거하고 있다. 그러므로 우리는 코로나19를 질병으로 진단하고 이 질병을 치유받기 위해 하나님께 참된 회개를 해야 한다.

이런 맥락에서 배정훈은 회개에 대해서 다음과 같이 주장한다. "회개란 잘못되었다는 느낌에 멈추지 않고 죄를 인정하고, 죄를 멈추고, 죄로부터 돌이켜(렘 18:11; 겔 18:21; 슥 1:4) 하나님에게로 돌아오는 단계이다"(대하 15:4; 사 55:7).[6] 다시 말하면 회개란 죄에서 돌이켜 하나님께 다시 나아오는 것이다. 흠정역(KJV)에서 '회개(repentance)'로 번역된 신약의 원어들은 메타멜레이아(μεταμελεια)와 메타노이아(μετανοια)이다. 메타멜레이아(μεταμελεια)는 성경 저자들이 일반적인 회개를 표현할 때 사용하며, 그 의미는 어떤 사람 선한 행동이나 나쁜 행동에 대해 후회하는 것이다. 또한 메타노이아(μετανοια)는 생각의 변화, 혹

---

5) 이도영, 『코로나 19 이후 시대와 한국교회의 과제』 (서울: 새물결플러스, 2020), 17.
6) 배정훈, "구약성서에 나타난 회개운동의 모델연구," 『구약논단』 23권 3호 (2017): 113.

은 판단, 의도, 목적, 그리고 행위의 변화를 의미하며, 지속적이며 선한 행동을 유발하는 변화를 의미한다.[7] 생각의 변화와 지속적인 선한 행동을 위해서 우리는 하나님께 간절한 마음으로 코로나19로 인한 한국교회의 위기를 회복시켜 달라고 참된 회개를 해야 한다.

1) 죄에 대한 이해

죄의 근원은 창세기 3장 3-5절에 나타나 있듯이 아담과 하와의 범죄로 인해 우리에게 죄가 전가된 것이다.[8] 죄에 대해서 최홍석은 "일반적으로 죄는 원죄와 자범죄로 구분되고, 모든 인생은 아담과의 언약적인 연대 관계 속에 태어났기 때문에 처음부터 죄악된 신분과 죄악된 상태에서 출생한다"[9]라고 주장한다. 이죄 때문에 아담과 하와는 저주받은 땅에서 땀을 흘렸고, 출산의 고통을 감당하였고, 에덴동산에서 추방당한다. 바울도 아담으로 인해 죄와 사망이 세상에 들어왔으며, 모든 사람이 죄를 범하였으며 스스로 변명할 수 없다고 말했다(롬 3:9-12).[10] 모든 인간은 죄인임을 고백해야 한다. 왜냐하면 조상 아담과 하와의 범죄로 인해 죄인일 수밖에 없기 때문이다.

---

7) John, Colquhoun, 『참된 회개』, 홍성은 역 (서울: 지평서원, 2007), 41-2.
8) 이수영, "죄의 회개 통로로서 목회사역에 관한 연구," 『신학과 실천』 66호 (2019): 667.
9) 최홍석, 『인간론』 (서울: 개혁주의 신행협회, 2005), 313.
10) 박해령, "구약성서의 죄 개념과 사유의 하나님," 『신학논단』, 57권 (2009, 9월), 14-5.

이런 맥락에서 죄에 대해서 구약성경은 민감한 반응을 보이며 가장 흔히 다루는 문제는 죄이다.[11] 모든 장에서는 거의 죄(sin)에 대해 다루고 있으며, 죄는 구약의 주요 신학적 주제라 볼 수 있다.[12] 드 브리스(De Vries)는 "죄가 무엇이고 죄가 무엇을 하는 것인지에 대하여 구약성경 모든 장에서 언급하고 있다"[13]라고 말했다. 다시 말하면 구약성경에서 사용된 죄에 관한 단어들을 통해 끌어낼 수 있는 구약성경의 죄의 개념은 하나님을 스스로 거스르는 인간 행위의 전체를 말한다는 것이다.[14] 구약성경에서는 죄를 가리키는 용어로 대략 26개 용어가 사용되었다는 것을 알 수 있는데 그만큼 죄라는 용어의 개념은 복잡하다.[15] 그러나 죄를 범한 자들에게 죄의 결과는 죄책감과 심판으로 나타난다.[16] 그러므로 구약성서에서는 죄를 범하는 죄인들에게 그들의 행위에 대한 책임에 관해 강력히 경고한다.[17]

또 신약성경은 로마서 3장 9-10절에서 "유대인이나 헬라인이나 다 죄 아래에 있다고 우리가 이미 선언하였느니라 기록된바 의인은 없나니 하나도 없다"라고 말했다. 장동진은 "이러한 죄의

11) 노희원, "눈보다 더 희게: 시 51편을 통해서 본 구약의 죄와 의," 『성경연구』 3권 9호 (1997): 7.

12) 박해령, "구약성서의 죄 개념과 사유의 하나님," 8.

13) Ralph L. Smith, 『구약신학 그 역사, 방법론, 메시지』, 박문재 역 (고양: 크리스챤다이제스트, 2005), 326.

14) 박해령, "구약성서의 죄 개념과 사유의 하나님," 9.

15) 유은걸, "요한복음의 죄 이해," 『신약성서논단』 18권 1호 (2011 봄): 133.

16) 박해령, "구약성서의 죄 개념과 사유의 하나님," 15.

17) Ibid., 10.

결과는 하나님이 원치 않으시며, 죄책, 형벌을 받음, 육체 및 영적 죽음을 맞게 되며, 개인에게 죄가 미치는 영향은 노예화, 현실도피, 죄의 부정, 자기기만, 무감각, 자기중심성, 불안함을 갖게 된다"고 지적했다.[18] 그리고 김현광은 "바울은 로마서 1:18-32 죄인에 대한 하나님의 진노는 지금 현재적으로 나타나고 있다. 바울이 보기에 하나님의 진노를 일으키는 근본적 죄는 하나님을 경배하지 않고 감사하지 않으며 경배하지 않는 것이다"라고 강조했다."[19]

또한 도널드 거쓰리(Donald Guthrie)는 공관복음서에서 예수님이 죄에 대해 다섯 가지 사실을 말씀하셨다고 했다. 죄의 보편성, 죄는 내재성, 죄의 노예성, 죄의 배반성 그리고 죄의 질책성이 그것이다. 그러나 예수께서는 죄에 대해 말하고 있는 곳에서 항상 용서에 대해 말씀하셨다.[20] 신약성경에서 죄에 대하여 사용된 헬라어 단어를 함께 모아 놓고 생각해 보면 죄는 수동적이거나 능동적인 여러 측면으로 나타난다.[21]

이렇듯 신구약 성경에 나타난 죄는 아담으로부터 시작된 불순종(고전 15:21-22)으로서 하나님의 형상을 파괴하였고, 하나님

18) 장동진, "기독교상담에서 죄의 문제 다루기: 애도(mourning)를 통한 이해," 『복음과 상담』 26권 2호. (2018): 186.

19) 김현광, "로마서 1:18-32에 나타난 하나님의 진노의 성격," 『신약연구』 21권 1호 (2022): 60-2.

20) Donald Guthrie, 『신약성서신학』, 정태원, 김근수 역 (서울: 기독교문서선교회, 1988), 212-3.

21) John R. W. Stott, 『그리스도의 십자가』, 황영철, 정옥배 역 (서울: 한국기독학생회출판부, 1998), 122.

의 목적과 의도를 벗어나 인간의 전인격적인 삶에 일어나는 행동과 생각들이며, 그것은 하나님으로부터 멀어지려고 하는 인간의 삶 그 자체라고 정의 내릴 수 있다(롬 5:17-18). 그러므로 아담으로부터 불순종으로 하나님의 형상을 파괴하고 하나님으로 분리되는 삶을 사는 것을 죄라고 보는 것이다.

2) 죄에 대한 하나님의 심판

질병의 원인에 대하여 이은재는 "성경에서 질병은 여러 가지 형태로 나타나 있다. 구약성경에는 질병을 개인의 죄와 이스라엘 백성의 징계로 엄격하게 다루었고, 하나님의 훈계로 고찰했다"[22] 라고 하면서 질병의 원인이 죄라는 것을 강조하여 설명했다.[23] 하나님께서 질병을 보내시는 것은 죄에 대한 심판으로서 질병이 하나님께서 의도하신 원칙에서 벗어난 죄에 대한 심판이라고 보는 것이다. 하나님께서는 신명기 28장을 통해 율법과 규례를 불순종할 때 받을 저주, 즉 질병을 피할 수 없다고 하였다. 또한 시편 38편 3절에서 "주의 진노가 말미암아 내 살에 성한 곳이 없사오며 나의 죄로 말미암아 내 뼈에 평안함이 없나이다"라고 시편 기자는 고백했는데, 이는 자신의 죄 때문에 주님께서 진노하셨음

---

22) 이은재, "질병과 치유: 경건주의의 신학적 질문," 「신학과 세계」 100호(2021): 87.
23) 이은재는 "하나님의 진노의 질병은 경건주의들의 입장에서 다음과 같이 세 가지로 본다. "첫째, 질병은 구약성경에 나타난 것처럼 죄에 대한 확실한 징계로 받아들여졌다. 둘째, 질병은 하나님의 변경할 수 없는 판단에 따른 최종적인 징벌이다. 셋째, 경건주의자들에게 질병은 하나님에 의해 부과된 십자가로 표현되었다."라고 주장했다. Ibid., 89-91.

에 대한 고백이다.[24] 이렇듯 성경에 나타난 개인적인 질병은 죄로 인한 징계로 볼 수 있다.

한편 하나님께서 행악자를 심판하기 위한 도구인 질병은 개인을 대상으로 하지만, 집단이나 나라 전체가 악행에 대한 하나님의 심판을 받아 질병의 피해를 입기도 한다. 블레셋 사람들은 하나님의 궤를 취한 일 때문에 독한 종기가 나는 고통을 겪었으며(삼상 5:6-12), 이스라엘 백성은 광야 노정 중 싯딤에 머물 때 모압 여인들의 자신들의 신들에게 절하라는 유혹을 뿌리치지 못한 결과 염병에 걸려 24,000명의 목숨을 앗아가는 심판을 받았다(민 25:1-9).[25] 김병석은 "하나님께서 자연을 통해 역사한 내용이 성경 속에 나타나 있다. 특히 자연 속에서 인간에게 위협적으로 다가오는 전염병으로 많은 사람이 생명을 잃게 되는 사건도 성경 속에서 찾아볼 수 있다"[26]라고 설명했다.

역대기에 등장하는 다윗의 인구조사(대상 21장)는 여호와의 강한 진노를 사게 되었다. 하나님과 맺은 언약을 위반할 경우에 여호와께서 질병의 심판을 내리실 것이라는 경고의 메시지가 선지자들의 예언에도 반복되어 나타난다(렘 15:2; 겔 6:11).[27] 그리고 안석일은 "전염병과 관련된 구약성경에 나타난 다윗의 인구조

---

24) 홍성혁, "구약성서의 질병 이해," 『구약논단』 20권 (2006): 127-9.

25) Ibid., 129.

26) 김병석, "포스트 코로나19 시대, 사회적 재난과 위기에 대응하는 실천신학 연구: 기독교 삶의 예배와 디아코니아를 중심으로," 『신학과 실천』 77호 (2021): 577.

27) 김지찬, 『성경과 팬데믹』 (서울: 생명의말씀사, 2020), 105-13.

사가 이스라엘 백성의 다수가 죽음을 당하는 엄청난 결과를 가져오게 되었다"[28]라고 주장한다. 이때 다윗은 인구조사에 대한 벌로 세 가지 중 하나를 선택하라 하실 때 택일을 하지 않고 여호와의 손에 맡겼는데(삼하 24: 14: 대상 21:3), 그때 여호와께서 이스라엘에 염병을 보내셨다(삼하 24:15; 대상 21:4). 여호와께서 죄를 심판하기 위하여 병을 보내는 것은 곧 병이 여호와의 진노라는 표시이다.[29] 그러므로 질병은 죄에 대한 하나님의 진노하심과 심판임을 알 수 있다.

2. 참된 회개의 중요성

참된 회개가 중요한 이유는 신구약 성경에 나타나 있듯이 죄를 지은 죄인이 회개하지 않으면 용서를 받을 수 없기 때문이다. 구약에 나타난 이스라엘은 죄 용서받기 위해 자신의 죄에 대해 속죄해야 하였다. 신약에 나타난 죄의 용서는 예수 그리스도의 십자가 구속 사역으로 값없이 주는 은혜의 선물이다.[30] 또한 하나님께 죄를 자백하는 회개를 통해 용서받는다는 증거는 성경에 나타나 있다(사 55:7; 잠 28:13; 겔 33:11; 시 32:5; 51:7; 호 14:1-

---

28) 안석일, "구약성경에 나타난 다윗의 인구조사(삼하 24:1-25; 대상 21:1-22:1): 전염병 가운데 흐르는 하나님의 은혜," 『개혁논총』 59권 (2022): 48-9.

29) 홍성혁, "구약성서의 질병이해," 129.

30) 이수영, "죄의 회개 통로로서 목회사역에 관한 연구," 『신학과 실천』 66호 (2019): 139-40.

3; 민 5:6-7; 눅 24:47).[31] 이런 맥락에서 죄를 지은 죄인은 회개
를 해야만 죄 사함을 받는다는 것이다. 즉 참된 회개를 통해서 모
든 죄를 용서받을 수 있다.

1) 참된 회개의 요구

구약의 선지자들의 중심 메시지도 회개였다(사 55:7; 렘 3:12,
22; 4:1; 11:7; 14:1; 욜 2:12; 슥 1:3-4; 말 3:7).[32] 침례 요한은
"회개하고 복음을 믿으라"(막 1:4)는 메시지를 선포하면서 사역
을 시작했다.[33] 즉 신약성경은 회개에 대한 메시지 선포가 침례
요한으로부터 시작되고 있음을 말한다(마 3:1-2; 막 1:4; 눅 3:3,
7-9).[34] 또한 예수님과 침례 요한의 첫 번째 메시지와 핵심 메시
지는 회개였고(마 3:8, 4:17; 막 6:12; 눅 17:3), 예수님과 사도
들에게 있어 회개는 죄 용서를 받기 위한 기본적인 요구사항이었
다(행 2:38; 3:19; 고후 7:9, 10).[35]

---

31) 박윤만, "예수의 죄 요어 선언에 드러난 자기 이해," 『신약논단』 21권 2호 (2014): 335.

32) 심명석, "개혁주의 구원론에 있어서의 회개의 중요성과 필요성: 칼빈을 중심으로," 『성경과 신학』 50권 (2009): 158.

33) 이승호, "바울과 회개," 『신학과 목회』 50권 (2018): 33.

34) 허주, "회개–한국교회 갱신을 위한 단초; 사도행전과 평양대부흥운동에 근거하여," 『한국개혁신학회』 35권 (2012, 여름): 89.

35) 심명석, "개혁주의 구원론에 있어서의 회개의 중요성과 필요성: 칼빈을 중심으로," 158.

2) 진정한 회개

구약성경에서 나타난 죄를 용서받을 수 있는 방법은 다음과 같다. 첫째, 희생을 통해 하나님의 진노를 피했다(창 8:20-21). 둘째, 인간의 죄를 사하기 위해 속죄 제사를 드렸다(레 4:1-5:13). 셋째, 죄를 사하는 방법에 대해서는 예언자들이 회개와 죄 사함의 필요성에 대해 말하고 있다(사 1:11; 호 6:6; 암 5:23-24; 미 6:8 등). 구약성경에서는 죄 사함 받기 위해 짐승이나 새에게 죄를 전이시키는 것이다. 구약성경에서 죄는 하나님에 대한 범죄이기 때문에 오직 죄 사함의 행위를 통해서만 용서받을 수 있다.[36]

그리고 신약성경에 나타난 참된 회개 방법은 다음과 같다. 바울은 데살로니가전서 1장 9-10절에서 "그들이 우리에 대하여 스스로 말하기를 우리가 어떻게 너희 가운데에 들어갔는지와 너희가 어떻게 우상을 버리고 하나님께로 돌아와서 살아 계시고 참되신 하나님을 섬기는지와 또 죽은 자들 가운데서 다시 살리신 그의 아들이 하늘로부터 강림하실 것을 너희가 어떻게 기다리는지를 말하니 이는 장래의 노하심에서 우리를 건지시는 예수시니라"라고 말한다. 즉 이방인들에게 우상을 버리고 하나님께로 돌아오라고 회개를 요청한다.[37] 또한 고린도후서 12장 21절에서는 "또 내가 다시 갈 때에 내 하나님이 나를 너희 앞에서 낮추실까 두려

---

36) 박해령, "구약성서의 죄 개념과 사유의 하나님," 15-8.
37) 이승호, "바울과 회개," 38.

워하고 또 내가 전에 죄를 지은 여러 사람의 그 행한 바 더러움과 음란함과 호색함을 회개하지 아니함 때문에 슬퍼할까 두려워하노라[38]"고 하면서 바울은 교린도 교인들에게 악행과 잘못에 대해 회개를 하라고 촉구한다.[39]

이런 맥락에서 구약성경 예레미야 33장 3절에서는 "너는 내게 부르짖으라 내가 네게 응답하겠고 네가 알지 못하는 크고 은밀한 일을 내게 보이리라"[40]고 말씀하셨다. 참된 회개의 방법은 죄를 고백하고 하나님께 부르짖는 것임을 알 수 있다.[41] 또한 국가의 위기 앞에서 회개를 촉구하는 본문은 요엘서에 나타나 있다. 예언자 요엘의 공동체가 목격한 자연재해는 가뭄과 메뚜기의 재앙이었다(욜 1:10-12).[42]

요엘 예언자는 임박한 재앙 때문에 회개 운동을 촉구한다. 진정으로 회개한다면 주께서 뜻을 돌이키셔서 재앙을 내리지 않을 뿐 아니라, 그들이 하나님께 소제와 전제를 드림으로 하나님과의 관계가 회복될 수도 있을 것이다. 하나님과의 관계 회복을 위해 그들이 회개의 자리에 서면 바로 민족의 부흥이 시작될 것이다(욜 2:18-20; 3:1-3).[43] 이렇듯 참된 회개만이 한국교회의 위기를 극

---

38) 한국찬송가공회, 『굿모닝 성경』 (서울: 아가페출판사, 2015), 301.

39) Ibid., 42.

40) 한국찬송가공회, 『굿모닝 성경』, 1116.

41) 송경아, "구속사를 통한 성경적인 용서의 발전과 그 용서 개념의 통합적인 이해," 『복음과 실천신학』 51권 (2019): 139.

42) 배정훈, "구약성서에 나타난 회개운동의 모델연구," 118.

43) Ibid., 120-2.

복할 수 있는 방법이다. 따라서 현재 코로나19 때문에 위기를 맞은 한국교회는 참된 회개를 통하여 하나님의 은혜를 바라보아야 한다. 참된 회개는 죄 용서받는 유일한 길이다. 또한 한국교회의 위기를 극복하는 방안이다. 즉 이 위기를 극복할 수 있는 방법은 하나님의 은혜이다. 그러므로 하나님 앞에 참된 회개를 해야 한다. 진정한 회개를 통해 오직 정결한 삶을 살기를 간구해야 한다. 이런 맥락에서 로이드 존스(Martyn Lloyd-Jones)은 "회개의 중요한 요소 중 하나는 행동의 변화이다[44]"라고 주장했다. 진정한 회개를 하였다면 행동을 해야 한다는 것이다. 즉 변화가 지속되어야 하는데 거듭난 삶을 살아야 한다는 것이다.

3. 참된 회개의 결과

신약성경에서 참된 회개를 통해 열매를 맺는 장면은 사도행전 2장 38절과 41절에 나타나 있다. 사도 베드로는 죄 용서를 위한 회개를 다음과 같이 촉구하고 있다. "베드로가 이르되 너희가 회개하여 각각 예수 그리스도의 이름으로 침례를 받고 죄 사함을 받으라 그리하면 성령의 선물을 받으리니"(행 2:38). 베드로는 이처럼 청중들에게 회개하면 성령의 선물을 받는다고 선포했다. 그리고 40절에서는 "또 여러 말로 확증하며 권하여 이르되 너희

---

44) Martyn Lloyd-Jones, 『성령 하나님 놀라운 구원』, 임범진 역 (서울: 부흥과개혁사, 2007), 219.

가 이 패역한 세대에서 구원을 받으라"고 선포한다.

참된 회개의 결과는 41절에 나타나 있다. 수천 명이 구원받는 놀라운 결과이다. "그 말을 받은 사람들은 침례를 받으매 이날에 신도의 수가 삼천이나 더하더라." 이날에 삼천 명이 회개하고 성령의 선물을 받고 구원을 받는 놀라운 일이 일어난 사건이 있었다. 이 기적 같은 장면을 통해 그날에 모인 청중들이 참된 회개의 결과는 구원의 합당한 열매를 맺게 되었다. 다시 말하면 예수를 십자가에 돌아가시게 한 죄인들이 사도 베드로의 복음 선포를 통해 회개하고 죄 사함 받고 침례를 받고 구원받았다는 것이다. 이 일로 인해 그들과 하나님과의 관계가 회복되었다, 하나님의 관계가 회복되었다는 것은 죄를 돌이켜 정결한 삶을 살겠다는 고백이며, 영혼과 몸의 회복이라는 것을 알 수 있다. 따라서 현대 교회 성도들도 마찬가지로 참된 회개를 하면 하나님과의 관계가 회복되고 신앙적으로 회복되어 오직 주님만 섬길 수 있게 될 것이다.

1) 하나님과의 관계 회복

하나님께서 독생자 예수를 십자가에서 희생시킨 것은 아담과 하와로 인해 단절된 하나님과 인간의 관계를 회복시켜주시기 위해서이다.[45] 구약성경에 나타난 번제는 죄로 인하여 단절된 하나님과 인간의 관계를 회복하기 위한 것이며 신약성경에서는 예수

---

45) James Bryan Smith, 『놀라운 하나님의 사랑』, 서하나 역 (서울: 좋은 씨앗, 2010), 94.

그리스도를 통해 하나님과 인간뿐 아니라 전우주적인 회복이 이루어진다.[46) 다시 말하면 예수님이 이 땅에 오시기 전에는 번제로 죄 사함을 받았다면 예수님이 오신 이후에는 십자가 구속의 사건으로 죄 사함을 받을 수 있는 것이다.[47) 그런데 구약과 신약 모두에 나타나는 공통점은 하나님과의 관계를 회복하기 위해서는 반드시 참된 회개를 해야만 한다는 점이다.

신약에서 회복이란 단어는 동사(행 1:6 아포카띠스타노, ἀποκαθιστάνω)와 명사(행 3:1; 아포카타스타시스, ἀποκατάστασις)로 나타나는데, 이는 이전의 좋은 상태로 변화시키는 것을 말한다.[48) 다시 원 상태로 변화 받는 길은 참된 회개이다. 이를 통해 하나님께서 회복의 길을 열어 주신 것이다. 구약에서는 유대인들에게 죄 용서를 받기 위한 방법은 동물들이 죄지은 자들을 대신하여 희생제물이 되는 것이었다(레 9:15). 그러나 우리는 예수님의 십자가의 희생으로 말미암아 회개하면 죄 용서함을 받을 수 있다.[49) 더 이상의 속죄 제사와 피 흘림이 필요가 없다. 예수님께서 십자가에 피를 흘리시고 돌아가셨고, 부활하셨기 때문이다. 이 모든 희생은 하나님께서 우리와의 관계 회복을 위한 놀라운 계획이다. 즉 예수님의 헌신과 사랑

---

46) 송경아, "구속사를 통한 성경적인 용서의 발전과 그 용서 개념의 통합적인 이해," 137.
47) Ibid., 155.
48) 장석조, "하나님 나라의 회복: 사도행전 1장 6절 중심으로,"『성경신학저널』12권 (2021): 64.
49) James Bryan Smith,『놀라운 하나님의 사랑』, 95-7.

의 열매이다.

또한 하나님과의 관계를 회복하는 말씀은 로마서 5장 1절에 나타나 있다. "그러므로 우리가 믿음으로 의롭다 하심을 받았으니 우리 주 예수 그리스도로 말미암아 하나님과 화평을 누리자."[50] 하나님과의 관계를 회복하는 길은 오직 참된 회개이며, 예수 그리스도로 말미암아 가능한 일이다. 십자가의 헌신과 사랑의 아름다운 열매는 하나님께서 베풀어 주신 은혜이다. 참된 회개만이 하나님과의 관계를 회복시키는 것이다.

2) 정결한 삶의 회복

참된 회개를 하면 정결한 삶을 회복할 수 있다. 로이드 존스는 "우리가 진정으로 회개한다면 하나님의 거룩하심과 위대하심에 관해 알 수 있다"라고 주장한다. 이 말은 진정한 회개는 하나님을 경건함과 두려움(히 12:28)으로 섬기는 것이라는 말이다. 하나님은 위대하시고 거룩하시기 때문이다.[51] 진정으로 회개하면 정결한 삶을 회복할 수 있다는 것이다. 그리고 베드로후서 1장 4절에서는 "너희가 정욕 때문에 세상에서 썩어질 것을 피하여 신성한 성품에 참여하는 자가 되게 하려 하셨느니라"라고 하면서 정욕이라는 죄에서 벗어나 신선한 성품에 참여하라고 지적한다.

---

50) 한국찬송가공회, 『굿모닝 성경』, 245.
51) Martyn Lloyd-Jones, 『성령 하나님 놀라운 구원』, 226-7.

또한 에베소서 4장 23-24절은 "오직 너희의 심령이 새롭게 되어 하나님을 따라 의와 진리의 거룩함으로 지으심을 받은 새 사람을 입으라"고 말씀하신다. 이 말씀은 심령을 하나님의 의와 진리의 거룩함으로 다시 회복하라는 것이다. 즉 참된 회개를 통해 정결한 삶을 살라는 것이다.

요한복음 17장 17절 말씀에서는 "그들을 진리로 거룩하게 하옵소서 아버지의 말씀은 진리니이다"[52]라고 거룩한 삶을 살라고 말씀하고 계신다. 이 말은 "그들을 진리의 영역으로 데려가 주시옵소서, 그들이 거기 머물러 있도록 해서 진리가 그들에게 작용하고 그들에게 영향을 끼치며 그들의 성화를 이루게 하옵소서"라는 뜻이다.[53] 마찬가지로 요한복음 3장 3-5절에서는 "예수께서 대답하여 이르시되 진실로 진실로 네게 이르노니 사람이 거듭나지 아니하면 하나님의 나라를 볼 수 없느니라 니고데모가 이르되 사람이 늙으면 어떻게 날 수 있사옵나이까 두 번째 모태에 들어갔다가 날 수 있사옵나이까 예수께서 대답하시되 진실로 진실로 네게 이르노니 사람이 물과 성령으로 나지 아니하면 하나님의 나라에 들어갈 수 없느니라[54]"라고 말씀한다. 이것은 성경 전체에서 가장 중요한 말씀이며 아주 극적인 내용이다. 니고데모가 한 "제가 어떻게 천국에 들어갈 수 있습니까?"라는 질문에 예수

---

52) 한국찬송가공회, 『굿모닝 성경』, 177.
53) Martyn Lloyd-Jones, 『요한복음 17장 강해』, 서문강 역 (서울: 여수룬, 1989), 11-2.
54) 한국찬송가공회, 『굿모닝 성경』, 145-6.

님께서는 "물과 성령으로 거듭나지 아니하면 하나님 나라에 들어갈 수 없다"라고 대답하셨다. 달리 말하면 진실로 거듭나야 하나님 나라에 들어갈 수 있다는 것이다.[55]

요한복음 17장과 3장 말씀에서 강조하는 것은 '거듭남'이다. 새롭게 태어난다는 말이다. 거듭나고 새로운 삶은 죄의 회개로부터 이루어진다. 이때 하나님께서 정결한 삶을 살 수 있도록 새 생명을 불어넣어 주신다. 즉 하나님께서는 우리의 영혼을 대수술해 주시고 새로운 기질을 불어넣어 주심으로써 참된 회개를 하는 자들이 "신성한 성품에 참여하는 자"가 되게 한다(벧후 1:4).[56]

3) 영혼과 육체의 치유

참된 회개를 하면 영혼과 육체를 치유 받을 수 있다. 인간이 범죄 하면 회개를 해야 한다. 죄의 자리에 앉게 되는 순간 하나님 앞에 회개를 통해 죄 용서받는 즉시 죄의 파괴력은 제거된다.[57] 예수 그리스도는 치유 사역으로 악한 세력을 물리치시고 승리하시고(눅 11:2-23), 사랑과 자비하심을 보여주셨는데(마 9:36; 요 9:35-36), 이는 병든 자와 어려움을 당하는 자들에게 자비심을 보여주는 것이다. 이 장면은 신약성경 복음서에 나타나 있다. 예

---

55) Martyn Lloyd-Jones, 『하나님 나라』, 전의우 역 (서울: 복 있는 사람, 2008), 309-15.
56) Ibid., 317.
57) 박창영, "복음서에 나타난 예수의 치유사역 이해," 『복음과 실천신학』 21권 (2010): 175.

수님은 치유를 통해 인간의 영혼과 육체를 치유해 주셨다. 즉 인간에게 풍성한 삶을 허락하시고(요 10:10), 하나님의 형상으로 회복시키는 전인적인 치유 사역을 하셨다.[58]

또한 마태복음 8장 2-4절에 보면 예수님께서 그 당시에 불치병이면서 무서운 질병인 문둥병을 치유해주셨고, 막 5장 8절에서는 명령으로 귀신을 축출하셨는데, 이 장면은 하나님 나라가 임하였음을 보여주는 것이다. 그리고 중풍병(막 2:3-4; 눅 5:18-19), 혈루병(마 9:20-22), 열병(마 8:14-15; 막 1:30-31; 눅 4:38-39), 수종병(눅 14:1-4), 눈먼 자(막 8:22-25; 마 20:3-34) 등을 치유해 주셨다. 또한 예수님께서는 죽은 자도 살리셨다(마 9:18 이하; 막 5:22 이하; 눅 8:41 이하).[59] 이 모든 말씀은 하나님께서 치유해 주신 놀라운 사랑이다. 우리도 참된 회개를 하면 하나님께서 영혼과 육체까지 치유해 주신다.

4. 참된 회개를 위한 설교 방안

1) 회개 촉구 설교의 필요성

한국교회가 코로나19 팬데믹 기간 동안 확산을 방지하고자 비대면으로 예배를 드린 결과 다수의 성도들이 교회 출석을 기피하

---

58) Ibid., 153.
59) Ibid., 157-61.

고 있다. 이러한 현상 때문에 많은 어려움이 따르는 것이 한국교회의 현실이다. 이 국가적 위기의 해결방안은 요나서 3장에 나와 있다. 이스라엘 역사에서는 회개를 통하여 재앙을 피한다. 즉 백성들의 참된 회개로 인해 하나님께서 죄를 용서해 주시고 재앙으로부터 돌이키신다는 것이다.[60] 이런 맥락에서 한국교회 위기를 극복할 수 있는 방안으로서의 성경에 나타난 회개를 촉구하는 설교의 원리를 통해 다시금 한국교회에 부흥의 불길이 일어나기를 소망한다. 평양의 대부흥이 참된 회개부터 시작되었듯이, 현대교회에서도 회개의 촉구가 필요한 것이다.

2) 회개 촉구 설교의 원리

위에서 언급하였듯이 사도행전 2장에 나타난 베드로가 선포한 케리그마의 메시지가 회개 촉구 설교의 원리의 좋은 예라고 할 수 있다. 설교의 원리는 다음과 같다.

첫째. 베드로는 오순절 날 성령강림 사건을 논증하고자 메시지를 선포했다. 베드로가 메시지를 선포할 때 구약성경 요엘서 2장 28-32절을 인용하여 해설하여 입증하였다. 또한 베드로는 사도행전 2장 23-24절을 통해 예수 그리스도의 죽으심과 부활을 논증하기 위해 시편 16편 8-11절을 인용하여 청중에게 해설을 해주었다. 또한 예수의 승귀(36절)를 논증하기 위해 시편 100편 1

---

60) 배정훈, "구약성서에 나타난 회개운동의 모델연구," 122.

절을 인용하여 설명해 주었다. 베드로는 청중에게 오순절 사건과 예수의 죽으심과 부활을 논증하기 위해서 구약성경을 해석하고 청중에게 설명을 해주었다. 즉, 베드로는 구약성경을 인용하고 신학적 의미를 부여하고 재상황화하여 청중에게 논증하였다.

둘째, 설교의 가장 중요한 부분인 적용이다. 베드로가 케리그마 메시지를 선포하고 나서 청중들의 반응은 "우리가 어찌할꼬"(37절 하)이다. 청중이 질문한 순간 베드로는 "너희가 회개하여 각각 예수 그리스도의 이름으로 침례를 받고 죄 사함을 받으라 그리하면 성령의 선물을 받으리니(38절)"라고 강력히 회개를 촉구한다. 이 강력한 회개의 촉구는 놀라운 부흥의 역사를 보여준다. 베드로의 케리그마 메시지를 통해 청중 3,000명이 죄 사함받고 침례를 받았다(41절). 즉 베드로는 케리그마 메시지를 선포할 때 청중을 설득하기 위하여 구약성경을 인용하고 해석하고 적용하면서 회개를 촉구하였다. 다시 말하면 베드로는 청중을 설득하기 위하여 구약성경을 해석하고 청중에게 재해석하여 메시지를 선포했고, 청중이 반응을 보이자 메시지 마지막 단계인 적용 부분에서 회개를 강력하게 선포하였다는 것이다.

베드로가 선포하였듯이 한국교회 강단에서 선포되어야 할 메시지는 케리그마 메시지이다. 다시 말하면 본문을 해석하고 재해석하여 오늘날 청중에게 선포하는 메시지는 강해 설교라고 볼 수 있다. 그러므로 한국교회에 다시 부흥의 불길이 일어날 수 있는 길은 초대교회 사도 베드로가 회개하고 죄 사함 받고 성령을 받으라고 강력히 선포하여 수천 명이 회개하였듯이 코로나19로 인해 침체된 한국교회에 회개하라고 강력히 촉구하는 것이다.

3) 회개촉구 설교의 예시

(1) 설교 예시 1

제목: 회개하라!

본문: 마 3:1-6.

대지

  I. 회개는 주의 길을 예비하는 것이다.

  II. 회개는 죄를 자복하는 것이다.

  III. 회개는 합당한 열매를 거두는 것이다.

결론: 회개는 주의 길을 예비하며 죄를 자복하고 회개의 열매
    를 맺는다.

(2) 설교 예시 2

제목: 회개의 열매

본문: 행 2:38-41

대지

  I. 회개는 죄 용서를 받는다.

  II. 회개는 삶의 변화를 받는다.

  III. 회개는 성령의 선물을 받는다.

결론: 회개는 죄 용서받고, 거듭나며, 성령의 선물을 받는다.

(3) 설교 예시 3

제목: 하나님께 회개하라.

본문: 슥 1:1-6

대지

  I. 회개는 하나님의 명령이다.

  II. 회개는 하나님께 죄를 자백하는 것이다.

  III. 회개는 하나님께 순종하는 것이다.

결론: 회개는 하나님의 명령이며, 죄를 자백하는 것이며 하나
      님께 순종하는 것이다.

(4) 설교예시 4

제목: 회개를 촉구하는 호세아

본문: 호 6:1-3

대지

  I. 회개는 하나님께 돌아가는 것이다.

  II. 회개는 우리를 회복시켜 준다.

  III. 회개는 성령께서 임하신다.

결론: 회개는 하나님께 돌아오는 것이며, 회복시켜 주시며 성
      령께서 임하신다.

나가는 글

코로나19가 이렇게 장기적으로 한국교회에 위기 상황을 가져오게 되리라고 예측한 기독교인들은 많지 않을 것이다. 이 위기를 극복하기 위해서 코로나19가 발생하게 된 이유와 그 해결 방안으로 성경에 나타난 죄의 개념과 참된 회개에 대해 살펴보았다. 성경에 나타난 죄의 개념은 하나님께 거스르는 모든 인간 행위 전체를 말한다. 불순종, 어리석음, 하나님에 대한 반역, 탐욕, 압제, 폭력, 교만 음행 등을 죄로 볼 수 있다. 이런 죄를 행하는 자에게 구약성경에서는 하나님께서 질병을 보내시고 죄에 대한 심판을 내리신다. 이 죄를 해결하기 위해서는 철저히 참된 회개가 필요하다. 예수님의 첫 메시지가 회개였고, 침례 요한도 회개를 가장 먼저 선포했다. 구약의 선지자들도 회개의 메시지를 선포하였다. 따라서 코로나19로 인해 큰 위기가 닥친 한국교회도 참된 회개를 통해 정결한 삶을 살아가야 한다. 하나님께서는 참된 회개를 하면 죄를 사하시고, 정화 시키시고, 용서해 주신다는 것을 이 글을 통해 알 수 있다. 그러므로 정결한 삶을 살기 위해서 참된 회개를 해야 한다. 참된 회개란 하나님께 죄를 인정하고 다시 나아오는 것이다.

25. 선교적 교회 구현을 통한 정체성 회복

이원영

들어가는 말

2019년 12월 중국에서 시작된 코로나19는 팬데믹(Pandemic)에서 엔데믹(Endemic)[1]으로 전환되고 있다. 각국에서도 입국 절차가 간소화되고 있으며 하늘길도 거의 정상적으로 열리며 팬데믹 이전의 상황으로 호전되고 있다. 그러나 엔데믹은 이전과는 분명 다른 변화를 가져왔다. 14세기에 유럽 전역을 휩쓴 흑사병으로 인하여 중세 봉건 체제가 무너지고 인문주의 르네상스가 열렸던 것처럼 엔데믹은 분명 이전과는 다른 시대를 만들었다. 이 새로운 시대를 교회가 어떻게 하느냐에 따라서 교회는 도약을 할지 고난의 길을 걸어갈지 선택하게 될 것 같다.

무엇보다 코로나19 이후 여러 방면에서 제재가 완화되면서 회복되고 있으나 교회사역은 회복 중에 있다. 필자는 엔데믹 시대

---

1) 엔데믹이란 어떤 감염병이 특정한 지역에서 주기적으로 발생하는 현상 또는 그런 병. 보통 '풍토병'이라는 의미로 쓰임.

에 어떻게 교회의 본질을 회복할 수 있을지를 선교적 교회의 관점에서 살펴보고자 한다. 코로나 19 이후 교회의 회복에 있어서 가장 더딘 부분이 있다면 전도와 선교 부분이다. 이미 우리나라에서 거리두기가 완화되고 제재가 풀렸음에도 다른 것들은 빠르게 정상화 되고 있지만 코로나 이후 찾아온 경제적 위기는 지출이 많은 선교 영역에서는 더디게 회복되고 있다. 팬데믹 이후 가장 먼저 교회에서 타격을 받았음에도 가장 늦게 회복되는 영역이 선교영역이지 않은가 판단한다.

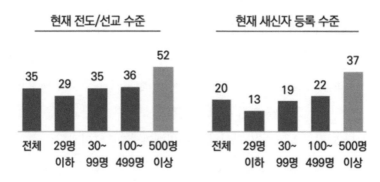

〈표1〉 코로나 19 이전 대비 현재 전도/선교 수준[2]

2022년 6월 목회데이터 연구소에서 조사한 "코로나 추적 결과 조사"에 따르면 코로나19 이전의 상황을 100으로 보고 코로나 19 이후 전도나 선교의 수준을 비교했을 때 500명 이상의 대형

2) 목회데이터 연구소, 『한국교회 코로나 추적조사 결과 3(목회자조사)』, 148호 (2022). [온라인 자료], http://www.mhdata.or.kr/bbs/board.php?bo_table=gugnae&wr_id=60, 2023년 6월 2일 접속.

교회만이 52%로 회복했으며 규모가 작을수록 회복 속도가 더딤을 볼 수 있다. 한국교회 전체로 볼 때 전도와 선교 수준이 코로나19 이전의 35%밖에 되지 않은 것은 현재보다 앞으로 교회에 더 큰 위기가 다가올 수가 있다는 것을 암시한다.

　새신자의 등록 수준을 보아도 대형교회가 37% 정도이고 미자립교회는 코로나 이전의 13%로 현실적으로는 거의 없다고 보아야 한다. 전체적으로 20%밖에 전도되지 않는다는 것을 보면 전도와 선교가 코로나19 이후 가장 큰 문제라고 할 수 있다. 게다가 온라인 예배의 발달로 인하여 가나안 성도가 늘어나는 추세로 본다면 현재의 예배 출석 감소보다 미래의 한국교회가 성장의 절벽을 경험하게 되지 않을까 걱정된다. 조심스럽게 예측해 보면 미자립교회는 성장보다는 생존이 문제가 될 것이고 몇몇의 대형교회만이 한국교회를 이끌어 가게 될지도 모른다. 한국교회는 무엇보다 이러한 문제점을 인식하고 준비해야만 한다. 이전의 한국교회는 교회 위주의 선교만이 정도(正導)라고 믿어왔다. 다시금 교회의 본질인 성도 하나하나가 선교사로 부름받았음을 깨우쳐야 한다. 모이는 교회에서 흩어지는 교회로의 전환이 반드시 필요하며 작지만 세상으로 더 깊숙이 침투될 수 있는 성령의 능력이 살아있는 교회가 되어야 한다.

1. 회복되어야 할 교회의 본질

성경에 나타난 교회의 이미지 중 대표적인 세 가지 이미지(하나님의 백성, 그리스도의 몸, 성령의 전)를 통해 회복해야 할 교회의 정체성을 살펴봄으로 성경적 교회상을 먼저 제시하고자 한다.

1) 하나님의 백성으로서의 교회

베드로전서 2장 9-10절을 보면 "너희는 택하신 족속이요 왕 같은 제사장들이요 거룩한 나라요 그의 소유된 백성이니 이는 너희를 어두운 데서 불러내어 그의 기이한 빛에 들어가게 하신 이의 아름다운 덕을 선포하게 하려 하심이라 너희가 전에는 백성이 아니더니 이제는 하나님의 백성이요"라고 말씀하신다.

구약성경에서도 하나님의 백성에 대한 언급은 자주 등장한다. 출애굽기 3장 10절에 호렙산에서 모세에게 나타난 하나님은 고난당하는 이스라엘을 "내 백성 이스라엘"이라 말씀하셨다. 이스라엘은 출애굽 사건과 시내산 계약을 거치면서 하나님을 예배하고 계명과 율법을 지켜야 하는 그의 백성이 되었다. 이로부터 하나님이 이스라엘을 이끌며 보호하는 확실한 관계가 성립된다(호 1:10; 2:23). 교회의 구성원들은 어떤 덕이나 아름다움 또는 하나님 나라에 기여할 수 있는 그 어떠한 가치와 무관하게 전적으

로 하나님의 은혜로운 주권적 결정으로 선택된 것이다.[3]

교회는 건물이 아닌 하나님의 백성이다. 하나님은 그 백성들을 통해서 하나님 됨을 나타내시며 그 백성 안에 임재함으로 그리스도의 몸 된 교회가 되도록 하셨다. 그렇다면 하나님의 백성이라는 이미지가 주는 교회의 사명은 무엇인가?

첫째로 섬김을 위해 선택된 것이다. 이스라엘의 선택은 아브라함으로부터 시작된다. 하나님은 아브라함을 선택하시고 아브라함을 통해 모든 열방의 하나님으로 나타나신다. 블로우는 이스라엘을 선택하신 목적을 다음과 같이 말해준다. "이스라엘은 하나님의 선택의 목적이 아니라 하나님께서 그의 선택에 근거하여 요구하시는 봉사의 주체(subject)이다."[4] 하나님께서 이스라엘을 선택한 목적은 봉사에 있다.

물론 이스라엘은 하나님의 뜻과는 상관없이 선민사상에 빠져 구심적 선교에는 성공하지 못했다. 그럼에도 불구하고 이스라엘을 선택하신 목적(특수적 은총)은 온 열방을 향한 '보편적' 사랑을 보이기 위함이다. 엥겐은 "교회는 하나님께서 부르신 왕의 언약 공동체이며 하나님의 나라"라고 정의한다.[5] 하나님이 자신의 백성을 돌보시고 그 백성은 하나님과의 언약을 지키며, 그의 명령대로 산다. 하나님의 백성이 교회인 것이다.

---

3) 조동선 편, 『침례교 신학총서』 (서울: 요단, 2016), 383.

4) Johanes Blauw, 『교회의 선교적 본질』, 전재옥 외 2명 역 (서울: 대한예수교장로회출판국, 1998), 26.

5) Van Engen, 『하나님의 선교적 교회』, 임윤택 역 (서울: 기독문서선교회, 2014), 176.

둘째로 계약 안에 내포된 명령이다. 하나님은 선택하시고 계약을 맺으셨다. 하나님이 주신 계약대로, 즉 하나님의 백성으로 살아가는 것이 교회의 목적이라 할 수 있다.[6] 구약의 중심적 선교 사상인 '보편주의'와 '구심적 선교'는 열방이 하나님께 돌아오는 것을 나타낸다. 특별히 이스라엘 백성이 가지고 있는 유일신의 사상은 모든 민족이 궁극적으로 그분을 유일하게 참되신 하나님으로 예배하게 한다(시 86:6-9).[7] 또한 우상을 숭배하는 이방인들에게 우상을 꺾고 야훼만을 우주적 신으로서 인정하게 하는 것이었다.

구약의 계약은 이러한 의미에서 이방을 향한 선교라는 의미가 있다. 신약에서도 예수 그리스도를 인류의 구원자로 고백할 때 교회가 성립되듯 교회는 하나님의 백성으로 하나님의 통치를 인정할 때 시작되는 것이다(벧전 2:9).

2) 그리스도의 몸으로서의 교회

교회는 그리스도의 몸이다(고전 12:27; 엡 1:23; 골 1:18). 몸의 이미지는 교회의 연합성(엡 4:4-6; 고전 12:12-13)과 다양성(롬 12:4-8; 고전 6:15; 엡 5:30)을 보여준다. 은사 사용(고전 12장)과 신앙의 고백에서 교회의 연합이 나타나고 여러 은사와 기능을 가진 지체로서 다양성을 나타내게 된다(고전 12:25; 엡

---

6) John Bright. 『이스라엘의 역사』, 박문재 역 (서울: 크리스챤다이제스트, 1998), 202.
7) Wright, 『하나님의 선교』, 96.

4:11-16).[8]

　교회의 본질은 예수님이 이 땅에 몸으로 오신 것을 그대로 재현하는 것으로 그리스도의 몸이 된다. 그리스도의 몸이 교회의 정체성과 어떠한 연관성을 가지고 있는가? 한국의 대다수 교회가 제도적 교회에 익숙하다. 제도적 교회는 위계질서에 익숙하며 교회를 관리하는 성향이 강하다. 성도는 성직자에 대해 수동적인 게 편하고 목회자는 권위적인 것이 익숙하다. 반면 교회가 회복하고자 하는 교회다움은 교권주의가 아닌 상호보완적인 관계를 추구하고 개별 은사를 통한 교회사역을 능동적 사역이 되게 하는 것이다.

　교회의 다양성과 통일성은 교회의 본질적 사명을 이루게 한다. 디트리히 본회퍼(Dietrich Bonhoeffer)는 "역사적인 공동체로서 경험적 교회는 그리스도의 몸이요, 땅 위에서의 현존"이라고 정의하였다.[9] 그리스도께서 지상 사역 동안 인간의 육체 안에서 활동하신 것과 같이 교회는 현재 그리스도께서 활동하는 장소가 된다. 교회 존재 목적은 교회 자신을 드러내는 것에 있지 않고 눈에 보이지 않는 예수 그리스도를 이 세상에 알리는 것에 있다. 교회가 화려하고, 재정이 많고, 많은 사업을 한다고 하더라도 예수 그리스도가 보이지 않으면 교회라 할 수 없다. 반면 작고 변변치 못할지라도 그리스도의 모습이 드러난다면 그 교회는 그리스도의 몸 된 교회라고 할 수 있다. 그리스도는 자신의 몸으로 교회

---

8) 조동선, 『침례교 신학총서』, 384.
9) Dietrich Bonhoeffer, *The Communion of Saints* (London: Collins, 1963), 145.

에 현존하여 선교적 사명을 이행하신다는 것이다. 한스 큉(Hans Küng) 은 예수 그리스도가 교회에 현존함을 다음과 같이 말했다.

십자가에서 죽은 예수는 부활한 주님으로서 교회에 현존한다. 교회 없이 그리스도 없고 그리스도 없이 교회 없다 … 교회의 생명은 그리스도가 과거에 행한 업적의 결과나 미래에 완성될 그의 업적의 기대만이 아니라 현재에 활동하고 있는 그리스도의 생생한 현존에서 나온다. 그리스도는 교회의 생활 전체에 현존한다. 그러나 특별히 두드러지게 예배의 모임에 현존한다.[10]

교회가 현존하는 그리스도의 몸인 이유는 교회가 역사의 흐름 속에 있었고 이 땅에 현재(here and now)하며 예수님의 사역을 이어나가기 때문이다. 그렇다고 교회가 그리스도와 동일하다는 말은 아니다. 교회는 그리스도를 닮아가는 것으로써 이 땅에 존재하는 실체를 뜻한다.[11] 교회는 그리스도의 몸으로서 그분을 나타내고 그분이 하신 사명을 이어받아야 한다. 즉 전통교회가 등한시한 그리스도의 몸으로서 모든 성도가 연합하며 은사를 통한 다양성을 회복하는 것이라 할 수 있다.

---

10) Hans Küng, 『교회란 무엇인가?』, 이홍근 역 (서울: 분도출판사, 1994), 111.
11) 황승룡, 『교회란 무엇인가?』 (서울: 한국장로교출판사, 1999), 154.

3) 성령의 전으로서의 교회

교회가 성령의 전이라는 것은 이스라엘의 성전에서 비롯된다. 구약에서는 예루살렘 성전을 통해 하나님께서 예배를 받으셨다. 그러나 성령님은 성육신과 오순절 사건 이후 예수 그리스도를 구원자로 고백하는 사람들의 공동체인 교회를 통해 예배를 받으시고 하나님의 선교를 이어 가시는 것이다. 성령님은 교회를 통해 가난한 자에게 복음을 전하고, 기름을 부으시고, 그의 백성을 보내시고, 포로 된 자에게 자유를 선포하며, 영적으로 눈먼 자를 보게 하고, 영적으로 눌린 자를 자유롭게 하는 사역을 이루고 계신다(눅 4:18-19). 바울은 고린도전서 3장 16절에서 고린도교회를 "하나님의 성전"으로 부르는데, 이는 교회를 성령님께서 주관하시며 다스리는 성령의 공동체로 정의하고 있는 것이다. 교회는 오순절 성령강림 사건 이후에 구체화된다. 또한 성령에 의하여 인도된다. 성령님은 영적인 연합과 교제를 이루게 하시고, 날마다 교회를 새롭게 하신다.

성령의 전과 교회의 본질 회복이 어떻게 연결되는가? 구약에서는 제사가 지리적, 물질적인 제한 속에서 특정 가문에 의해 이루어졌다. 그러나 신약의 교회는 성령 하나님의 주도와 능력에 의존한다. 성령의 기름 부음 받은 모든 중생한 교회 멤버가 제사장이 된다. 신약의 제사장 직분은 복음을 간증하는 희생적 삶을 사는 것을 말한다(롬 15:16; 벧전 2:9; 계 5:9-10).[12] '하나님의 선교'는 하나님의 계획으로 예수 그리스도가 성육하시어 구원의 사역을 이루시고 마지막으로 성령님을 보내심으로 완성하시도록 하신 삼위일체적 사역에 근거한다.

성령님은 한 인격체로서 하나님과 연합함으로 창조 사역부터 완성까지 하나님의 모든 사역에 동참하셨다. 그분은 영원 전부터 성부 하나님과 함께 일하셨다. 성령님은 예수 그리스도의 복음과 하나님의 통치를 열방 가운데 확장해 가실 때도 함께하셨다. 성령의 임재는 이스라엘 백성이 잃어버린 교회의 정체성을 일깨우는 중요한 사건이 된다. 교회의 사역은 인간의 힘에 근거치 않으며 우리의 감정과 힘에 의존치 않는다. 교회의 모든 사역은 오직 성령님의 임재로 되는 것이다.[13] 교회는 삼위일체적 사역에 근거하여 하나님의 백성, 그리스도의 몸, 성령의 전으로서 하나님의 선교를 완성해 나가는 곳이라 할 수 있다.

2. 교회 본질 회복을 위한 실천적 적용

1) 외적 변화의 준비

(1) 경제적 위기 상황에서의 정체성

---

12) 조동선, 『침례교 신학총서』, 385.
13) 김명혁, 『선교의 성서적 기초』 (서울: 성광문화사, 1983), 249.

코로나19로 인하여 가장 큰 타격을 받은 것은 경제 분야이다. 항공 교통뿐만 아니라 관광 공연, 수출, 해운까지 다방면으로 경제적 타격을 입게 되었다. 경제 전문가들은 한결같은 목소리로 경제성장률을 모두 마이너스로 분석하고 있다. 이는 IMF의 위기와 맞먹는 경제적 위기로 보고 있다. 안타깝게도 전문가들은 경제 위기가 단시간 내에 끝나지 않을 것이라고 전망한다. 더 큰 위기가 찾아올 때 교회에 닥친 경제적 위기를 먼저 살펴보고자 한다.

첫째, 선교사 후원에 대한 교회의 위기 문제이다. 한국세계선교협의회(KWMA)의 조사에 의하면, 선교활동과 관련 현장에 머물고 있는 선교사와 제3국 체류 선교사가 80%(385명)이고 대부분 코로나 사태 이후 사역이 위축되었다. 해외 체류 선교사 중 55.3%는 코로나 이후에 선교 후원금의 변화가 없지만, 41.3%(158명)은 후원이 줄었다. 절반에 가까운 48.1%에 해당하는 선교사가 후원이 20% 이상 감소했고, 80~100% 감소한 경우도 있다(Good NEWS, 2020, 5,11 기사).[14]

둘째, 교회의 부채관리이다. 금리 상승은 곧 미자립교회의 부채에 직격탄이 되어 교회를 무너뜨리게 된다. 경제적 위기에 헌금은 당연히 감소할 수밖에 없다. 헌금 수입의 감소와 부채의 증가는 미자립교회에는 목양만큼이나 목회자들의 고충이 아닐 수 없다.

교회는 어떻게 경제적 위기를 극복할 수 있을까? 성도의 교회

---

14) 이선복, "코로나19 경제위기의 영향과 신앙적 교훈," 『로고스 경영연구』 18권 2호 (2020): 42.

가 무엇을 위해 존재해야 하는지부터 교육해야 한다. 그리고 교회는 성도의 소유물이 아니라 그리스도의 몸임을 알고 맡겨진 것을 잘 감당해야 할 청지기라는 사실을 깨달아야 한다. 경제적 위기는 곧 교회의 재정의 위기로 연결된다. 성경적 재물관인 청지기적 삶, 자족하는 삶, 성경적 소비인 나눔의 삶은 교회의 존재이유라는 본질적인 교육이 반드시 목회자를 통하여 선포되고 교육되어야 한다.

또한 위기에 교회가 더 어려운 이들(선교사 및 취약계층)과 함께 고난에 동참하는 그리스도의 마음을 실천하고자 한다면 성도들도 마음을 열고 교회의 위기를 함께 감당할 수 있을 것이다. 교회가 힘들다고 무조건 긴축만 한다면 성도들의 마음도 닫힌다는 것을 알고 교회의 지도자들이 솔선수범해야 한다. 느헤미야는 성벽 재건에 있어서 가장 먼저 솔선수범하고 지도자들부터 책망하며 어려운 시기에 위기를 극복하였다. 위기가 문제가 아니라 위기에 대처하는 지도자와 결정과 성도의 동참이 더 중요하다.

(2) 가상공간에서의 정체성

코로나 이후 가장 많이 발전한 분야는 사이버 공간이다. 코로나 이후 가나안 성도가 증가했다. 그 이유가 바로 온라인 예배의 발전 때문이라 할 수 있다. 그렇다고 사람들이 하나님에 대한 관심이 없는 것은 아니다. 오히려 온라인상의 만남은 오프라인 못지않게 활성화되고 있다. 유튜브를 통한 일방적인 송출을 넘어 zoom과 같은 화상 예배는 더욱 활성화되고 있다.

그러나 문제는 지속적으로 온라인상의 편리성만 찾다 보니 교회가 자신들의 감정, 필요, 욕구 등의 자기만족을 위한 것으로 변질되고 있다는 점이다. 물론 오프라인 못지않은 온라인상의 교제는 새로운 형태의 교회의 모습일 수 있다. 온라인에서의 교육과 교제 그리고 장소와 시간의 제약을 받지 않고 예배드릴 수 있다는 장점은 분명히 존재하지만 인간의 편의주의에 빠져 예배 공동체로서의 기능을 상쇄시키고 연령별 세대별 교류를 차단하게 된다는 문제도 있다.

가상공간에서 이뤄지는 교회를 무조건 찬성하는 것도 무조건 반대하는 것도 옳지는 않다. 목회자가 올바른 기준을 가지고 이 것들을 활용하는 것이 중요하다. 교회가 무엇인지 공동체 안에서 심도 있게 고민해야 하고 개교회에 맞는 상황에 맞게 이를 적절하게 활용하고 교단적인 측면에서 교회가 어떻게 이단과 사이비로부터 보호받을 수 있는지 대비해야 한다.

가상공간이라는 새로운 교회의 형태가 존재한다는 인식을 가져야 한다. 가상의 세계에 익숙한 세대에게 맞는 교회상을 확립해야 한다. 한국교회는 코로나로 인하여 대면 예배의 금지와 제한을 준비 없이 경험했다. 하지만 나름 유연하게 이에 대처했고 이제는 그에 따른 노하우를 습득했다. 한국만큼 가상공간에 익숙한 나라는 없을 것이다. 교회가 이제는 연합하여 가상공간이 새로운 교회의 형태라는 것을 인식하며 새로운 선교전략과 교회가 가져야 할 정체성을 성도들과 함께 고민해 나가야 한다. "너는 말씀을 전파하라 때를 얻든지 못 얻든지 항상 힘쓰라"(딤후 4:2). 형식은 내용을 담는 그릇이다. 교회의 정체성 회복에 있어서 사이버 공간에서도 이제는 중요한 교회로서의 기능을 갖춰나가야 할 것이다.

2) 교회 내적 변화의 과제

(1) 변화에 따른 정체성 인식변화

엔데믹 이후 교회에 가장 필요한 교육 중 하나를 꼽으라면 교회의 정체성에 대한 신학적 교육이다. 코로나 이전과 이후 교회는 급격하게 변화되었고 엔데믹 이후 다시 예전으로 돌아가려 하지만 변해버린 교회의 모습은 이전과는 분명 다른 교회가 되어버렸다. 따라서 본질을 잊지 않되 변화에 따른 다양한 전략이 요구된다. 코로나 이전부터 교회의 위기에 맞서 미국에서 시작된 선교적 교회는 교회론의 패러다임을 변화시키려 해왔다. 선교적 교회는 교회를 건물 중심에서 공동체로 다시 정립하고, 전통적인 교회 개척에서 가정교회 기반으로 교회 개척의 방법도 변화시키고 있다. 선교사의 개념도 장기 선교사에서 자비량 평신도로, 전문인 선교사에서 평신도 선교사로 전환되고 있는 추세이다. 이러한 선교신학은 엔데믹 이후에도 동일하게 적용될 수 있는 교회론이라 할 수 있다.

<표 1> 선교하는 교회와 선교적 교회의 비교[15]

구분	선교하는 교회	선교적 교회
초점	파송, 후원, 단기선교	교회 본질로서 선교
주안점	선교사업, 선교 프로그램	선교적 삶
선교지	해외	해외와 지역사회
강조점	개인구원, 회심	공적 제자도
지향점	개교회 성장	존재하는 교회론
실천방법론	권위주의 방식	성육신적 방식
획일성	다양성	모자이크
인간중심	교회 중심	하나님 중심
선교대명령	대계명	하나님의 선교

코로나 이후 교회가 혼돈 속에 잃어버렸던 정체성의 회복에 선교적 교회의 신학은 많은 도움이 된다. 우선 선교적 교회를 이해하기 위해서는 하나님의 선교에 대한 이해가 보편화 되어야 한다. 하나님의 통치가 곧 하나님의 나라가 이뤄지는 것이다. 교회는 언제나 하나님의 다스림을 받아야 하며 그분의 주권에 순복하며 그분의 뜻을 성취해 나가야 함을 가르쳐야 한다. 따라서 교회는 하나님의 통치를 세상에 드러내는 것이 선교라는 것을 인

---

15) 박운암, 『선교적 교회와 목회행정』 (서울: 기독교문서선교회, 2017), 62.

식해야 한다. 교회에 등록시키고 교회의 문화에 익숙하게 훈련시켜 예배 중심의 신앙생활이 아닌 하나님께 부름받은 선교적 삶으로 하나님의 선교의 주역이라는 사실을 깨닫게 해야 한다. "아버지께서 나를 보내신 것 같이 나도 너희를 보내노라"(요 20:21).

우리의 정체성은 세상에 보냄을 받은 선교사이다. 요한복음 14장에서는 "나를 믿는 자는 내가 하는 일을 그도 할 것이요 또한 그보다 큰 일도 하리니 이는 내가 아버지께로 감이라" 말씀하신다. 예수님이 이 땅에 오셔서 하신 일은 바로 선교이다. 그리고 가시며 부탁하신 말씀을 통해 예수님이 하신 일, 즉 선교를 자신보다 더 크게 할 수 있다고 약속해 주신다. 우리는 두려워 말고 하나님의 보내심과 예수님의 보증을 가지고 세상 속으로 나아가야 한다. 선교적 삶이 코로나 이후 잃어버린 교회의 회복에 있어서 중요한 영적 원리가 될 것이다.

(2) 이단들에 대한 대처

코로나가 한창일 때 이단이 확장의 온상지라는 지적을 받으면서 이단 세력이 잠시 주춤하였으나 이후 교회까지 그 영향이 확장되었다. 이러한 인식이 사회 전반에 퍼지면서 교인들까지도 흔들리게 되었다. 엔데믹이 되어가면서 교회 나름대로 이미지 회복을 위해 고군분투 하지만 이단들은 그새 새로운 전략으로 포교 활동을 활성화하고 있다.

근래 신천지뿐만 아니라 JMS 등 여러 이단들이 극성을 이루고 있다. 코로나 이전에는 주로 모략 포교로 사람들을 속이고 가장교회를 만들며 활동하였지만 이제는 온라인 포교, 지인 포교, 오픈 포교 등 대놓고 포교활동을 하고 있다. 이단들은 온라인 포교에 많은 역량을 투자하여 많은 성과를 내고 있다. 온라인 설교뿐만 아니라 강의 심리상담 특강 등 사람들이 미혹당할 만한 것들을 주제로 포교를 하고 있다. 특히 연애상담, 자기계발, 인식개선 등 줌(zoom)을 활용한 직접적인 포교활동을 제재할 방법이 전무하다.

주요 이단 세력들이 힘을 얻음으로 인해서 기존에 기를 펴지 못하던 이단들도 힘을 받아 활동하고 있으며 동방번개와 같은 신흥 이단들도 그 세를 넓혀가고 있다. 안식교에서는 유튜브 강의로 최근 성도 수가 3만 명이나 증가했다고 발표했다.[16] 이단세력의 증가가 눈에 띄게 활성화되고 있고 교회 안에서는 헌신된 성도와 가나안 성도로 이분화 되면서 이단은 이러한 신앙의 양극화를 틈타 더욱더 활개치고 있다.

교회는 이러한 이단이 가지고 있는 포교 전략과 이들이 가진 교리적 위험을 반드시 교육하고 대비해야 한다. 코로나로 위축된 마음이 풀리면서 새로운 것을 기대하는 성도들은 이단의 좋은 포섭 대상이 된다. 교회의 목적이 무엇인지를 알고 지속적으로 성도가 미혹되지 않도록 경계해야 한다.

---

16) 송상원, "이단들의 새로운 포교전략, 대처법도 달라져야 한다," 『기독신문』, 2022년 4월 22일.

(3) 선교적 성도상 확립

　엔데믹에 교회 안에서 중심적으로 해야 할 사역이 있다면 소그룹과 일대일 양육이 선교에 있어서 더욱 강화해야 할 영역일 것이다. 개인화와 탈교회화에 맞추어 교회의 일꾼이 아닌 예수의 삶을 실천할 수 있는, 교회에 매여있는 제자 공부가 아닌 예수의 삶을 공유하는 것이 필요하다. 기존의 전통주의적 제자화 방법은 성경 공부나 혹은 교회의 일꾼이 되는 것이었다. 그러나 엔데믹에서는 선교적 제자화가 필요하다. 예수님도 제자 삼으실 때 예수님을 위한 제자가 아니라 늘 파송하고 다시 가르치시며 세상 속에서 빛과 소금이 되는 삶이 되어야 함을 강조하셨다. 이는 교회의 사정에 따라 좋으면 할 수 있고 상황이 여의치 않으면 미룰 수 있는 교회사역의 옵션이 되어서는 안 된다.

　선교적 제자화 한다는 것은 이론교육으로는 되지 않는다. 에베소서 5장 8-9절에서 바울 사도는 "주 안에서 빛이라 빛의 자녀들처럼 행하라 빛의 열매는 모든 착함과 의로움과 진실함에 있느니라" 말씀한다. 즉 교회가 선교적 제자를 삼기 위해서는 빛의 열매인 착함과 의로움과 진실함을 소그룹과 일대일 제자 양육을 통해서 보여주어야 한다. 예수님이 우리를 빛이라고 말씀하신 것은 보여주라는 것이다. 그리고 밝히 드러내라는 것이다. 이사야 선지자가 말한바 일어나 빛을 발하라(사 60:1) 하며 우리를 부르신 목적이 백성의 언약과 이방의 빛이 되게 하기 위함(사 42:6)이라는 것을 잊지 않아야 한다. 단순한 친절이 아니라 세상이 우리를 바라보는 기준보다 더 높은 고차원적인 선함과 믿음의 삶을 나타내야 한다.

나가는 말

엔데믹의 시대에 따른 적응은 기성세대보다 젊은 세대가 훨씬 빠르다. 코로나 이후 선교의 지형변화에 밀접하게 기성세대가 길을 열어주어야 한다. 어느 한쪽 측면만 볼 것이 아니라 다방면을 고려해야 한다. 예나 지금이나 다음 세대가 세워져야만 한다. 다음 세대가 세워지지 않음으로 다른 세대가 되어버린다면 한국교회의 내일은 어둡게 될 것이다. 필자는 엔데믹 이후에 여러 방면을 살펴보면서 한국교회가 무엇을 준비해야 할지 점검해 보았다. 결국 핵심은 목회자의 인식의 변화와 교회가 더 세상 속에 어떻게 침투해 그들 속에서 빛을 발하는가에 달려 있다.

이러한 변화 속에서 은혜에 의탁하는 믿음이 지금 한국교회에 필요하다. 진리는 변하지 않는다. 복음 증거는 절대적인 하나님의 권위이다. 교회가 잃어버린 정체성, 즉 영혼 구령과 교회가 교회다워지는 것은 지금 시기에 붙잡아야 할 가장 중요한 명령이 아닌가 생각된다. 방법은 얼마든지 변할 수 있고 수시로 다른 결과를 가져오게 된다. 잃어버린 교회의 정체성이 선교적 교회가 되어 다시금 하나님 나라의 최전방 공격수로 한국교회가 회복되기를 기도한다.

현대목회 실천신학회 필진

AFTER

PANDEMIC

저자 소개

고상환 목사

한국침례신학대학교 신학과와 미국 Golden Gate Baptist Theological Seminary(M. Div.)를 졸업한 후, Southwestern Baptist Theological Seminary에서 Pastoral Care 전공으로 목회학 박사학위(D.Min.)를 취득하였다. Gateway Seminary와 Southwestern Baptist Theological Seminary에서 강의하고 있고, 워싱턴지구촌교회 부목사로 사역한 후 현재 2009년부터 미국 북가주 실리콘밸리 세계선교침례교회 담임목사로 사역하고 있다. (revko@yahoo.com)

김계명 박사

한국침례신학대학교 신학대학원(M.Div.)과 상담복지대학원(MACE) 졸업 후 일반대학원에서 목회상담전공 철학박사학위(Ph.D.)를 취득했다. 모교의 학생상담센터와 대전시 굿네이버스의 부모상담사, 대전극동방송 청소년부모상담, 대전광역시 청소년상담복지센터 소장 등 다양한 상담현장 활동과, 대전대학교와 모교에서 겸임교수를 했다. 공역본으로 『진리, 하나님의 사랑』과 상담사례집 공저 『상한 감정 어떻게 도울까』가 있으며, "목회자 아내를 위한 글쓰기치료모델" 연구논문 등이 있다. 현재 육군종합행정학교에서 상담학을 교수하고 있고, 남편과 함께 오송 봉산교회에서 사역하고 있다. (entore@naver.com)

김상백 목사

부산대학교 공과대학(재료공학)을 졸업하고, 한국침례신학대학교에서 M.Div., Th.M. 졸업 후 동대학원에서 "도시사회에서의 영성개발을 위한 목회" 논문으로 Ph.D.(실천신학전공) 학위를 받았다. 대전순복음사랑의교회를 개척했고, 강남금식기도원, 순복음삼성교회(담임), 지구촌순복음교회, 순복음오순절교회(담임)에서 사역했으며, 한국실천신학회 회장과 이사장을 역임했다. 주요 저서로는 『도시를 깨우는 영성목회』, 『성령과 함께 하는 목회상담』, 『성령과 함께 하는 예배학』, 『영성제자훈련』, 『영성과 신앙』, 등이 있다. 현재 순복음대학원대학교 실천신학교수로 그리고 수원 좁은길교회 담임목사로 사역하고 있다. (sangshalom@hanmail.net)

김선미 전도사

침례신학대학교 신학대학원(M.Div.) 졸업 후 찬무 사역에 헌신하여 헤세드찬무단, 드림워십

팀, 에바다찬무단, 샤론찬무단 등 여러 곳에서 찬무 강사를 역임하였고, 중국, 필리핀, 일본 등 해외 찬무 선교 사역을 하였다. 현재 한밭제일교회 유앙겔리온 찬무단 리더로 섬기고 있으며 포스워십댄스 선교단, 바라크 예배무용단, CTS선교협의회 등에서 강사로 찬무 사역 증진과 보급을 위해 사역하고 있다. (kethy05@hanmail.net)

김주원 목사

대전대학교(경제학과), 한국침례신학대학교 신학대학원(M.Div.)과 한남대학교 경영산업대학원(MBA)을 졸업한 후, Midwestern Baptist Theological Seminary에서 "이단 신천지 미혹에 대한 교회의 효과적인 대처법 연구" 논문으로 목회학박사(D.Min.) 학위를 받았다. 제자들선교회(D.F.C.) 캠퍼스 선교사와 성화그리스도의교회 전도사로 사역하였고, 주요 저서는 『이단 대처를 위한 진검승부』, 『이단 대처를 위한 바이블로 클리닉』, 『이단 대처를 위한 무한도전』, 『이단 대처를 위한 요한계시록으로 정면돌파』 등이 있다. 이단대처사역에 깊은 관심을 갖고 있어 국내외 교회와 기관에서 이단 예방 특강 및 요한계시록 세미나와 방송 사역을 하며, 현재 2014년 개척한 광주 주원침례교회 담임목사로 사역하고 있다. (dog-sound71@hanmail.net)

박현희 목사

한국침례신학대학교 신학과(B.A.)와 목회신학
대학원(M.Div.)을 졸업하고 동 대학원에서 목
회학박사(D.Min.) 과정에 있다. 28기 대구성시
화운동본부의 임원이며 현재 대구 새빛침례교회 담임목사로 사
역하고 있다. (belesh@naver.com)

소진석 목사

한국침례신학대학교 신학대학원(M.Div.)을 졸
업했고, Midwestern Baptist Theological
Seminary에서 교육목회학 박사학위(D.Ed.
Min.)를 취득했다. 침례회해외선교회(KBFMB) 파송 선교사로
서 남태평양 피지와 남미 브라질에서 사역을 했다. 지구촌교회
(이동원 목사) 부목사(선교부, 교육부, 지구 등)와 기독실업인회
(CBMC) 지도목사(성남지회)로 섬겼다. 현재 FEBC 극동방송(부
산) 소망의 기도를 담당하고 있으며, 부산 예일교회 담임목사로
섬기고 있다. (danielsoh7950@gmail.com)

송관섭 목사

뉴질랜드 오클랜드 대학(B.A.), 미국 South-
western Baptist theological seminary(M.
Div.) 졸업 후 저먼타운침례교회에서 담임목회

하였고, 현재 미국 밀워키한인침례교회 담임목사로 사역하고 있다. (sk9175@gmail.com)

신강식 목사

한국침례신학대학교 신학과와 신학대학원 (M.Div.)을 졸업한 후 동 대학원에서 실천신학 전공으로 석사학위(Th.M.)를 취득하였다. 2010년에 도시와 다음 세대, 열방의 부흥을 담아내는 교회가 되기 위해 열방비전교회를 개척하여 현재 담임목사로 사역하고 있다. (dbc7772003@hanmail.net)

신명근 선교사

한국침례신학대학원(M.Div.) 졸업 후 미드웨스턴침례신학원 목회학 박사(D.Min.)과정 중이며, 기독교한국침례회 해외선교회 소속으로 필리핀 루손 북부 지역에 파송되어(2003년 3월-현재) 사역 중이다. 갈렙선교회를 세워 지역교회를 개척하고 GVBC신학교 사역으로 지역교회 지도자를 양성하고 있으며 오지의 희망도서관 세우기와 독서운동 및 독서 지도사 양성 그리고 QT 훈련 및 책 보급 사역에 힘쓰고 있다. (myunguns55@gmail.com)

양권순 목사

한국침례신학대학교에서 실천신학을 전공하
였으며(Th.B., M.Div., Th.M.), 미국 Fuller
Theological Seminary에서 목회학 박사학위
(D.Min.)를 취득하였다. 한국침례신학대학교 신학부와 목회연
구원 그리고 여교역자신학원에서 강의하였고, 현재까지 한국침
례신학대학교 목회원구원과 예수제자운동 제자훈련(KDTI)원에
출강하고 있다. 여의도침례교회 교육목사, 로스앤젤레스(남가주
새누리) 한인침례교회 부목사를 거쳐 필그림침례교회와 서울에
위치한 열린우리교회에서 담임목사로 사역하였고, 현재 활주로
교회를 개척하여 섬기고 있다. (yangksoon@gmail.com)

엄용희 목사

한국침례신학대학교(BA)를 졸업 후 호주
Perth Bible College(B.Min.)와 Morling
College(M. Div.) 대학원에서 Postgraduate
Course(Multicultural Team Ministry 전공)로 석사 학위를
취득하였다. 다종족 다문화 국가인 호주에 유학하며 세계 선교
를 위해 제자화 사역 증진을 위해 Discipleship coach와 CQ
Global Disciple making(모든 민족 제자화) 대표로 활동하고
있다. 또 호주 총회인 NSW & ACT Baptist Association에서
Creating Safe Space(교회안전문화만들기) 강사로 활동하고

있고, Holy City Movement(시드니 성시화 운동본부)에서 총무와 다민족 분과 위원장으로 봉사하고 있다. 현재 호주 교회인 Chester Hill Baptist 교회에서 담임목사로 사역하고 있다. (bluebird608@hotmail.com)

옥경곤 목사

한국침례신학대학교 신학대학원(M.Div.)을 졸업한 후 일반대학원에서 실천신학으로 석사(Th.M.)를 졸업하고, 동 대학원에서 "케리그마 설교 관점에서 본 마크 데버(Mark E. Dever)의 설교론에 대한 평가"로 박사학위(Ph.D.)를 받았다. 현재 거제시 갈보리교회 담임목사로 사역하고 있다. (oksaop@naver.com)

윤양중 목사

한국 침례신학대학교와 신학대학원(M.Div.)을 졸업한 후 미국 Midwestern Baptist Theological Seminary에서 상담학석사(MACO)를 공부하고, 동 대학원에서 "회복의 길 12단계 훈련을 통한 하나님 형상 회복 연구"로 교육학박사(D.Ed.) 학위를 받았다. 현재는 회복사역에 관심을 가지고 안덕자 St. 회복상담원 강사과정 수료 후 회복 상담사와 회복 프로그램 전문 강사로 활동하고 있으며, 1990년부터 현재까지 서울 성산교회 담임목사로 사역하고 있

다. (yyj3927@naver.com)

이경희 목사

중학교와 고등학교에서 교직 중 하나님의 부르심을 받고 한국침례신학대학교 신학대학원 (M.Div.)과 M.A.를 졸업했다. 미국 Missouri Baptist University에서 M.A. of A counseling Education을 취득한 후, The Midwest Theological Seminary에서 목회학 박사학위(D.Min.)를 받았다. C.P.E(Clinical Pastoral Education in ACPE of USA) 레지던트 자격증을 취득했고 미국 병원 (Alexian Brothers Hospital, Barnes Jewish Hospital in St. Louis, West-Chester Medical Center in New York)에서 훈련을 했다. 서울 경기 강원지구 원목협회 회장을 역임했고, 한국 임상 목회교육협회(KCPE) 수퍼바이저이며 장신대 신대원생 글로컬 현장학습 지도 감독으로 섬기고 있고, 현재 고려대학교 안암병원 원목실 원목실장으로 사역하고 있다. (redcolor2020@naver.com)

이노경 목사

한국침례신학대학교 신학과와 신학대학원 (M.Div.)을 졸업 후, Southwestern Baptist Theological Seminary에서 목회학 박사학위

(D.Min.)를 취득하였다. 다음 세대를 살리기 위해서 관심을 가지고 노력하고 있다. 지금은 전주 반석침례교회에서 공동 담임목사로 섬기고 있다. (lnk0130@hanmail.net)

이명희 목사

서울대학교(B.S.)와 한국침례신학대학원(M.Div.)을 졸업 후 ABGTS에서 공부하고 (Th.M.과정) 미국 Mid-America Seminary에서 박사학위(Ph.D.)를 받았다. 여의도침례교회에서 목사안수를 받고, 저먼타운한인침례교회를 개척 목회했으며, 한국복음주의실천신학회 회장을 역임했고, 대전대흥침례교회 협동목사이며, 한국침례신학대학교 실천신학 교수로 정년 은퇴하였고, 현재 서울 생명빛침례교회에서 담임목사로 섬기고 있다. (drm-hlee1226@gmail.com)

이승학 목사

세명대학교 영어영문학과를 졸업(B.A)했고, 서울페트라원어성경연구원 기획실장을 역임했다. 한국침례신학대학원 신학대학원을 졸업(M.Div.)했고, 미국 Midwestern Baptist Theology Seminary에서 Th.M과 교육학 박사학위(D.Ed.)를 취득했다. 2002년에 기독교한국침례회 제천 행복한교회를 개척해서 담임목사로 섬기

고 있다. (seunghak1919@hanmail.net)

이영찬 목사

경성대학교 신학과(B.A.)를 졸업하고, 한국침
례신학대학교 신학대학원(M.Div.)을 졸업한
후 일반대학원에서 실천신학 전공으로 석사학
위(Th.M.)를 받았고, 동 한국침례신학대학교 일반대학원 "베드
로와 바울의 설교에 나타난 케리그마(κήρυγμα)특성과 현대설
교의 적용: 사도행전 2장과 13장 중심으로" 논문으로 박사학위
(Ph.D.)를 받았다. 현재 한국침례신학대학교에서 설교학을 가르
치고 있다. (yes-jong@hanmail.net)

이원영 목사

한국침례신학대학교 신학과(B.A.)와 신학대학
원(M.Div.)을 졸업하고 목회신학대학원과 미
국 Southwestern Baptist Theological Sem-
inary에서 "선교적 교회로의 전환을 위한 복음주의적 평신도 교
육집 개발연구" 논문으로 박사학위(D.Min.)를 취득하였고, 현재
2003년 개척한 대전 누리다교회 공동담임목사로 사역하고 있
다. (leeback891@gmail.com)

이자영 목사

한국침례신학대학교와 한국침례신학대학원 (M.Div.)을 졸업 후, 대학원에서 실천신학(설교학) 전공으로 석사학위(Th.M.)를 취득하였다. Canada Christian College에서 "부부 치료" 주제로 크리스챤 상담학 박사학위(Doctor of Christian Councelling)를 취득하였다. Morling College(한국어 과정)에서와 Heritage Reformed College에서 강의하였다. 전주침례교회, 중문침례교회, 문지성결교회에서 사역하였고, 남편 엄용희 목사의 유학과 이민 목회를 위해 호주로 이주하였고, 현재 다민족을 품는 Chester Hill Baptist 교회에서 담임목사인 엄용희 목사와 함께 Volunteer 협동목사로 사역하고 있다. (jayoung0191@hotmail.com)

정춘오 목사

한국침례신학대학교와 한국침례신학대학원 (M.Div.) 그리고 일반대학원에서 실천신학 전공으로 석사학위(Th.M.)를 취득하였고, 동 대학원에서 실천신학을 전공하여 철학박사(Ph.D.)를 취득하였다. 전인 치유에 깊은 관심을 가져 음악치료, 웃음치료, 원예치료를 접목하여 활동하고 있다. 한국침례신학대학교에서 초빙교수와 겸임교수를 역임하였다. 광주 극동방송, 광주 CBS 방송국에서 찬양 사역자로, 말씀 사역자로 활동하고 있다. 현재 1994년에 개척한 광주 목원침례교회 담임목사로 사역하고 있다. (jchuno@hanmail.net)

조삼열 목사

계명대학교 성악과를 졸업한 후 도이하여 밀라노 G.Verdi 국립음악원을 졸업하였다. 이후 한국침례신학대학원(M.Div with CM)을 졸업한 후 미국 Southwestern Baptist Theological Seminary에서 목회학 박사(D.Min.) 과정을 수학중이다. 현재 부산 정관행복한교회에서 담임목사로 사역하고 있다. (3102dang@hanmail.net)

주재경 목사

충남대학교 법학과와 한국침례신학대학원(M.Div.)을 졸업한 후 건국대학교 대학원에서 사회복지학 석사학위를 취득하였으며, 목회신학대학원과 미국Southwestern Baptist Theological Seminary에서 "설교사역 증진을 위한 교회력과 성서일과 활용" 논문으로 박사학위(D.Min.)를 취득하였고, 1992년에 개척한 충주 성산교회 담임목사로 사역하고 있다. (jjk0691@hanmail.net)

최호준 목사

한국침례신학대학교 기독교교육과(B.A.)를 졸업하고, 한국침례신학대학교 목회신학대학원(M.Div.)을 졸업한 후 목회신학대학원에서 "목회자를 위한 효과적인 독서전략"으로 신학박사(Th.D. in Min.) 학위를 받았다. 저서에는 『책 읽는 목사의 독서행전』, 『성숙을 위한 책 읽기 특강』, 『책이라 독서라 말하리』(이상 요단), 『십자가의 길을 걷는 그대에게』, 『그리스도인이 된다는 것』(기독교포털뉴스), 등이 있다. 현재 동해 삼흥침례교회에서 담임목사로 사역하고 있다. (chojun0425@hanmail.net)

편집후기

코로나19의 팬데믹은 삶과 목회의 위기를 가져왔습니다. 성도들은 마음 졸이며 주님의 성전에서 마음껏 정성을 다하여 예배하지 못했고, 목회자들은 한 번도 경험하지 못한 전무후무한 목회적 위기 상황 속에서 혼란스러웠습니다. 이런 위기 상황 속에서 현대목회실천신학회 소속 목회자들은 한마음 한뜻으로 하나님께 지혜를 구했으며, 지도교수님이신 이명희 교수님의 지도를 받게 되었습니다.

최대의 위기를 최고의 기회로 역전시켜 주시는 주님을 바라보면서 모든 회원들은 마음을 모아 기도하였습니다. 기도의 응답으로 하나님 말씀의 본질로 돌아가야 한다는 것을 깨닫게 되었습니다. 성도와 교회가 본질로 돌아가는 유일한 방법은 하나님의 말씀 속으로 들어가는 것입니다. 말씀 사역을 감당하는 설교자들이 먼저 말씀 앞에 바로 서서 자신을 점검하고, 성경을 중심으로 균형 잡힌 말씀을 입체적으로 증거할 때 건강한 교회를 세울 수 있다는 확신을 갖게 되었습니다.

하나님이 보시기에 '심히 좋은'(창 1:31), '아름다운 교회'를 세우는 일에 정열을 다하리라는 일념으로 "팬데믹 이후에 들어야 할 말씀"을 주제로 선정하였으며, 이론적 토대를 마련하기 위해

소논문을 제시하였습니다. 각 주제별로 주옥같은 하나님의 말씀을 선별하여 『팬데믹 이후에 들어야 할 말씀』을 출간합니다.

한국 강단의 회복과 예배 회복을 꿈꾸면서, 본서가 출간되기까지 편집위원들은 최선을 다하여 원고를 읽고 의견을 모았습니다. 지금까지 인도해 주신 하나님께 모든 영광을 올려 드리며, 목회 현장의 분주함 가운데서도 마음을 하나로 모아 협력해 주신 모든 분들께 깊은 감사를 드립니다. 이 책을 읽는 이마다 야곱에게 허락하셨던 진정한 회복의 은혜가 임하고, 하나님 말씀으로 말미암는 위로와 능력과 소망이 가득하기를 기대합니다.

편집위원장 주재경 목사
편집위원 윤양중 목사
김주원 목사
이원영 목사